신방수 세무사의
신축·리모델링 건축주 세무 가이드북

세금 모르고 건축하다가는
왕창 손해 본다!

신방수 세무사의

신축·리모델링 건축주 세무 가이드북

신방수 지음

매일경제신문사

머리말

최근 주택이나 건물의 신축이나 리모델링에 관심을 둔 층들이 많아지고 있다. 거래 시장이 침체기에 들어선 까닭도 있지만, 신축이나 리모델링을 통해 매매하거나 임대 후에 이를 매매하는 것이 더 낫다는 판단도 많기 때문이다. 그런데 사업부지를 고르고 자금을 마련한다고 해도 막상 실행에 옮기다 보면 예상치 못한 세금 때문에 난관에 봉착하는 경우가 많아 사업이 중단되거나 손해를 보는 경우가 종종 발생하고 있다. 난데없이 취득세가 중과세되거나 공사 부가가치세가 환급되지 않는 경우 등이 발생하곤 하기 때문이다.

실제 현장에서는 이러한 유형들과 같은 리스크들이 상당히 많이 존재하고 있는 것이 작금의 현실이다. 그런데 문제는 이러한 세무 리스크를 제대로 알려주는 책이 없다는 것이다. 그저 세무 전문가의 관점에서 뜬구름 잡는 내용으로 채워진 것들 정도만 있다. 이에 저자는 사업을 시행하고 있거나 시행 예정에 있는 건축주들의 관점에서 신축이나 리모델링을 할 때 발생하는 다양한 세금 문제를 손쉽게 해결할 수 있도록 이 책을 집필했다. 그렇다면 이 책《신축·리모델링 세무 가이드북》은 어떤 점들이 뛰어날까?

첫째, 신축·리모델링 사업에 꼭 필요한 세무 문제를 모두 다루었다.

이 책은 총 9장과 2개의 부록으로 구성되었다. 제1장과 제2장은 신축·리모델링(신축 등)에 대한 기초적인 세무상 쟁점과 사업자등록과 관련된 내용을 다루고, 제3장과 제4장은 건설 용지와 관련된 세무상 쟁점을 다루고 있다. 제5장부터 제7장까지는 건축 과정에서 발생하는 다양한 세무상 쟁점을 다루고 있다. 한편 제8장은 토지 소유자와 공동으로 사업하는 형태를, 제9장은 리모델링에 관한 세무상 쟁점을 다루고 있다. 이 외 부록에서는 신축건물의 유형별로 건축주와 수분양자의 세무상 쟁점 등을 다루고 있다.

- 제1장 신축·리모델링과 세무상 쟁점
- 제2장 건축주 사업자등록과 세무상 쟁점
- 제3장 건설용지의 취득 관련 세무상 쟁점
- 제4장 건설용지의 보유 및 양도 관련 세무상 쟁점
- 제5장 신축공사 중 건축주의 세무 처리법
- 제6장 준공 시의 세무 처리법
- 제7장 건설업 소득세·법인세 정산법
- 제8장 지주공동 사업과 세무상 쟁점
- 제9장 리모델링 사업과 세무상 쟁점
- 부록1 신축 건축물 유형과 세무상 쟁점
- 부록2 국세청 건설업과 부동산 공급업 업종 코드

둘째, 실전에 필요한 다양한 사례를 들어 문제 해결을 쉽게 하도록 했다.

모름지기 책은 정보를 단순하게 나열하는 것보다는 입체적으로 전달하는 것이 훨씬 값어치가 있을 것이다. 이러한 관점에 따라 이 책은 기본적인 내용은 물론이고, 실전에 필요한 사례를 최대한 발굴해 이해의 깊이를 더할 수 있도록 최대한 노력했다. 저자 등이 현장에서 문제를 어떻게 해결하는지를 지켜보는 것만으로도 이와 유사한 세무 문제를 손쉽게 해결할 수 있을 것으로 기대된다. 이 외 실무적으로 더 알아두면 유용할 정보들은 Tip이나 심층분석을 신설해 정보의 가치를 더했다. 또한 곳곳에 요약된 핵심 정보를 정리해서 실무 적용 시 적응력을 높이기 위해 노력했다.

셋째, 신축·리모델링과 관련된 절세전략 수립을 위해 필요한 최신의 정보를 모두 다루었다.

이번에 선보인 《신축·리모델링 세무 가이드북》은 신축과 리모델링 사업을 진행할 때 실무에 필요한 세무 처리법을 심도 있게 다루고 있다. 예를 들어, 부지의 구입할 때 발생할 수 있는 취득세 중과세와 부가가치세 처리법, 공사 중의 부가가치세 과세 여부 및 환급 처리법, 종합부동산세 과세 여부 등이 이에 해당한다. 또한, 공사 중에 부지를 양도하는 경우의 과세 방식이나 지주공동 사업 등에 대한 세무상 쟁점 등도 최대한 분석했다. 이에 따라 독자들은 자신들이 처한 상황에 맞는 세무처리법을 명확히 이해하는 한편, 자신에 맞는 절세전략을 손쉽게 찾을 수 있을 것으로 기대한다.

이 책은 신축과 리모델링에 관한 세무에 조금이라도 관심이 있는 분들을 위해 최대한 쉽게 쓰도록 노력했다. 다만, 독자에 따라서는 일부 내용에 대해 이해하기 힘들 수 있는데, 이때에는 저자가 운영하고 있는 네이버 카페(신방수세무아카데미)를 통해 궁금증을 해소하기 바란다. 이곳에서는 실시간 세무 상담은 물론이고 최신의 세무정보, 그리고 세금계산기 등도 장착되어 있어 활용도가 높을 것이다.

이 책은 많은 분들의 응원과 도움을 받았다. 우선 이 책의 내용에 대한 오류 및 개선 방향 등을 지적해주신 권진수 회계사님께 감사의 말씀을 드린다. 그리고 항상 저자를 응원해주신 카페 회원들과 가족의 안녕을 위해 늘 기도하는 아내 배순자와 대학생으로 본업에 충실히 임하고 있는 두 딸, 하영이와 주영이게도 감사의 말을 전한다.

아무쪼록 이 책이 신축·리모델링 세무에 대해 능통하고자 하는 분들에게 작은 도움이라도 되었으면 한다.

독자들의 건승을 기원한다.

역삼동 사무실에서
세무사 **신방수**

차례

머리말 4

 제 1 장 신축·리모델링과 세무상 쟁점

01. 왜 신축·리모델링에 관심이 많을까?   16

02. 신축·리모델링 전에 세금을 알아야 하는 이유   18

03. 신축·리모델링 사업의 수익률과 세금의 관계   21

04. 신축·리모델링 사업의 세금 체계   25

05. 신축·리모델링 사업에서의 개인과 법인의 선택   30

심층분석 신축·리모델링 관련 법률의 이해   36

심층분석 건축법과 주택법상의 주택 구분과 세무상 쟁점   42

제 2 장 건축주 사업자등록과 세무상 쟁점

01. 건축주가 사업자등록 이전에 검토해야 할 세무상 쟁점들   48
02. 건축주의 사업 구조와 세무상 쟁점   53
03. 신축·리모델링 사업에 대한 세법상의 업종 구분 요령   56
04. 건축주 사업자등록의 절차   59
05. 주택신축 판매업의 사업자등록과 세무상 쟁점   65
06. 건물신축 판매업의 사업자등록과 세무상 쟁점   72
심층분석 신축·리모델링 판매업과 세무 실무   78
심층분석 건축사업과 부가세 실무   81

제 3 장 건설용지의 취득 관련 세무상 쟁점

01. 건설용지의 취득 관련 세무상 쟁점   88
02. 토지취득원가를 장부에 올리는 방법   91
03. 건물의 잔존가액과 철거비용의 처리법   95
04. 나대지의 취득과 세무상 쟁점   101
05. 멸실·리모델링 예정인 주택의 매입과 세무상 쟁점   105
06. 멸실 예정인 건물의 매입과 취득세 중과세   111
07. 멸실·리모델링 예정인 건물취득과 부가세 처리법   116
심층분석 원가의 구분과 흐름   121
심층분석 건축자금의 조달 및 집행과 세무상 쟁점   123

제4장 건설용지의 보유 및 양도 관련 세무상 쟁점

01. 건설용지의 장기간 보유와 세무상 쟁점　　　　　　130

02. 건설용지와 보유세 과세　　　　　　　　　　　　133

03. 개인의 건설용지 양도와 세무상 쟁점　　　　　　140

04. 법인의 건설용지 양도와 세무상 쟁점　　　　　　145

심층분석　개인과 법인의 비사업용 토지 판단법 비교　　149

제5장 신축공사 중 건축주의 세무 처리법

01. 공사 중 세무상의 이슈　　　　　　　　　　　　　154

02. 국민주택의 공급과 이의 건설용역 제공에 따른 부가세 실무 159

03. 국민주택 건설공사와 수익성 분석　　　　　　　　167

04. 주택신축 판매업(건설업)과 부가세 쟁점　　　　　170

05. 건물신축 판매업(부동산 매매업)과 부가세 쟁점　　176

06. 주상복합건물의 공사와 부가세 처리　　　　　　　180

07. 공사비 대물조건의 사업성 분석　　　　　　　　　185

심층분석　부가세법상 건설용역의 공급시기　　　　188

심층분석　세금계산서, 계산서 수수법　　　　　　　193

심층분석　공사 중 사업시행권의 양수도와 세무 처리법　196

제6장 준공 시의 세무 처리법

01. 건축물의 준공과 세무상 쟁점   202

02. 신축·리모델링 분양·판매와 부가세 쟁점   207

03. 준공 시의 취득세   212

04. 소유권이전등기와 취득세율   217

심층분석   주택분양권과 세무상 쟁점   220

심층분석   건물분양권과 세무상 쟁점   223

제7장 건설업 소득세·법인세 정산법

01. 개인과 법인의 장부 작성법 비교   228

02. 주택신축 판매업 소득세 정산 방법(주택리모델링 판매업 포함)   232

03. 주택신축 판매업 법인세 정산 방법   238

04. 건물신축 판매업 소득·법인세 정산방법   243

05. 미분양주택과 세무상 쟁점   246

심층분석   건설업(주택신축 판매업)의 소득세 신고방법 연구   250

심층분석   신축임대와 세무상 쟁점   255

제 8 장   지주공동 사업과 세무상 쟁점

01. 일반공동 사업과 세무상 쟁점   260

02. 지주공동 사업과 세무상 쟁점   265

03. 토지 소유자의 현물출자와 세무상 쟁점   273

04. 토지 사용권의 출자와 세무상 쟁점   277

심층분석   공동지주 사업 신탁과 세무상 쟁점   280

제 9 장   리모델링 사업과 세무상 쟁점

01. 리모델링 사업과 세무상 쟁점   286

02. 리모델링과 사업자등록   290

03. 리모델링과 취득세   293

04. 리모델링과 부가세   297

05. 리모델링 사업과 소득세(법인세)   301

심층분석   리모델링 후 주택과 건물을 임대한 경우의
          세무상 쟁점   306

부록 1 신축 건축물 유형과 세무상 쟁점

01. 단독주택 신축과 세무상 쟁점   312

02. 다가구주택 신축과 세무상 쟁점   318

03. 다중주택(대학가 원룸) 신축과 세무상 쟁점   322

04. 도시형 생활주택 신축과 세무상 쟁점   326

05. 상가주택(주상복합) 신축과 세무상 쟁점   329

06. 전원주택(타운하우스)·농어촌주택 신축과 세무상 쟁점   335

07. 오피스텔 신축과 세무상 쟁점   339

08. 펜션 신축과 세무상 쟁점   344

09. 고시원 신축과 세무상 쟁점   348

부록 2 국세청 건설업과 부동산 공급업 업종 코드

국세청 건설업과 부동산 공급업 업종 코드   353

제 1 장

신축·리모델링과
세무상 쟁점

왜 신축·리모델링에
관심이 많을까?

　최근 원룸이나 빌라 같은 소규모 건축물을 신축[1]하거나 리모델링하는 사업에 관심이 많아지고 있다. 표면상으로 보면 토지도 그렇게 많이 필요하지 않고 공사 기간도 그렇게 많이 소요되지 않기 때문이다. 하지만 그 이면에는 다양한 이유가 있다.

　첫째, 매매 시장에 대한 규제가 심하기 때문이다.
　주택의 경우, 취득세부터 양도소득세(양도세)까지 세제가 상당히 복잡하며 때로는 중과세 제도가 작동되고 있다.[2]

- 취득세 : 1~12%
- 종합부동산세 : 1.2~6.0%
- 양도세 : 6~45%+20~30p

---

1) 건축법상 건축에는 신축이 포함된다. 이 책에서는 건축은 신축을 의미하는 것으로 사용하고 있다.

2) 세제는 매년 개편된다. 따라서 독자들은 최신의 개정된 세법을 참조해야 한다.

둘째, 신축 사업은 규제가 없기 때문이다.

원룸 등을 신축해 분양(판매)하거나 임대하는 경우에는 앞에서 본 세제들이 아래처럼 바뀐다.

구분	매매	신축
취득세	1.0~12.0%	2.8%(단, 건설임대는 감면)
종부세	1.2~6.0%	좌동(단, 건설임대는 적용배제)
양도세	6~45%+20~30%p	6~45%(단, 건설임대는 양도세 감면)

>> 신축은 건물을 건설하는 것을 말하고, 분양(판매)은 완공된 건물을 공급하는 것을 말한다. 따라서 신축 판매업은 두 개의 업종이 결합된 형태의 사업을 말한다. 한편 리모델링은 구건축물을 대상으로 대수선 등을 통해 가치를 높이는 것을 말한다. 이러한 사업도 신축의 세제와 유사하나 일부에서는 차이가 있다. 이에 대한 자세한 내용은 제9장에서 다루고 있다.

셋째, 신축은 용도가 다양하기 때문이다.

원룸 등을 신축하면 판매업이나 임대업을 영위할 수 있고 더 나아가 일부는 자가용으로 사용할 수도 있다. 따라서 본인의 사정에 맞게 다양한 용도로 활용할 수 있다는 장점이 있다.

>> 리모델링의 경우에도 완성된 건축물을 판매할 수도 있고, 임대할 수도 있다.

> **Tip** **건축주(=시행사, 사업 주체)**
>
> '건축주'란 건축물의 건축·대수선·용도변경, 건축설비의 설치 또는 공작물의 축조에 관한 공사를 발주하거나 현장 관리인을 두어 스스로 그 공사를 하는 자를 말한다(건축법 제1조 제12호). 실무적으로 시행사(또는 사업주체)라는 표현을 쓰기도 한다.

신축·리모델링 전에
세금을 알아야 하는 이유

원룸[3]이나 근생 등 각종 건물을 신축할 때 발생하는 세제는 크게 취득세, 부가가치세(부가세), 소득세(법인은 법인세) 정도가 된다. 이렇게 보면 신축과 관련된 세제가 그렇게 어렵지 않게 느껴질 수도 있다. 하지만 실제 건축주의 입장에서 보면 신경을 써야 할 것들이 한두 가지가 아니다. 왜 그럴까?

첫째, 공사 과정이 있기 때문이다.

신축을 위해서는 먼저 토지를 마련한 후, 수개월에서 많게는 몇 년간의 공사 과정을 거치게 된다. 따라서 건물이 준공되는 과정까지 많은

---

3) 원룸은 한 공간에서 주거가 가능한 주거용 시설로 법상 용어가 아닌 실무현장에서 사용되는 용어에 해당한다. 주로 단독주택의 유형에서 많이 찾아볼 수 있다.
 • 단독주택 : 단독주택, 다가구주택, 다중주택
 • 공동주택 : 아파트, 연립주택, 다세대주택, 도시형 생활주택
 • 준주택 : 고시원, 오피스텔 등

시간이 소요될 수밖에 없는데, 이 과정에서 다양한 세무상 쟁점들이 발생하는 근본적인 문제가 있다. 예를 들어, 토지취득 후 바로 착공에 들어가지 못하면 종합부동산세(종부세)나 업무무관자산에 대한 세무상 쟁점 등이 발생할 수 있고, 공사 중에 토지를 양도하면 처분에 따른 중과세 제도[4] 등이 작동될 수 있다.

>> 독자들은 신축 사업의 종류(분양, 임대 등)별로 세제를 이해하는 것이 좋을 것으로 보인다. 이 책은 이러한 순서에 따라 진행된다.

둘째, 부가세 제도가 깊이 관여하고 있기 때문이다.

실무적으로 신축 관련 세제가 어렵게 느껴지는 이유 중 하나는 바로 모든 거래단계에서 발생하는 부가세 때문이다. 예를 들어, 공사 중에 세금계산서나 계산서 같은 자료 파생에 따른 실무 처리 등이 복잡하게 발생한다. 이후 분양과정에서도 이에 대한 세무상 쟁점이 발생해 분양 업무에도 많은 영향을 미치고 있다.

>> 독자들은 무엇보다도 부가세 제도를 잘 이해하는 것이 급선무가 될 것으로 보인다.

셋째, 이 외 수익률의 제고 관점에서 전반적인 세무관리가 필요하기 때문이다.

신축의 목적은 크게 분양(판매)[5], 임대 등 정도가 된다. 분양은 판매수익을, 임대는 임대소득을 얻는 것을 목적으로 한다. 따라서 이와 관련된 수익률을 올리기 위해서는 무엇보다도 취득원가를 최소화하는 것이 필요하다. 이때 토지취득부터 분양 또는 임대까지의 전반적인 세무관

---

4) 비사업용 토지에 해당하면 개인은 양도세 중과세(6~45%+10%p), 법인은 추가법인세(10%)를 더 부담할 수 있다.

5) 이 책에서는 분양과 판매를 같은 용어로 사용하고 있다. 참고로 부가세를 다룰 때는 '공급'이라는 용어를 사용하기도 한다. 이 세 가지 용어는 같은 의미가 있다고 봐도 무방하다.

리가 필요하다.

>> 독자들은 거래단계별로 대두되는 각종 세금을 최소화시키는 전략을 구사할 수 있어야 한다. 예를 들어 취득세의 경우, 주택 중과세가 적용되는지 등을 검토한 후 이를 회피할 수 있는 방안을 찾고, 거래단계별로 대두되는 부가세를 제대로 관리할 수 있어야 한다. 이 외 사업소득에 대한 세금을 낮출 수 있는 방안들을 연구하는 것도 필요하다.

Tip 건축 관련 주요 세금

건축과 관련된 세금 중 우선적으로 알아둬야 할 세목과 그에 대한 핵심적인 이슈는 아래와 같다.

• 취득세 : 취득세 중과세가 적용되는지의 여부
• 종부세 : 종부세가 적용되는지의 여부
• 부가세 : 부가세 발생 여부 및 이에 따른 환급처리, 그리고 분양·판매 시 부가세 징수 의무 여부 등

신축·리모델링 사업의
수익률과 세금의 관계

앞에서 언급된 신축·리모델링 사업 등에 대한 수익률을 어떤 식으로 계산하는지 신축 판매업의 예로 알아보자. 아울러 세무관리를 어떤 식으로 해야 하는지도 같이 알아보자. 참고로 리모델링 사업도 이러한 흐름과 차이가 없다.

1. 수익률 계산 흐름

우선 신축 판매와 관련된 수익률을 손익계산서의 형식으로 살펴보면 다음과 같은 모양새가 연출된다.

구분	내용	관리 포인트
매출		매출부가세 합리적 결정
− 매출원가 　기초재고 　당기완성 　기말재고	• 취득세(토지취득, 완공 시 발생) • 부가세불공제분	• 취득세 : 중과 회피 등 • 부가세 : 적극적 환급(공제)
= 매출총이익		매출총이익률 극대화
− 비용 　일반관리비 　판관비 　이자비용 등		건설자금이자 세무관리
= 이익		세전이익률 극대화
× 세율	• 개인 : 6~45% • 법인 : 10~25%	• 개인과 법인의 선택의사결정 • 공동 사업(지주공동 사업 포함) 　의사결정 등
= 산출세액		
− 감면세액	건설업 감면 5~30%	주택신축 판매업은 건설업에 해 당(감면 가능)
= 결정세액		
+ 가산세	다양한 가산세 발생	가산세 최소화
= 납부할 세액		
+ 지방소득세(10%)		
= 총 납부할 세액		
세후순이익률		세후이익률 극대화

　위에서 보듯 신축 사업을 통한 세후이익률을 극대화하기 위해서는 전반적인 세무관리가 필요하다. 참고로 이러한 원리는 리모델링 사업에도 그대로 적용된다.

2. 신축·리모델링 관련 세무관리법

건축주가 세후 수익률을 높이기 위해서는 앞의 흐름에 맞게 세제를 관리할 수 있어야 한다. 핵심 포인트 몇 가지 정도만 정리해보자.

1) 개인과 법인의 선택

개인은 6~45%, 법인은 10~25%의 세율이 적용된다. 예를 들어 순소득(과세표준)이 10억 원인 경우, 개인은 42%, 법인은 20%의 세율이 적용된다. 따라서 외관상 보면 법인이 다소 유리해 보일 수 있지만, 법인은 세후이익에 대해서 주주에 대한 배당소득세(14% 이상)가 부과되어서 추가로 실익분석을 해야 한다.

>> 이 책은 개인과 법인에 대한 세금을 동시에 다루고 있다. 참고로 현행의 소득세율과 법인세율은 향후 국회의 동의를 얻어 개정될 수 있다. 한편 이러한 소득세나 법인세 외에 추가로 지방소득세(10%)가 부과된다. 이 책은 현행의 세율을 토대로 분석하는 한편, 지방소득세는 별도로 언급하지 않고 있으니 참고하기 바란다.

2) 신축·리모델링 관련 핵심 세제의 이해

신축과 관련된 세제 중 가장 쟁점이 많이 발생한 곳이 바로 '부가세와 취득세(때에 따라서는 종부세)'다. 이 중 부가세는 토지 매입단계부터 분양 완료까지 곳곳에서 세무상 쟁점들이 발생한다. 한편 취득세의 경우, 토지 매입과정에서 그리고 보존등기 시에 주로 발생한다. 리모델링의 경우에도 이와 유사한 쟁점들이 발생하나 특히 기존 건축물에 대한 취득세가 가장 큰 쟁점으로 대두된다.

>> 이 책에서는 신축 판매업을 위주로 관련 세제를 살펴보고, 리모델링 사업은 제9장에서 별도로 살펴본다.

3) 가산세 등에 주의

신축 관련 세제는 토지 매입부터 분양 완료까지 수년이 걸릴 수 있기 때문에 이 과정에서 생각지도 못하는 일들이 종종 발생하곤 한다. 예를 들어, 당초 주택을 국민주택규모로 짓겠다고 신고를 했으나 설계 변경을 통해 오피스텔을 지었다면 분양대금 중 일부를 부가세로 내야 한다. 이 과정에서 실무 처리를 잘못하면 부가세 본세 및 가산세 등의 추징을 피할 수 없게 된다.

> ➤➤ 건축주들은 세법에서 정하고 있는 협력 의무를 충실히 이행하는 것이 좋을 것으로 보인다. 가산세 등이 폭넓게 자리 잡고 있기 때문이다.

신축·리모델링 사업의
세금 체계

신축 사업에 대한 세제는 '토지취득 → 공사 → 공사 완료 → 분양 또는 임대'순으로 살펴보는 것이 좋다.[6] 과정별로 다양한 쟁점들이 발생하기 때문이다. 이하에서는 신축 목적별, 즉 사업 유형별로 신축 관련 세제의 골격을 이해해보자. 물론 자세한 것들은 뒤에서 충분히 살펴볼 것이다.

1. 사업 목적별 세금의 체계

사업을 위해 건축물을 신축하는 동기는 크게 분양, 임대 정도가 된다. 이를 중심으로 만나게 되는 세제를 요약하면 다음과 같다.

---

6) 리모델링의 경우에는 '주택이나 건물의 매입 → 공사 → 공사 완료 → 판매 또는 임대'의 순으로 세무상 쟁점이 발생한다. 신축 사업과 유사한 과정을 밟는다.

구분		공통			분양 또는 임대	
		토지취득 시*	공사 진행 시	완공 시	분양 시	임대 시
1. 신축 판매	주택[7]	• 토지취득세 • 건물매입 부가세	• 건설공사 부가세 (과세/면세)	건물완공 취득세	• 분양 부가 세(85㎡ 초과 주택 등) • 분양 소득 세(법인세)	–
	건물[8]					
2. 신축 임대	주택				–	• 임대 소득세 (법인세)
	건물					
실무상 쟁점		• 취득세 : 중과세 적용 여부 • 부가세 : 매입 세액 공제 여부	• 부가세 발생 여부 및 공제 여부	• 취득세 : 과세표준 산정과 적용 세율	• 분양 : 세후 수익률 극대화	• 임대 : 세제 지원 내용

* 리모델링 사업의 경우, 토지 대신 '기존건축물'의 매입이 필요하다.

위의 표를 보면 토지취득부터 공사 완료까지는 공통적인 쟁점들이 발생하나 그 이후의 단계에서는 주로 분양 시에 주요 쟁점들이 발생하고 있음을 알 수 있다.

2. 공사 완료까지의 주요 세무상 쟁점들

토지취득 시부터 공사완료까지 발생하는 주요 세무상 쟁점들을 정리하면 다음과 같다.

1) 토지취득 시

건설용지를 매입할 때 세무상 쟁점은 크게 두 가지 정도가 된다. 하

---

7) 여기서 주택은 통상 단독주택과 공동주택으로서 상시 주거용 건물을 말한다.

8) 여기서 건물은 비주거용 건물을 말한다. 이에는 근린생활시설(근생), 상가, 빌딩 등이 해당한다. 참고로 오피스텔의 경우 건축법상 업무시설에 해당하나, 주택법에서는 준주택으로 구분하고 있다.

나는 취득세를 얼마나 낼 것인가, 다른 하나는 멸실용 건물을 매입하면서 부가세가 발생하면 이를 환급받을 수 있는지의 여부다.

먼저 토지 관련 취득세율은 아래의 범위에서 결정된다.

구분	주택		주택 외(나대지, 건물 등)	
	일반세율	중과세율	일반세율	중과세율
개인	1~3%	8~12%	4%	-
법인	상동	12%	상동	8%

개인이 토지 확보를 위해 주택이나 토지, 건물 등을 취득하면 취득세율은 1~12% 내에서 발생한다. 따라서 12% 같은 중과 취득세율은 절대 부과받지 않는 것이 중요하다. 한편 일반건물을 매입할 때 발생하는 부가세와 철거비용 등에서 발생한 부가세는 원칙적으로 환급이 불가하다. 토지 관련 매입세액으로 보기 때문이다.[9]

2) 공사 진행 시

공사단계에서는 주로 부가세와 관련된 쟁점들이 발생한다. 건설용역(리모델링용역)을 제공받을 때, 세금계산서와 계산서 중 어떤 것을 받아야 하는지, 그리고 부가세를 환급받을 수 있는지 등이 관심사가 된다. 일반적으로 분양 시 부가세가 과세되는 사업과 관련된 것이라면 공사 관련 부가세는 모두 환급받을 수 있다. 하지만 토지 조성이나 국민주택의 공급과 관련된 매입세액은 공제(환급)받지 못한다. 환급받지 못하는 부가세는 토지원가나 공사원가에 포함된다.

>> 건축공사 중에는 보유세와 관련된 쟁점들은 거의 발생하지 않으나, 오래 보유한 토지에 대해서는 보유세 문제가 발생한다.

---

9) 토지는 부가가치 생산요소에 해당하므로 이와 관련된 매입세액은 공제하지 않는다.

3) 공사 완료 시

공사를 완료한 후 소유권 보전등기를 할 때 취득세를 내야 하는데, 이때 취득세 과세표준의 범위에서 문제가 발생한다. 이는 크기에 따라 취득세가 달라지기 때문이다.

구분	개인	법인
과세표준	• 원칙 : 사실상 취득가액 • 예외 : 시가표준액(표준공사비)	사실상 취득가액
세율	2.8%	2.8%*

* 과밀억제권역 내 본점 신축 시 중과세(4.4~6.8%)가 적용될 수 있다.

>> 리모델링의 경우, 대수선에 따른 공사비에 대해 취득세가 부과된다.

3. 공사 완료 이후의 주요 세무상 쟁점들

1) 분양·판매 시

주택이나 건물을 분양하면 부가세와 관련해 주요 쟁점들이 발생한다. 구체적으로 85㎡ 초과 주택이나 오피스텔이나 상가 건물 등의 경우, 매출부가세를 어떤 식으로 산정할 것인지 등이 중요하다. 건물과 토지의 공급가액을 어떤 식으로 나누느냐에 따라 징수해야 할 부가세액이 달라지기 때문이다(총분양가에도 영향을 준다).[10]

구분	개인	법인
분양부가세 발생	• 85㎡ 초과 주택 • 건물(오피스텔 등)	좌동
분양소득에 대한 세금	종합소득세(6~45%)	법인세(10~25%)

---

10) 수분양자에 대한 세제에 대해서는 부록1 등을 참조하기 바란다.

2) 임대 시

주택이나 건물을 임대하면 임대료가 발생하며, 이에 대한 세무상 쟁점은 아래와 같다.

구분	개인	법인
임대료 부가세 발생	건물(오피스텔 등) ☞ 주택임대는 면세	좌동
임대소득에 대한 세금	종합소득세(6~45%)	법인세(10~25%)

Tip 신축(리모델링)판매업의 범위와 소득의 구분

구분	거래 형태	내용	소득 구분
주택의 신축	일시적(비사업적)	1동 신축 양도	양도소득
	계속적(사업적)	1동 신축 양도	주택신축 판매업 (건설업)
		도급 후 신축 판매	
		시공 중 신축 판매	
		일시 임대 후 판매	
건물의 신축	일시적(비사업적)	일반건물의 양도	양도소득
	계속적(사업적)	일반건물의 양도	부동산 매매업

신축·리모델링 사업에서의
개인과 법인의 선택

건축주가 사업을 시행할 때, 개인으로 할 것인지 법인으로 할 것인지는 다양한 각도에서 결정되겠지만, 그중 중요한 요소 중 하나가 바로 소득세와 법인세의 차이다. 이 세금들은 소득에 직접 부과되어 세후이익률에 영향을 주기 때문이다. 이하에서 이에 대해 알아보자.

1. 개인과 법인의 과세 방식 비교

개인회사는 사업의 주체가 사업주로서 그가 사업에 대해 무한책임을 진다. 반면 법인회사는 주주가 유한책임을 지며 대표이사·이사회 등의 기관을 통해 회사를 운영하게 된다. 개인사업자와 법인사업자의 세금 정산법은 다음과 같다.

구분	소득세	법인세
과세 대상 소득	총수입금액-필요경비	익금총액-손금총액
세율	6~45%	10~25%
과세 방법	• 열거된 소득에 대해 과세 • 대표자의 인건비는 필요경비에서 제외	• 법인의 순자산을 증가시킨 소득에 과세 • 비용으로 인정
소득처분	없음(세후이익은 모두 개인에게 귀속).	있음. 세후이익을 주주에게 배당하는 경우 배당소득세(14% 이상)가 추가됨.

소득세의 경우 총수입금액에서 필요경비를 뺀 소득에 대해 과세된다. 그런데 이때, 총수입금액은 세법에서 열거된 소득에 해당되어야 비로소 과세가 된다. 예를 들어, 개인이 주택을 신축해서 판매하는 행위는 세법에서 사업자의 소득으로 규정되어 있다. 그리고 필요경비는 사업과 관련된 경비를 말한다. 이는 보통 세금계산서 같은 영수증 등으로 입증해야 한다. 이렇게 나온 이익에서 소득공제 등을 적용한 과세표준에 6~45%의 세율을 적용한다. 이 세율은 과세표준이 1,200만 원에 미달하면 제일 낮은 세율인 6%가, 과세표준이 10억 원을 초과하면 45%가 적용된다.

한편 법인의 경우에는 소득 종류가 법에서 열거되지 않았다고 하더라도 법인의 순자산을 증가시키면 과세하는 것이 원칙이다. 예를 들어, 법인이 은행에 예치한 자금에 대해 이자를 받으면 이는 법인의 소득으로 보아 이 소득에도 법인세를 부과한다. 참고로 법인세 세율은 10~25%인데 과세표준이 2억 원까지는 10%, 200억 원 이하에 대해서는 20%가 부과된다.[11]

---

11) 2023년에 소득세와 법인세 세율이 개정될 수 있다. 최근 세법을 참조하기 바란다.

※ 소득세율과 법인세율의 비교

구분	소득세	법인세
1,200만 원 이하	6%	10%
1,200~4,600만 원 이하	15%	
4,600~8,800만 원 이하	24%	
8,800만~1.5억 원 이하	35%	
1.5~2억 원 이하	38%	
2~3억 원 이하		
3~5억 원 이하	40%	20%
5~10억 원 이하	42%	
10~200억 원 이하	45%	
200억 원 초과		22~25%

2. 적용 사례1

K씨의 사업에서 아래와 같은 실적이 발생했다. 상황별로 답을 하면?

> **자료**
>
> • 수입 : 3억 원
> • 대표 인건비를 제외한 매출원가 등 비용 : 2억 원
> • 대표 인건비 : 5,000만 원

Q1 이 사업을 개인이 하는 경우와 법인이 하는 경우, 세금은 얼마나 예상되는가?

구분	개인	법인
수입	3억 원	3억 원
– 비용1	2억 원	2억 원
– 비용2(대표 인건비)	–	5,000만 원
= 이익	1억 원	5,000만 원
× 세율	35%	10%
– 누진공제	1,490만 원	0원
= 산출세액	2,010만 원	500만 원

Q2 왜 이런 차이가 발생하는가?

개인사업자의 경우, 대표자의 인건비는 경비 처리를 할 수 없고 세율도 높기 때문이다. 하지만 법인의 경우에는 대표자의 인건비를 경비로 처리할 수 있고 세율도 저렴하다.

3. 적용 사례2

사례를 들어 위의 내용을 확인해보자.

자료

> 경기도 성남시에 거주하고 있는 L씨는 주택을 신축해서 판매하는 사업자다. 그는 토지 대금으로 20억 원, 공사대금 등으로 15억 원의 지출을 예상하고 있다. 그는 이 주택을 50억 원에 분양할 계획을 가지고 있다. 그는 이 사업을 개인으로 할 것인지, 법인으로 할 것인지 결정하려고 한다. 이에 대한 조언을 한다면?

이 사례에서 L씨가 추산한 이익은 15억 원이다. 다른 정보는 무시하고 이를 가지고 L씨의 세금을 예측해보자.

먼저, L씨가 개인사업자에 해당하면 소득세를 내야 한다. 이 경우, 세금은 6억 960만 원 정도가 된다. 과세표준에 45%를 곱한 후 누진공제

6,540만 원을 차감해서 계산했다.

다음으로, L씨가 법인을 만든 경우에는 법인세를 내야 한다. 이 경우 세금은 약 2억 8,000만 원이 된다. 이상의 내용을 반영하면 다음과 같다.

구분	소득세	법인세
과세 대상 소득	15억 원	15억 원
세율	6~45%	10~25%
산출세액	6억 960만 원	2억 8,000만 원
근거	15억 원×45%−6,540만 원(누진공제)	15억 원×20%−2,000만 원(누진공제)

결국 사례의 경우, L씨는 법인으로 사업하는 것이 세금 측면에서 3억 1,000만 원 이상 유리하다. 그렇다면 지금 당장 법인을 설립할 것인가? 그렇지 않을 것이다. 법인을 설립하면 취득세 중과세나 배당소득세 문제 이외 자금을 투명하게 집행해야 하는 등 이런저런 문제들이 파생하기 때문이다. 따라서 설립 전에 이러한 문제들과 아울러 법인의 장점을 극대화하는 방안을 연구하는 것이 중요할 것으로 보인다.

4. 적용 사례3

P씨는 아래와 같이 다세대주택을 신축했다. 물음에 답하면?

자료

> P씨는 주택신축 판매업(건설업)으로 사업자등록을 함.
> 총 10세대 신축 후 8세대는 분양이 완료됨.

Q1 미분양된 2채를 임대한 후에 양도하면 양도세를 부담해야 하는가?

P씨는 신축 판매사업자에 해당하므로 원칙적으로 사업소득세를 내

야 한다. 하지만 신축 판매업을 포기하고 장기간 임대를 하면 사업소득이 아닌 양도소득으로 보아 양도세가 부과될 수 있다.[12]

Q2 사업소득이 유리한가? 양도소득이 유리한가?

전자는 종합소득세로 후자는 양도세로 과세되는데, 이 둘의 과세구조는 완전히 다르다. 따라서 상황별로 유불리 여부를 검토해야 한다.

Tip 건축주(시행사)의 사업소득에 대한 적용 세율

구분	개인사업자	법인사업자
주택신축 판매업 (세법상 건설업에 해당)	6~45%	10~25%
건물신축 판매업 (세법상 부동산 매매업에 해당)	• 일반 : 6~45% • 비교과세(비사업용 토지)[*1] : 　다음 중 큰 세율 　① 6~45% 　② 양도세 세율	• 일반 : 10~25% • 추가법인세 : 10%[*2]
주택리모델링 판매업 (세법상 건설업에 해당. 저자 의견)	6~45%	10~25%
건물리모델링 판매업 (세법상 부동산 매매업)	6~45%(리모델링의 경우 비교과세가 적용될 여지가 없음)	10~25%

[*1] 개인사업자가 건물(오피스텔 등)을 판매하는 경우 매매일이 속한 달의 말일부터 2개월 내에 매매차익 예정신고를 해야 하고, 향후 종합소득세 확정신고 시 비교과세를 적용함에 유의해야 한다. 여기서 비교과세는 종합소득세와 양도세 중 많은 세액을 내도록 하는 제도로, 오래 묵혀두었던 토지 위에 건물(오피스텔 등)을 신축해 분양할 때 적용될 수 있다.

[*2] 법인이 비사업용 토지 위에 건물을 신축해 분양한 경우 비사업용 토지의 양도차익에 대해 10%(주택은 20%)를 추가해서 과세하는 것을 말한다.

---

12) 소득 분류는 제7장 등을 참조하기 바란다.

신축·리모델링 관련 세제를 이해하기 위해서는 선행적으로 이에 관한 법률을 이해하는 것이 좋다. 이를 바탕으로 세제를 운용하는 경우가 많기 때문이다. 이 책에서 다루고 있는 주제에 맞는 법률 몇 가지 정도만 소개하면 아래와 같다.

1. 건설산업기본법

1) 목적

이 법은 건설공사의 조사, 설계, 시공, 감리, 유지관리, 기술관리 등에 관한 기본적인 사항과 건설업의 등록 및 건설공사의 도급 등에 필요한 사항을 정함으로써 건설공사의 적정한 시공과 건설산업의 건전한 발전을 도모함을 목적으로 한다(제1조).

2) 주요 내용

• 건설업등록(시공사 등록)

> 건설산업기본법 제9조에서는 건설업을 하려는 자는 대통령령으로 정하는 업종별[13]로 국토교통부장관에게 등록을 하도록 하고 있다. 다만, 대통령령으로 정하는 경미한 건설공사[14]를 업으로 하려는 경우에는 등록을 하지 아니하고 건설업을 할 수 있다.

• 도급 및 하도급계약
• 시공능력의 평가

---

13) 건설업의 종류는 종합공사를 시공하는 업종과 전문공사를 시공하는 업종으로 한다(건설산업기본법 제8조).

14) 5,000만 원 미만인 건설공사 등을 말한다(건설산업기본법 시행령 제8조 참조).

• 시공 및 기술관리 등

>> 건설업등록을 하지 않고 공사(무면허)를 하면 국민주택건설과 관련된 용역이라도 부가세 면제를 받지 못한다(세금계산서 발행). 이처럼 건설업등록은 매우 중요한 의미를 가지고 있다.

2. 건축법

1) 목적

이 법은 건축물의 대지·구조·설비 기준 및 용도 등을 정하여 건축물의 안전·기능·환경 및 미관을 향상시킴으로써 공공복리의 증진에 이바지하는 것을 목적으로 한다(제1조).

2) 주요 내용

• 건축물의 용도
• 건축물의 건축 : 건축허가, 착공신고, 건축시공 등
• 건축물의 유지 등

>> 건축법상 건축물의 용도나 착공신고 등은 세제와 밀접한 관계가 있다. 예를 들어 건축법상 단독주택의 하나인 다가구주택(3층 이하 등)은 법에서 정한 요건을 위배하면 공동주택으로 보아 양도세를 과세하는 등의 불이익을 준다. 한편 건축법상의 주택분양권은 취득세나 양도세 과세 시 주택 수에서 제외된다(건축법은 세법에 미열거됨).

3. 주택법

1) 목적

이 법은 쾌적하고 살기 좋은 주거환경 조성에 필요한 주택의 건설·

공급 및 주택 시장의 관리 등에 관한 사항을 정함으로써 국민의 주거안
정과 주거 수준의 향상에 이바지함을 목적으로 한다(제1조).

2) 주요 내용

- 주택건설사업 등의 등록(시행사의 등록)

> 주택법 제4조에서는 아래와 같은 규정을 두고 있다.
> ① 연간 대통령령으로 정하는 호수(戶數) 이상의 주택건설사업을 시행하려
>   는 자 또는 연간 대통령령으로 정하는 면적 이상의 대지조성사업을 시행
>   하려는 자는 국토교통부장관에게 등록하여야 한다.[15] 다만, 다음 각 호의
>   사업주체의 경우에는 그러하지 아니하다.
>   1. 국가·지방자치단체
>   2. 한국토지주택공사 등
> ② 제1항에 따라 등록하여야 할 사업자의 자본금과 기술인력 및 사무실 면
>   적에 관한 등록의 기준·절차·방법 등에 필요한 사항은 대통령령으로 정
>   한다.[16]

- 주택의 건설
- 주택의 공급
- 리모델링 등

---

15) 제1항에서 대통령령으로 정하는 호수와 면적은 아래와 같다(주택법 시행령 제14조).
   ① 법 제4조 제1항 각 호 외의 부분 본문에서 '대통령령으로 정하는 호수'란 다음 각 호의 구분에
      따른 호수(戶數) 또는 세대수를 말한다.
      1. 단독주택의 경우 : 20호
      2. 공동주택의 경우 : 20세대. 다만, 도시형 생활주택(제10조 제2항 제1호의 경우를 포함한다)
         은 30세대로 한다.
   ② 법 제4조 제1항 각 호 외의 부분 본문에서 "대통령령으로 정하는 면적"이란 1만㎡를 말한다.
16) ③ 법 제4조에 따라 주택건설사업 또는 대지조성사업의 등록을 하려는 자는 다음 각 호의 요건을
      모두 갖추어야 한다. 이 경우 하나의 사업자가 주택건설사업과 대지조성사업을 함께 할 때에는

3) 건축법 등 다른 법률과의 관계

주택의 건설 및 공급에 관하여 다른 법률에 특별한 규정이 있는 경우를 제외하고는 이 법에서 정하는 바에 따른다(주택법 우선).

>> 주택법은 주택에 관한 세제와 아주 밀접한 관계를 맺는다. 예를 들어, 이 법에 따라 등록을 하면 취득세 중과세의 적용을 3년간 유예하는 등의 혜택을 누릴 수 있다.

제1호 및 제3호의 기준은 중복하여 적용하지 아니한다.
1. 자본금 : 3억 원(개인인 경우에는 자산평가액 6억 원) 이상
2. 다음 각 목의 구분에 따른 기술인력
   가. 주택건설사업 : 건설기술 진흥법 시행령 별표 1에 따른 건축 분야 기술인 1명 이상
   나. 대지조성사업 : 건설기술 진흥법 시행령 별표 1에 따른 토목 분야 기술인 1명 이상
3. 사무실면적 : 사업의 수행에 필요한 사무장비를 갖출 수 있는 면적

구분	건설산업기본법	건축법	주택법
목적	건설공사의 조사, 설계, 시공, 감리, 유지관리, 기술관리	건축물의 대지·구조·설비 기준의 정의	주택의 건설·공급 및 주택 시장의 관리
국토교통부 등록	건설업(시공사) 등록 (종합공사, 전문공사)	–	주택건설사업자(시행사) 등록(주택법 제4조) • 단독주택 : 20호 이상 • 공동주택 : 20세대 이상 (단, 도시형 생활주택 : 30세대 이상)
미등록 시 제재	벌금 또는 징역형	–	벌금 또는 징역형
국토교통부 미등록 시 세금계산서 발행 여부	무면허에 해당되어 국민주택 건설용역 도 세금계산서 발행	–	–
세법상 분양권 주택 수 포함 여부	–	건축법상의 분양권은 세법상 주택 수에 포함되지 않음.	주택법상의 분양권은 세법상 주택 수에 포함됨.

※ 건축법과 주택법의 차이

구분	건축법	주택법
건축 대상	단독주택 29호 이하 공동주택 29세대 이하	단독주택 30호 이상 공동주택 30세대 이상 (주택법 제15조)
건축주(시행사)	개인	법인(주택법에 따른 시행사 등록)
건축허가 또는 사업계획인의 승인	건축허가	사업계획의 승인
착공 시기	건축허가 후 2년 내 (1년 연장 가능)	사업계획의 승인 후 5년 내 (1년 연장 가능)
분양 방법	개별분양	주택공급 규칙상의 제반기준에 따름.
부대 시설	임의	관리사무소 등 설치 기준 준수
두 법의 관계	주택법 우선 적용 (주택법 규정 없는 경우 건축법 적용)	

건축법은 건축허가, 주택법은 사업계획의 승인을 통해 착공할 수 있다. 이러한 개념도 알아두기 바란다.

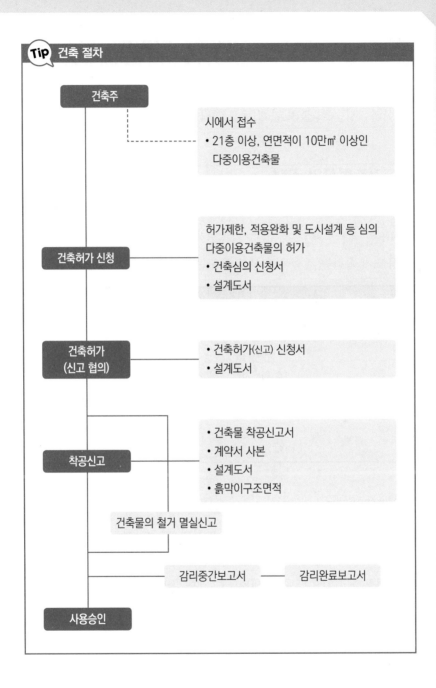

건축주

시에서 접수
• 21층 이상, 연면적이 10만㎡ 이상인
  다중이용건축물

건축허가 신청

허가제한, 적용완화 및 도시설계 등 심의
다중이용건축물의 허가
• 건축심의 신청서
• 설계도서

건축허가
(신고 협의)

• 건축허가(신고) 신청서
• 설계도서

착공신고

• 건축물 착공신고서
• 계약서 사본
• 설계도서
• 흙막이구조면적

건축물의 철거 멸실신고

감리중간보고서 ——— 감리완료보고서

사용승인

건축법과 주택법에서는 주택 등에 대한 구분을 각기 다르게 하고 있다. 이하에서는 이 둘의 관계 등을 간략히 정리해보자.

1. 건축법상의 주택

1) 건축물의 용도 구분

건축법 제2조 제2항에 따른 건축물의 용도는 다음과 같이 구분하되, 각 용도에 속하는 건축물의 세부 용도는 대통령령으로 정한다.

주택	주택 외 시설
1. 단독주택 2. 공동주택	3. 제1종 근린생활시설 4. 제2종 근린생활시설 : 고시원 등 7. 판매시설 14. 업무시설 : 오피스텔 등 15. 숙박시설 16. 위락(慰樂)시설 17. 공장 18. 창고시설 등

2) 주택의 구분

위의 주택은 상시 주거용 건물을 말하며, 다음처럼 크게 단독주택과 공동주택으로 구분된다. 이러한 주택의 유형은 주택법에서 대부분 그대로 차용하고 있으므로 잘 새겨두는 것이 좋다.

구분	내용
1. 단독주택	가. 단독주택 나. 다중주택 : 다음의 요건을 모두 갖춘 주택을 말한다. 　1) 학생 또는 직장인 등 여러 사람이 장기간 거주할 수 있는 구조로 되어 있는 것 　2) 독립된 주거의 형태를 갖추지 않은 것(각 실별로 욕실은 설치할 수 있으나, 취사시설은 설치하지 않은 것을 말한다) 　3) 1개 동의 주택으로 쓰이는 바닥면적(부설 주차장 면적은 제외한다. 이하 같다)의 합계가 660㎡ 이하이고, 주택으로 쓰는 층수(지하층은 제외한다)가 3개 층 이하일 것. 다만, 1층의 전부 또는 일부를 필로티 구조로 하여 주차장으로 사용하고 나머지 부분을 주택(주거 목적으로 한정한다) 외의 용도로 쓰는 경우에는 해당 층을 주택의 층수에서 제외한다. 　4) 적정한 주거환경을 조성하기 위하여 건축조례로 정하는 실별 최소 면적, 창문의 설치 및 크기 등의 기준에 적합할 것 다. 다가구주택 : 다음의 요건을 모두 갖춘 주택으로서 공동주택에 해당하지 아니하는 것을 말한다. 　1) 주택으로 쓰는 층수(지하층은 제외한다)가 3개 층 이하일 것. 다만, 1층의 전부 또는 일부를 필로티 구조로 하여 주차장으로 사용하고 나머지 부분을 주택(주거 목적으로 한정한다) 외의 용도로 쓰는 경우에는 해당 층을 주택의 층수에서 제외한다. 　2) 1개 동의 주택으로 쓰이는 바닥면적의 합계가 660㎡ 이하일 것 　3) 19세대(대지 내 동별 세대수를 합한 세대를 말한다) 이하가 거주할 수 있을 것 라. 공관(公館)
2. 공동주택	다만, 가목이나 나목에서 층수를 산정할 때 1층 전부를 필로티 구조로 하여 주차장으로 사용하는 경우에는 필로티 부분을 층수에서 제외하고, 다목에서 층수를 산정할 때 1층의 전부 또는 일부를 필로티 구조로 하여 주차장으로 사용하고 나머지 부분을 주택(주거 목적으로 한정한다) 외의 용도로 쓰는 경우에는 해당 층을 주택의 층수에서 제외하며, 가목부터 라목까지의 규정에서 층수를 산정할 때 지하층을 주택의 층수에서 제외한다. 가. 아파트 : 주택으로 쓰는 층수가 5개 층 이상인 주택 나. 연립주택 : 주택으로 쓰는 1개 동의 바닥면적(2개 이상의 동을 지하주차장으로 연결하는 경우에는 각각의 동으로 본다) 합계가 660㎡를 초과하고, 층수가 4개 층 이하인 주택 다. 다세대주택 : 주택으로 쓰는 1개 동의 바닥면적 합계가 660㎡ 이하이고, 층수가 4개 층 이하인 주택(2개 이상의 동을 지하주차장으로 연결하는 경우에는 각각의 동으로 본다) 라. 기숙사 : 학교 또는 공장 등의 학생 또는 종업원 등을 위하여 쓰는 것으로서 1개 동의 공동취사시설 이용 세대 수가 전체의 50퍼센트 이상인 것

2. 주택법상의 주택

1) 주택의 구분

주택법 제2조에서는 주택 등에 대한 정의를 다루고 있다.

① '주택'이란 세대(世帶)의 구성원이 장기간 독립된 주거생활을 할 수 있는 구조로 된 건축물의 전부 또는 일부 및 그 부수 토지를 말하며, 단독주택과 공동주택으로 구분한다.

② '단독주택'이란 1세대가 하나의 건축물 안에서 독립된 주거생활을 할 수 있는 구조로 된 주택을 말하며, 그 종류와 범위는 대통령령으로 정한다(아래).

> ※ **주택법 시행령 제2조**(단독주택의 종류와 범위)
> 주택법 제2조 제2호에 따른 단독주택의 종류와 범위는 다음 각 호와 같다.
> 1. 건축법 시행령 별표 1 제1호 가목에 따른 단독주택
> 2. 건축법 시행령 별표 1 제1호 나목에 따른 다중주택
> 3. 건축법 시행령 별표 1 제1호 다목에 따른 다가구주택

》》 공관만 빼고 나머지는 건축법과 같다.

③ '공동주택'이란 건축물의 벽·복도·계단이나 그 밖의 설비 등의 전부 또는 일부를 공동으로 사용하는 각 세대가 하나의 건축물 안에서 각각 독립된 주거생활을 할 수 있는 구조로 된 주택을 말하며, 그 종류와 범위는 대통령령으로 정한다(아래).

> ※ **주택법 시행령 제3조**(공동주택의 종류와 범위)
> ① 법 제2조 제3호에 따른 공동주택의 종류와 범위는 다음 각 호와 같다.

> 1. 건축법 시행령 별표 1 제2호 가목에 따른 아파트
> 2. 건축법 시행령 별표 1 제2호 나목에 따른 연립주택
> 3. 건축법 시행령 별표 1 제2호 다목에 따른 다세대주택

》 건축법상 기숙사만 빼고 나머지는 같다.

④ '준주택'이란 주택 외의 건축물과 그 부수 토지로서 주거시설로
  이용 가능한 시설 등을 말하며, 그 범위와 종류는 대통령령으로
  정한다(아래).

> ※ **주택법 시행령 제4조**(준주택의 종류와 범위)
> 법 제2조 제4호에 따른 준주택의 종류와 범위는 다음 각 호와 같다.
> 1. 건축법 시행령 별표 1 제2호 라목에 따른 기숙사
> 2. 건축법 시행령 별표 1 제4호 거목[17] 및 제15호 다목[18]에 따른 다중생
>   활시설
> 3. 건축법 시행령 별표 1 제11호 나목에 따른 노인복지시설 중 노인복지
>   법 제32조 제1항 제3호의 노인복지주택
> 4. 건축법 시행령 별표 1 제14호 나목2)에 따른 오피스텔[19]

》 준주택 개념은 건축법에는 없는 내용으로 주택법에서 별도로 규정
     하고 있다.

---

17) 다중생활시설(다중이용업소의 안전관리에 관한 특별법에 따른 다중이용업 중 고시원업의 시설로서
    국토교통부장관이 고시하는 기준과 그 기준에 위배되지 않는 범위에서 적정한 주거환경을 조성하기
    위하여 건축조례로 정하는 실별 최소 면적, 창문의 설치 및 크기 등의 기준에 적합한 것을 말한다.
    이하 같다)로서 같은 건축물에 해당 용도로 쓰는 바닥면적의 합계가 500㎡ 미만인 것
18) 숙박시설 중 다중생활시설(제2종 근린생활시설에 해당하지 아니하는 것을 말한다)
19) 오피스텔(업무를 주로 하며, 분양하거나 임대하는 구획 중 일부 구획에서 숙식을 할 수 있도록 한 건
    축물로서 국토교통부장관이 고시하는 기준에 적합한 것을 말한다)

⑤ '국민주택규모'란 주거의 용도로만 쓰이는 면적(이하 '주거전용면적'이라 한다)이 1호(戶) 또는 1세대당 85㎡ 이하인 주택(수도권정비계획법 제2조 제1호에 따른 수도권을 제외한 도시 지역이 아닌 읍 또는 면 지역은 1호 또는 1세대당 주거전용면적이 100㎡ 이하인 주택을 말한다)을 말한다. 이 경우 주거전용면적의 산정 방법은 국토교통부령으로 정한다.

제 2 장

건축주 사업자등록과
세무상 쟁점

건축주가 사업자등록 이전에
검토해야 할 세무상 쟁점들

세법상의 사업자등록은 사업의 시작을 말해주므로 그 이전에 신축·
리모델링 사업과 관련된 다양한 세무상 쟁점들을 정리할 필요가 있다.
이하에서는 건축주(시행사)가 사업자등록을 하기 전에 알아야 할 주요
세무상 쟁점을 살펴보자.

1. 사업 목적

건축과 관련된 사업을 영위하기 위해서는 사업 목적부터 명확히 할
필요가 있다. 그에 따라 관련 세제가 달라지기 때문이다. 이는 곧 어떤
업종을 영위하는 것과 관계가 있다.

구분			세법상 업종분류[20]	비고
신축	판매업	• 주택 • 건물	• 건설업 • 부동산 매매업	제2장~제8장 참조
	임대업	• 주택 • 건물	• 주택임대업 • 부동산 임대업	제7장 참조
리모델링	판매업	• 주택 • 건물	• 건설업 • 부동산 매매업	제9장 참조
	임대업	• 주택 • 건물	• 주택임대업 • 부동산 임대업	
구축	주택·건물		부동산 매매업	

2. 사업 구조

사업 구조는 위의 사업을 어떤 방식으로 시행할 것인가에 관한 것이다. 즉 이를 개인으로 시행할 것인지, 법인으로 시행할 것인지, 아니면 공동 사업으로 시행할 것인지 등에 대한 의사결정을 말한다.

>> 법인의 본점을 수도권 과밀억제권역 내에 설립한 후 건물(오피스텔 등)신축 판매사업 등을 시행한 경우, 자칫 취득세 중과세가 적용될 수 있으므로 이에 유의해야 한다.

3. 부가세 과세업 또는 면세업 해당 여부

사업의 목적 즉 업종 구분이 되었다면, 이제 업종과 관련해서 부가세가 과세되는지, 면세되는지 등을 구분할 수 있어야 한다. 그에 따른 다양한 세무상 쟁점들이 파생하기 때문이다.

---

20) 업종 분류에 대해서는 부록2 등을 참조하기 바란다.

구분		부가세 과세업 또는 면세업 여부
신축 판매업	주택	• 국민주택 신축 판매업 : 면세업 • 국민주택 초과신축 판매업 : 과세업
	건물	과세업
신축임대업	주택	면세업
	건물	과세업
리모델링 판매업	주택	• 국민주택 리모델링 판매업 : 면세업 • 국민주택 초과리모델링 판매업 : 과세업
	건물	과세업

>> 부가세가 과세되는 사업자는 부가세법상 일반과세자로 사업자등록을 하게 된다. 하지만 면세되는 사업자는 소득세법이나 법인세법상 면세사업자로 등록해야 한다. 과세와 면세를 동시에 겸영하는 경우에는 부가세법상 일반과세자로 등록해야 한다.

4. 자금 조달

토지의 취득이나 건축물의 신축을 위해서는 막대한 자금이 투입된다. 이때 자금조달과 관련해서는 자금출처 조사 등에 관심을 둘 필요가 있다. 참고로 공동 사업을 위해 출자한 자금에 대한 이자는 필요경비 처리가 힘들 가능성이 있으므로 이 부분에도 주의해야 한다.

5. 각종 협력 의무

신축 사업을 할 때는 세법 등에서 정한 각종 협력 의무를 성실히 이행해야 한다. 이를 위반한 경우, 벌금 및 가산세 등의 불이익을 받을 수 있다.

1) 일반 법률

건설회사가 공사를 하기 위해서는 건설산업기본법에 따라 미리 등록해야 하며, 일정 규모 이상의 주택을 시행하기 위해서는 주택법에 따른 등록을 별도로 해야 한다. 이를 위반한 경우, 건설산업기본법과 주택법에 따라 벌금 또는 징역형을 부과받는다.

- 건설산업기본법상 등록위반 : 5년 이하의 징역 또는 5,000만 원 이하의 벌금
- 주택법상 등록위반 : 2년 이하의 징역 또는 2,000만 원 이하의 벌금

2) 세법

세법에서 정하고 있는 각종 의무를 이행해야 한다. 이에는 아래와 같은 업무들이 있다.

① 자료제출 등

세금계산서나 계산서, 일용직이나 직원, 사업소득 등 관련 원천징수서류 등을 세법에 정한 기한까지 올바르게 제출해야 한다.[21]

② 신고의무

구분	내용	업무주기
원천징수	직원 등에 대한 원천징수세액을 신고납부	매월
4대 보험료	임직원에 대한 국민연금보험료 등 납부	매월
부가세	85㎡ 초과 주택 및 상가 건물 등을 분양하는 경우 건물공급가액의 10%를 납부	반기(법인은 분기)

---

21) 일용직의 경우 매월 단위로 이에 대한 지급명세서를 제출해야 한다.

구분	내용	업무주기
면세사업자사업장 현황신고	개인사업자의 면세수입금액 등 신고	다음 해 2월 10일
종합소득세	개인사업자의 이익에 대해 소득세 납부	다음 해 5~6월
법인세	법인사업자의 이익에 대해 법인세 납부	다음 해 3월

건축주의 사업 구조와
세무상 쟁점

신축·리모델링 사업을 할 때 건축주가 사업 구조를 어떤 식으로 짜
는지는 사업의 성패를 결정할 만큼 중요한 의미를 내포하고 있다. 사
업 구조에 따라 사업자등록의 형태가 달라지고 그에 따라 업무 처리의
내용이 달라지기 때문이다. 이하에서는 주로 건축주(시행사)의 관점에서
신축·리모델링 사업의 구조와 관련된 세무상 쟁점을 살펴보자.

1. 개인 또는 법인의 선택

개인은 개인이 사업의 주체가 되는 것을 말하고, 법인은 법인이 사업
주체가 되는 것을 말한다. 이러한 사업의 주체를 어떤 식으로 할 것인
지에 따라 세금의 크기가 달라진다.

구분	개인	법인
세목	소득세	법인세
세율	6~45%	10~25%
소득처분	없음.	있음(배당 등).

≫ 이에 대한 선택 기준은 제1장에서 살펴보았다.

2. 단독 사업 또는 공동 사업의 선택

사업을 위 개인이나 법인이 혼자 하면 단독 사업, 그렇지 않고 둘 이상의 사업자(법인 포함)가 영위하면 공동 사업이 되는 것이다. 단독 사업과 공동 사업의 형태를 비교하면 아래와 같다.

구분	단독 사업	공동 사업
사업자등록	단독 사업자등록	공동 사업자등록
소득분배	없음.	손익분배율에 따라 분배

≫ 공동 사업과 관련된 세무상 쟁점은 사업자등록, 공동계약서 작성, 소득 분배 등 여러 가지가 있다. 이에 대해서는 제8장에서 살펴본다.

3. 지주공동 사업

토지를 보유한 개인 등(A)과 자금과 기술력을 겸비한 법인(B)이 결합해 신축 사업을 진행할 수 있다. 이 경우 가능한 사업 구조는 다음과 같다.

구분	시행사	시공사	내용	세무상 쟁점
단독 사업	A	B	사업자명의와 분양은 A로 하고, 공사는 B가 수행(분양이익 배분 없음)	–

구분	시행사	시공사	내용	세무상 쟁점
공동 사업	A	B	사업자명의는 A는 하나, 공사 및 분양은 B 또는 A가 수행 (분양이익 배분)	토지 소유자는 양도세 부담
공동 사업	C(설립)	B	사업자명의와 분양은 C하고, 공사는 B가 담당(분양이익 배분)	(현물출자)

≫ 지주공동 사업을 진행 시에는 토지 소유자의 입장에서 양도세 과세의 문제가 쟁점이 된다. 이에 대한 세무상 쟁점은 제8장에서 살펴보자.

Tip 시공사와 시행사의 구분

신축 사업의 경우 통상 '선 시공→후 분양(판매)'의 순으로 사업이 진행된다(아파트는 선 분양). 이때 전자의 공사를 하는 회사를 '시공사'라고 하고, 후자의 분양까지 전 과정을 책임지는 회사를 '시행사'라고 한다.

1. 시공사

건설산업기본법상의 종합공사나 전문공사를 영위하는 회사를 말한다. 이러한 시공사는 개인 또는 법인 형태로 할 수 있으며, 이때 공동 사업의 형태로 영위할 수 있다.

☞ 건설공사를 하기 위해서는 건설산업기본법에 따라 국토교통부에 건설업등록을 해야 한다(단, 경미한 공사는 등록 제외).

2. 시행사

신축의 처음부터 끝까지 모든 과정을 책임지는 회사를 말한다. 이러한 시행사도 개인 또는 법인 형태로 할 수 있으며, 이때 공동 사업의 형태도 가능하다.

☞ 일정 규모(공동주택 20세대 이상 등)의 주택을 시행하기 위해서는 주택법에 의한 시행사 등록을 별도로 해야 한다(주택법 제4조 참조).

3. 시공사와 시행사가 동일한 경우

신축 사업은 시행과 시공을 별개로 진행할 수 있지만, 어떤 경우에는 시공부터 판매까지의 업무 처리를 한 회사가 하는 경우도 있다. 일반적으로 대기업에서 이러한 형태를 볼 수 있다.

신축·리모델링 사업에 대한 세법상의 업종 구분 요령

주택을 신축이나 리모델링을 통해 분양·판매하는 업은 '신축 등'의 건설 활동이 전제되므로 세법은 이를 '건설업'의 범주에 포함해서 조세 감면 등의 세금 우대를 하고 있다. 이에 반해 상가나 오피스텔 등의 건물을 신축하거나 리모델링해서 분양·판매하는 것은 세법상 건설업이 아닌, 부동산업(부동산 매매업)으로 보아 주택처럼 우대를 하지 않는다. 이하에서는 신축 사업 및 리모델링 사업과 관련해 세법상의 업종을 구분하는 요령에 대해 좀 더 자세히 알아보자.

1. 주택신축 판매업(=건설업)

주택을 신축하거나 리모델링을 통해 분양 또는 판매하는 업은 '건설 활동'과 분양·판매가 동시에 결합된 것으로 원래 부동산업에 해당하나 건설 활동이 개입되므로 세법은 이를 건설업으로 분류하고 있다. 이처럼 건설업에 해당하면 소득세·법인세 감면 등의 우대를 받는다. 다만, 주택건설공사를 일괄도급 발주해서 인도받은 주택을 분양·판매하는 것은 부동산업에 해당하므로 세법상 건설업에 해당하지 않는다. 따라서 이 경우, 조세 감면을 받을 수 없다.

구분	업종 구분	감면 여부
건축주가 주택을 신축해서 판매	건설업 : 주거용 건물 건설업 (451102 등*)	가능
건축주가 주택을 일괄도급 발주 후 판매	부동산업 : 부동산 개발 및 공급업(703011 등*)	불가능

* 사업자등록에 필요한 국세청 관리 코드를 말한다. 부록2를 참조하기 바란다.

주택을 신축해서 판매하는 업은 '주거용 건물 건설업(코드 : 451102 등)'으로 사업자등록을 하게 된다. 다만, 완성된 주택을 오직 분양 또는 판매(분양대행사)한 것은 부동산업으로 보게 된다. 따라서 후자의 경우, 건축주가 모든 공사를 한 업체에 일임하고 완성된 주택을 인수받아 분양하면, 감면이 적용되는 건설업에 해당하지 않는다.[22]

▶▶ 리모델링 사업의 경우에도 위와 같이 분류하면 될 것으로 보인다(아래 건물도 동일하다).

---

22) 법인이 직접 건설 활동을 수행하지 않고 건설업체에 의뢰해서 주거용·비주거용 건물을 건설하고 이를 분양·판매하여 한국표준산업분류상 부동산업 중 부동산 공급업으로 분류되는 경우에는 건설업에 해당하지 아니하는 것이며, 한국표준산업분류상 주거용 건물공급업과 주거용 건물 건설업의 구분 기준인 직접 건설 활동을 수행하는지의 여부는 단순한 하도급 비율을 기준으로 판단하는 것이 아니고, 시행사와 시공사의 계약 내용, 공사공정의 관리 및 현장의 안전관리책임 등의 내용을 기준으로 직접 건설 활동 수행 여부를 사실판단하여야 함(서이-1952, 2005.11.30,조심 2008중3824, 2009.1.28. 및 대법 2007두8843, 2009.8.20.).

2. 건물신축 판매업(=부동산 매매업)

　상가나 오피스텔 등 건물을 신축해서 판매하는 업은 '건설 활동'이 개입되므로 주택과 같이 건설업으로 보는 것이 타당하나, 세법은 주택신축 판매업과 세제를 달리 적용하기 위해 이를 부동산업 중 '비주거용 건물 개발 및 공급업'으로 사업자등록을 하도록 하고 있다.

구분	업종 구분	감면 여부
건축주가 건물을 신축해서 판매	부동산 개발 및 공급업 (703021 등)	불가능
건축주가 건물을 일괄도급 발주 후 판매	부동산 개발 및 공급업 (703023 등)	불가능

　세법은 위의 '부동산 개발 및 공급업'을 소득세법이나 부가세법에서는 '부동산 매매업'으로 별도로 정의해서 여러 가지 제도를 적용하고 있다. 대표적인 것이 바로 소득세법상의 비교과세다. 이 제도는 부동산 매매사업자 중 주택(신축주택은 제외)과 비사업용 토지, 분양권 등을 사업자가 매매하면 양도세와 종합소득세 중 많은 세액을 납부하도록 하는 제도를 말한다. 한편 부동산 매매업으로 분류되면 다른 사업자들과는 달리 예정신고의무[23)가 있다는 점에 유의해야 한다.

Tip 신축·리모델링 사업 업종 구분		
구분	주택	건물
사업자등록	주거용 건물 건설업	비주거용 건물 건설업
세법 적용상의 업종	건설업	부동산 매매업
효과	중소기업 특별세액 감면 등 적용	조세감면 없음. 비교과세, 매매차익 예정신고의무 등 있음.

---

23) 분양이 완료된 날이 속한 달의 말일로부터 2개월 이내에 매매차익에 대한 예정신고 및 납부를 해야 한다.

건축주 사업자등록의 절차

건축주가 신축·리모델링 판매업이나 임대업 등을 영위하기 위해서는 관할 세무서에 사업자등록을 내야 한다. 다만, 건축주가 신축이나 리모델링을 통해 판매하는 경우에는 미리 국토교통부에 건설업등록을 한 후, 사업자등록을 해야 한다. 이하에서 이에 대해 알아보자.

1. 신축 판매업의 사업자등록 절차 개관

주택이나 건물을 신축하기 위해서는 기본적으로 건설산업기본법 등에 따라 국토교통부에 등록해야 한다(시공사로서의 등록을 말함). 이후 관할 세무서에 사업자등록을 해야 한다.

업종별 등록	사업자등록 신청	사업자등록증 수령
건설산업기본법에 의한 건설업등록 (경미한 공사는 등록 제외[24]) ☞ 일정 규모(공동주택 20세대 등) 이상 주택시행사는 주택법에 따른 등록	사업장 소재지 세무서 1층(아래 서류 지참) ☞ 법인은 미리 사업자등록이 되어 있어야 함.	신청일로부터 2일 이내에 수령할 수 있음.

참고로 일정 규모 이상의 주택건설을 시행하기 위해서는 반드시 주택법에 따라 시행사 등록을 해야 한다.

2. 사업자등록 신청

신축 관련 사업자등록은 원칙적으로 세법상 '사업장' 관할 세무서에 해야 한다. 이때 세법상의 사업장이 여러 곳이라면, 사업자 단위 과세제도를 이용해 본점 한 곳에서만 사업자등록을 할 수 있다.

1) 사업장의 범위

신축 사업과 관련된 사업장은 아래와 같이 구분된다.

구분		사업장	비고
건설업, 부동산 매매업	법인	법인의 등기부상 소재지 (등기부상의 지점 소재지 포함)	본점, 지점도 사업자등록 가능(신청)
	개인	사업에 관한 업무를 총괄하는 장소	한 곳만 등록
임대업	개인·법인	부동산의 등기부상 소재지	부동산이 소재한 곳마다 등록 원칙

≫ 주택신축 판매업(건설업)이나 건물신축 판매업(부동산 매매업)은 건설현장이

---

24) 종합공사 5,000만 원, 전문공사 1,500만 원 미만 등을 말한다.

여러 군데라도 법인의 본점(개인은 업무 총괄장소)에서 사업자등록을 할 수 있다. 다만, 내부 관리를 위해 지점 소재지에도 사업자등록을 낼 수 있다.

2) 사업자등록 신청 시 제출서류

사업자등록은 사업자등록 신청서에 아래와 같은 서류를 첨부해서 신청한다.

① 개인

신고인 제출서류	1. 사업허가증 사본, 사업등록증 사본 또는 신고필증 사본 중 1부(법령에 따라 허가를 받거나 등록 또는 신고를 하여야 하는 사업의 경우만 해당합니다) 2. 임대차계약서 사본(사업장을 임차한 경우만 해당합니다) 1부 3. 상가 건물임대차보호법이 적용되는 상가 건물 일부분을 임차한 경우에는 해당 부분의 도면 1부 4. 자금출처명세서(금지금 도·소매업 및 과세유흥장소에의 영업을 하려는 경우만 해당합니다) 1부

※ 사업자등록 신청 시 다음과 같은 사유에 해당하는 경우 붙임의 서식 부표에 추가로 적습니다.
　① 공동 사업자에 해당하는 경우
　② 종업원을 1명 이상 고용한 경우
　③ 사업장 외의 장소에서 서류를 송달받으려는 경우
　④ 사업자단위과세 적용을 신청한 경우(2010년 이후부터 적용)

② 법인

첨부 서류	1. 정관 1부(외국법인만 해당합니다) 2. 임대차계약서 사본(사업장을 임차한 경우만 해당합니다) 1부 3. 상가 건물임대차보호법의 적용을 받는 상가 건물의 일부를 임차한 경우에는 해당 부분의 도면 1부 4. 주주 또는 출자자명세서 1부

첨부 서류	5. 사업허가·등록·신고필증 사본(해당 법인만 해당합니다) 또는 설립허가증사본(비영 　리법인만 해당합니다) 1부 6. 현물출자명세서(현물출자법인의 경우만 해당합니다) 1부 7. 자금출처명세서(금지금 도·소매업, 액체·기체연료 도·소매업, 재생용 재료 수집 및 판매업, 　과세유흥장소에서 영업을 하려는 경우에만 제출합니다) 1부 8. 본점 등의 등기에 관한 서류(외국법인만 해당합니다) 1부 9. 국내사업장의 사업영위 내용을 입증할 수 있는 서류(외국법인만 해당하며, 담당 공 　무원 확인사항에 의해 확인할 수 없는 경우만 해당합니다) 1부 10. 신탁 계약서(법인과세 신탁재산의 경우만 해당합니다) 1부 11. 사업자단위과세 적용 신고자의 종된 사업장 명세서(법인사업자용)(사업자단위과 　세 적용을 신청한 경우만 해당합니다) 1부

　주택신축 판매업은 건축주가 주택을 신축해서 판매하는 업을 말한다. 세법은 이를 건설업으로 분류하고 세제 혜택을 부여하고 있다. 이하에서는 주택신축 판매업의 범위, 사업자등록 신청 등과 관련된 세무상 쟁점을 살펴보자.

건설공사를 하기 위해서는 건설산업기본법에 따라 등록을 해야 한다. 등록하지 않고 공사를 하면 무면허에 해당해 벌금 등의 제재를 받는다. 한편 일정 규모 이상의 주택 건설을 시행하기 위해서는 주택법에 따라 건설업등록을 해야 한다. 이를 어긴 경우 벌금 등이 뒤따른다.

■ 건설산업기본법 시행규칙 [별지 제3호서식] 〈개정 2021. 8. 31〉

(앞쪽)

건설업등록증

1. 업종 및 주력 분야 :   (주력 분야 :   )

2. 등록번호 :

3. 상호 :

4. 대표자 :

5. 주된 영업소 소재지 :

6. 법인등록번호(생년월일) :

7. 국적(소속 국가명) :

8. 등록일자 :

위 자는 건설산업기본법 제9조에 따른 건설사업자임을 증명합니다.

년   월   일

국토교통부장관
특별시장·광역시장·특별자치시장·도지사·특별자치도지사
시장·군수·구청장

직인

210mm×297mm[백상지(150g/㎡)]

■ 주택법 시행규칙[별지 제3호서식] 〈개정 2017. 6. 2〉

주택건설(또는 대지조성)사업자 등록증

(앞쪽)

사업자	상호		
	등록번호		법인등록번호
	대표자		생년월일
	영업소 소재지		등록일자

주택법 제4조, 같은 법 시행령 제15조 제2항 및 같은 법 시행규칙 제4조 제3항에 따라 위와 같이 주택건설(또는 대지조성)사업자로 등록했음을 증명합니다.

년　월　일

협회장　[직인]

※ 등록사항의 변경이 있는 때에는 주택법 시행령 제15조 제3항에 따라 변경사유가 발생한 날부터 30일 이내에 신고해야 합니다.
※ 등록증 기재사항의 변경은 이면에 기재합니다.

주택신축 판매업의
사업자등록과 세무상 쟁점

1. 주택신축 판매업의 범위

주택신축 판매업은 주택을 신축해서 판매하는 업종에 해당한다. 간단한 사례를 통해 이에 대해 알아보자.

Q1 서울 성동구에 거주하고 있는 건설사업자인 K씨는 다가구주택을 한 채 지어서 판매하고자 한다. 이 경우에도 건설업에 해당하는가?

그렇다. 1동의 주택을 신축해서 판매하는 경우에도 건설업에 해당한다. 단독주택이나 다가구주택을 신축해서 판매하는 경우가 이에 해당한다. 이 외에 다음과 같은 경우도 건설업에 해당한다.

• 건설업자에게 도급[25]을 주어서 주택을 신축하는 경우

---

25) 일괄도급의 경우 세법상 건설업에서 제외해 조세감면 혜택을 부여하지 않는다.

- 종전부터 소유하던 자기 토지 위에 주택을 신축해 토지와 함께 판매(자기 토지 위에 상가건축 판매 시는 부동산 매매업)한 경우[다만, 토지의 면적이 주택이 정착된 면적의 3~10배를 초과하는 부분에 대해서는 건설업으로 보지 아니한다26)]
- 시공 중인 주택을 양도하는 경우에는 그 주택의 시공 정도가 건축법에 의한 건축물에 해당되는 경우27)
- 임대주택을 건설해서 분양하거나 또는 신축한 주택이 판매되지 아니하여 판매될 때까지 일시적으로28) 일부 또는 전부를 임대한 후 판매하는 경우에도 당해 주택의 경우 등

Q2 앞의 K씨는 비건설사업자다. 그가 다가구주택을 지어 양도하면 이때 소득은 사업소득인가, 양도소득인가?

사업성(계속적·반복적)이 있으면 1동의 건물을 신축해 판매하더라도 주택신축 판매업 소득에 해당한다. 하지만 사업성이 없으면 이때는 '양도소득'에 해당한다.29)

---

26) 이를 초과한 부수 토지에 대해서는 감면을 적용하지 않는다.

27) 사업성이 없으면 양도소득에 해당한다(사실판단의 문제).

28) 임대가 일시적인지, 아닌지의 여부도 사실판단의 문제다.

29) 소득분류의 오류에 의해서는 신고불성실가산세가 없다. 다만, 납부지연가산세는 있다.

2. 주택신축 판매업 사업자등록 신청

1) 직영공사(부분도급, 총괄관리 포함) 후 판매(건설업)

코드번호	세분류	세세분류	단순경비율[30]	기준경비율
451105	주거용 건물 건설업	단독주택 건설업	91.6	13.1
		아파트 건설업		
		기타 공동주택 건설업		

- 주거용 건물을 건설해서 분양(판매)
  - 직접 건설 활동을 수행하지 않더라도 건설공사에 대한 총괄적 책임을 지면서 하도급을 주어 전체적으로 건설공사를 관리하는 경우 포함

주택신축 판매업은 건설업/건물 건설업 중 '주거용 건물 건설업(코드번호 : 451105 등)'으로 분류된다(부록2 참조). 이 업종은 분양하고자 하는 주택의 면적이 각 호별로 $85m^2$ 이하이면 면세사업자로, $85m^2$ 초과분과 그 이하분이 섞여 있거나 상가 등도 포함되어 있다면 겸업사업자에 해당되어 일반과세자로 사업자등록을 해야 한다.

2) 일괄도급공사 후 판매(부동산업)

건축공사를 일괄도급을 주고 완성된 건물을 분양·판매하는 것은 부동산 공급업에 해당한다.

---

30) 단순경비율과 기준경비율은 사업자가 장부를 작성하지 않을 때 필요경비를 정하는 기준이 된다. 이에 대한 자세한 내용은 제7장에서 살펴본다.

코드번호	세분류	세세분류	단순경비율	기준경비율
703011	부동산 개발 및 공급업	주거용 건물 개발 및 공급업	82.1	9.3
	• 직접 건설 활동을 수행하지 않고 전체 건물 건설공사를 일괄도급해서 주거용 건물을 건설하고, 이를 분양·판매하는 산업활동을 말한다. 매입한 주거용 건물을 재판매하는 경우도 포함한다. (토지 보유 5년 미만) 〈제외〉 *토지 보유 5년 이상(→703012)			

>> 이러한 사업 활동은 세제상 혜택이 주어지지 않음에 유의해야 한다.

3. 적용 사례1

K법인은 주택신축 판매업과 관련해 사업자등록을 준비 중에 있다. 각 상황별로 답을 하면?

사업자등록증

(일반과세자/간이과세자)

등록번호 :

① 상호(법인명) :   ② (대표자)성명 :

③ 개업 연월일 :   년   월   일   ④ 생년월일 :

⑤ 사업장소재지 :

   본점소재지

⑥ 사업의 종류 : | 업태 | | 종목 |

Q1 주택신축 판매업의 부가세법상의 사업자 유형은 어떻게 되는가?

구분	사업자 유형	비고
85㎡ 이하 주택만 신축하는 경우	면세사업자	
85㎡ 초과 주택만 신축하는 경우	일반과세자	
위 둘 모두를 동시에 신축하는 경우	일반과세자	겸업사업자

Q2 주택신축 판매업은 어떤 식으로 사업자등록을 하는가?

'주거용 건물 건설업(업종 코드 451105 등)'으로 등록을 한다. 이 업종에 주택을 신축해서 판매하는 업도 포함된다.

Q3 세법은 '건설업'에 대해서는 세제를 우대해서 적용한다. 주택신축 판매업도 건설업에 포함되는데, 이때 일괄도급도 이에 포함하고 있을까?

건설업은 시행사가 '건설 활동'을 일부라도 해도 된다. 따라서 일괄도급은 건설 활동에 포함되지 않으므로 건설업으로 보지 않는다.

※ 주택신축 판매업에 대한 세법의 취급

구분	세법상의 업종	비고
도급(총괄관리 포함)	건설업	중소기업특별세액 감면 대상임.
일괄도급	부동산업	중소기업특별세액 감면 대상에서 제외

Q4 만일 K법인이 공사 전체를 다른 사업자에게 위탁하는 경우, 조세특례법상의 중소기업특별세액 감면을 받을 수 있는가?

받을 수 없다. 이는 사실상 공사를 위탁해 건축물을 판매하는 업에 해당하기 때문이다(조심2015구1949, 2015.06.17 등 참조).

4. 적용 사례2

K법인의 주택신축 판매업에 대한 사업계획서다. 각 상황별로 답을 하면?

- 토지 매입원가 : 10억 원
- 예상건축원가

구분	예상원가	비고
외주비	10억 원	외주공사비
철근 및 잡자재	11억 원	VAT 1억 원 포함
기타 경비	4억 원	
도로 기부채납	5억 원	
계	30억 원	

- 예상 매출 : 50억 원(250채×2억 원)
- 위 주택들은 모두 국민주택에 해당함.

Q1 이 프로젝트의 예상이익은?

전체가 분양된 것으로 가정하면 예상이익은 10억 원이 된다. 예상 매출액 50억 원에서 토지 매입원가 10억 원과 건축원가 30억 원 등 40억 원을 차감해서 그렇다.

Q2 이 경우 예상되는 법인세는? 단, 중소기업특별세액 감면을 20% 받을 수 있다고 하자.

위의 내용을 토대로 법인세를 계산하면 다음과 같다.

구분	금액	비고
예상이익	10억 원	
× 법인세율	20%	
− 누진공제	2,000만 원	
= 산출세액	1억 8,000만 원	
− 감면세액	3,600만 원	20% 감면 가정
= 결정세액	1억 4,400만 원	

>> 자세한 감면율은 제7장을 참조하기 바란다.

Q3 만일 이 주택이 전용면적 85㎡ 초과 주택이라면 이 프로젝트의 예상이익 및 법인세는? 단, 1채의 분양가액 2억 원 중 1,000만 원은 부가세로 납부해야 한다.

이를 토대로 예상이익 및 법인세를 계산하면 다음과 같다.

구분	금액	비고
분양매출	47억 5,000만 원	50억 원−2억 5,000만 원 (= 250채×1,000만 원)
− 분양원가	39억 원	공사 중 발생한 VAT 제외
= 예상이익	8억 5,000만 원	
× 법인세율	20%	
− 누진공제	2,000만 원	
= 산출세액	1억 5,000만 원	
− 감면세액	3,000만 원	20% 감면 가정
= 결정세액	1억 2,000만 원	

건물신축 판매업의
사업자등록과 세무상 쟁점

오피스텔이나 상가나 기타 수익형 건물을 신축해 판매하는 사업은 세법상 부동산 매매업으로 분류가 된다. 이하에서 건물신축 판매업의 사업자등록과 관련된 세무상 쟁점을 살펴보자.

1. 건물신축 판매업의 범위

여기서 건물은 사람이 상시 주거용으로 사용하지 않는 일반건물을 말한다. 이에는 상가, 사무실, 공장, 오피스텔 등이 해당된다.

참고로 오피스텔은 이를 완공할 때까지는 주택이 아닌 건물로 본다는 점에 주의해야 한다. 따라서 공사 중에 발생한 부가세는 전액 환급이 되며, 향후 이를 분양할 때에는 건물공급가액의 10% 상당액만큼 부가세를 징수해야 한다.

구분	공사 시	분양 시
85㎡ 이하	부가세 부담→ 환급	부가세 징수
85㎡ 초과		

※ 오피스텔 공사와 분양 시 부가세 실무 처리

2. 건물신축 판매업 사업자등록 신청

건물신축 판매업 영위 시 사업자등록과 관련된 세무관리법을 정리하면 다음과 같다. 건물신축 판매업은 자영공사나 일괄도급이나 '비주거용 건물 개발 및 공급업'으로 사업자등록을 하며, 세법을 적용할 때는 부동산 매매업으로 분류한다.

1) 직영공사(부분도급 포함) 후 판매(부동산 매매업)

	부동산 개발 및 공급업	비주거용 건물 개발 및 공급업	85.6	15.2
703021	• 비주거용 건물을 건설해서 판매(토지 보유 5년 미만) – 직접 건설 활동을 수행하지 않고 건설공사 분야별로 도급을 주어 전체적으로 건설공사를 관리하는 경우 포함			

2) 일괄도급공사 후 판매(부동산 매매업)

	부동산 개발 및 공급업	비주거용 건물 개발 및 공급업	82.1	12.9
703014	• 직접 건설 활동을 수행하지 않고 전체 건물 건설공사를 일괄도급해 비주거용 건물을 건설하고, 이를 분양·판매하는 산업활동을 말한다. 매입한 비주거용 건물을 재판매하는 경우도 포함한다. (토지 보유 5년 미만)			
	〈제외〉 *토지 보유 5년 이상(→703016) *토지 보유 5년 미만(도급건설 판매)(→703021) *토지 보유 5년 이상(도급건설 판매)(→703022) *토지 보유 5년 미만(건축 시행사)(→703023) *토지 보유 5년 이상(건축 시행사)(→703024)			

3. 적용 사례1

K법인은 건물신축 판매업과 관련해서 사업자등록을 준비 중에 있다. 각 상황별로 답을 하면?

```
                    사업자등록증
                 (일반과세자/간이과세자)
           등록번호 :

  ① 상호(법인명) :                    ② (대표자)성명 :
  ③ 개업연월일 :      년    월    일    ④ 생년월일 :
  ⑤ 사업장소재지 :
     본점소재지
  ⑥ 사업의 종류 :
                     업태           종목
```

Q1 **건물을 신축 판매하면 이는 세법상 어떤 업종에 해당하는가?**

건물신축 판매업에 대한 건설 방식에 따른 세법상의 업종은 다음과 같이 분류된다.

구분	세법상의 업종	비고
도급에 의한 신축 판매	부동산 매매업	중소기업특별세액
일괄도급에 의한 신축 판매	부동산 매매업	감면 대상에서 제외

》》 참고로 건물에 대한 건설용역을 제공하는 시공사는 건설업으로 분류하는 것이 원칙이다(조세감면도 가능함).

Q2 건물신축 판매업의 사업자 유형은 어떻게 되는가?

건물을 공급하는 사업자의 유형은 일반과세자에 해당한다. 이 건물의 공급업은 분양면적과는 무관하게 일반과세자로 분류하고 있다.

구분	사업자 유형	비고
85㎡ 이하 건물만 신축 판매하는 경우	일반과세자	주택과 차이가 나는 부분임.
85㎡ 초과 건물만 신축 판매하는 경우	일반과세자	
위 둘 모두를 동시에 신축 판매하는 경우	일반과세자	

Q3 건물신축 판매업에 대해서는 조세특례법상의 중소기업특별세액감면을 받을 수 있는가?

받을 수 없다. 이 사업은 건설업이 아닌 부동산 공급업에 해당하기 때문이다.

4. 적용 사례2

K법인의 건물신축 판매업(부동산 매매업)에 대한 사업계획서다. 각 상황별로 답을 하면?

자료

• 토지 매입원가 : 10억 원
• 예상건축원가

구분	예상원가	비고
외주비	10억 원	외주공사비
철근 및 잡자재	10억 원	VAT 1억 원 별도
기타 경비	5억 원	

구분	예상원가	비고
도로 기부채납	5억 원	
계	30억 원	

- 예상 매출 : 50억 원
- 공사완공일 : 20×9년 10월

Q1 이 법인의 예상되는 법인세는?

구분	금액	비고
예상이익	10억 원	50억 원 − 40억 원(토지원가 10억 원 + 건축원가 30억 원)
× 법인세율	20%	
− 누진공제	2,000만 원	
= 산출세액	1억 8,000만 원	
− 감면세액	0원	부동산 매매업은 감면 업종이 아님.
= 결정세액	1억 8,000만 원	

Q2 만일 공사에 사용된 토지가 세법상 비사업용 토지에 해당한다면 어떤 문제점이 있는가?

이러한 상황에서 토지에 대한 양도차익에 추가법인세 10%가 부과될 수 있다. 나대지를 오랫동안 보유하고 있는 상황에서 토지취득 후 2년 및 착공일 이후부터 판매일까지의 기간이 사업용 기간 기준(2년, 3년, 60%)에 해당하지 않으면 비사업용 토지에 해당될 수 있다(제4장 참조).

≫ 토지를 오래 보유한 상태에서 건물을 분양하는 경우에는 사전에 반드시 이러한 문제점을 검토해야 한다.

세법은 주택신축 판매업은 건설업, 건물신축 판매업은 부동산 매매업으로 분류하고 있다. 이 둘의 세제를 비교하면 다음과 같다.

구분	주택신축 판매	건물신축 판매
사업자등록의 업종	주거용 건물 건설 및 공급업	비주거용 건물 건설 및 공급업
세법상의 업종 취급	건설업	부동산 매매업
토지취득세 중과세	해당 사항 없음.	중과세 가능
완공 전 부가세 환급	과세분만 환급	좌동
분양 시 소득세·법인세	기본세율	좌동(단, 분양분의 토지가 비사업용 토지에 해당하면 비교과세 또는 추가과세 제도가 적용됨)
소득세·법인세 감면	가능	가능하지 않음.

심층분석 신축·리모델링 판매업과 세무 실무

신축·리모델링 판매업과 관련된 세무상 쟁점 등을 사업 절차에 따라 요약하면 아래와 같다.

구분	사업절차	내용	
		일반	세무
사업준비 단계 (1단계)	사업계획수립	- 건설용지 분석 - 사업타당성 검토(토지대 대비 분양가 등)	- 사업 형태 결정(개인 대 법인) - 사업자등록(사업장이 있는 관할 세무서)
	▼		
	건설용지 매입	건설용지 매입	- 차입금 이자의 자본화 - 토지취득에 대한 부가세 검토 - 취득세 중과세 검토
	▼		
공사단계 (2단계)	건축인허가	- 건축인허가 - 허가용 도면 작성 - 영향평가(건축, 교통, 소방 등)	- 설계용역 등 부가세 검토
	▼		
	사업승인 및 착공(신고)	- 사업계획승인 - 착공계 제출 - 착공신고 및 착공	- 공사비에 대한 부가세 환급 - 착공 : 업무관자산 기산시점 등
분양단계 (3단계)	분양(승인)개시	토지와 건물공급가액의 구분	- 계약 전 공사원가의 처리 (모델하우스 비용 포함) - 부가세의 처리 - 분양수익에 대한 소득·법인세 처리(미분양에 대한 세금 문제는 별도 검토)
	▼		
	사용검사(준공)	건축물 준공 전 사용검사 신청(입주자 사전점검 포함) 등	- 하자보수 관련 비용처리법
	▼		
	분양건물 보존등기		- 과세표준 산정 방법과 취득세 율 등을 검토해야 함.

| 사업완료
단계
(4단계) | 소유권이전등기 | | – 계약자가 부담하는 세금 문제
 검토
– 분양권 세무 처리 등 |

※ 신축·리모델링 사업 진행 시 주의해야 할 3대 세금

1. 취득세

1) 개인

건설용지를 마련하는 과정에서 멸실 예정인 주택을 취득하면 12%의 세율이 적용될 수 있다. 단, 국토교통부에 주택건설사업자로 등록한 사업자는 3년 이내에 멸실하면, 미등록 사업자는 관할 세무서에 주택 신축 판매사업자로 등록하고, 1년 내 멸실 그리고 3년 내 분양 완료 시 일반세율을 적용한다.

2) 법인

수도권 과밀억제권역 내에서 설립된 지 5년이 미경과한 법인은 다음에 대해 주의해야 한다.

① 멸실용 주택을 취득한 경우

12%의 세율이 적용되나 등록건설사업자가 3년 내 멸실시키거나 미등록건설사업자는 1년 내 멸실 또는 3년 내 분양 완료 시 일반세율을 적용한다.

② 멸실용 건물을 취득한 경우

8%의 세율이 적용되나 주택건설사업 등 중과배제 업종을 영위하면 일반세율을 적용한다. 단, 2년 이내에 매각 등을 하면 중과세율로 추징한다.

2. 종부세

취득일로부터 5년 이내에 주택사업계획의 승인을 받을 토지는 종부세 합산배제를 받을 수 있다. 참고로 주택을 건설하기 위해 사업계획의 승인을 받은 토지로서 주택건설사업에 제공되고 있는 토지는 재산세가 분리과세된다(지방세법 제102조 제2항 제7호). 한편 멸실 예정인 주택의 경우 3년 이내에 이를 멸실시키면 주택에 대한 종부세를 면제받을 수 있다(종부령 제4조 제1항 제21호).

>> 리모델링의 경우에는 주택을 보유한 것으로 보아 종부세 등이 나올 수 있음에 유의하자.

3. 부가세

1) 토지 매입 시

토지 매입과 관련된 부가세는 항목 불문하고 부가세 환급이 되지 않으며 모두 원가처리된다.

2) 공사 진행 시

공사 진행 시 발생한 부가세는 과세사업과 관련된 것은 환급이 가능하나, 면세사업에 관련되는 것은 환급되지 않는다. 과세사업과 면세사업에 공통적으로 발생하는 매입세액은 안분계산해야 한다.

3) 분양 시

건축물을 분양할 때는 토지를 제외한 건물공급가액의 10% 상당액의 부가세를 수분양자로부터 징수해야 한다. 다만, 여기서의 건물에는 국민주택 초과분을 포함한다.

건축에 대한 세제 중 가장 중요한 세목은 두말할 필요 없이 부가세다. 공사 전후 모든 단계에 걸쳐 이 세목이 발생하기 때문이다. 따라서 신축·리모델링 관련 세제를 이해할 때는 이 세목에 집중해서 다양한 제도들을 섭렵할 필요가 있다. 이하에서 사업 목적별로 이에 대해 알아보자.

1. 신축·리모델링 판매업과 부가세

주택이나 건물 등을 신축·리모델링해 판매하는 경우의 부가세 처리법을 알아보자. 참고로 신축·리모델링 판매업은 건설업과 판매업 등 2개의 업종이 결합된 형태를 말한다.

1) 주택의 신축·리모델링 판매업(건설업)

주택을 신축·리모델링해 판매하는 경우에는 다른 건축물과는 달리 부가세 처리에 특히 주의해야 한다. 전용면적이 $85m^2$ 이하인 주택(국민주택)은 분양 시 부가세가 면제되므로 공사와 관련된 부가세도 환급되지 않지만, 이를 초과한 주택은 그렇지 않기 때문이다.

구분	분양(공급) 시	공사 진행 시
85㎡ 이하 주택	부가세 징수 없음(면세업).	부가세 불공제
85㎡ 초과 주택	부가세 10% 징수함(과세업).	부가세 환급(공제)

》 국민주택을 공급하면 부가세가 면제되므로 이에 관련된 매입세액도 불공제된다. 따라서 이러한 주택만 공급되면 부가세 처리가 그렇게 어렵지 않다. 그런데 이를 초과한 주택이나 상가 등이 결합된 경우에는 부가세 안분 문제에서 다양한 쟁점들이 발생한다. 먼저 토지와 건물의

공급가액을 구분하고 건물 중 부가세 과세분과 면세분을 안분해야 하기 때문이다(실수가 많이 발생함).

2) 건물의 신축·리모델링 판매업(부동산 매매업)

오피스텔이나 기타 상가 등을 신축·리모델링해 판매하는 경우에는 분양 시 건물공급가액의 10%의 부가세를 징수하므로 공사 중에 발생한 부가세는 전액 환급(공제)한다.

구분	분양(공급) 시	공사 진행 시
오피스텔 등	부가세 10% 징수함.	부가세 환급(공제)

>> 상가 등 건물만 신축 등을 해서 분양·판매하는 경우에는 부가세 관련 쟁점은 앞의 주택보다는 덜하다. 세금계산서만 제대로 받아 환급처리를 하면 되기 때문이다(세금계산서를 법에 맞게 수취하는 것이 중요함).

3) 주상복합의 신축·리모델링 판매업

주택과 건물을 동시에 신축 등을 한 경우에는 부가세 처리에 만전을 기해야 한다. 공통매입세액이 발생한 경우, 이를 어떤 식으로 안분할 것인지 등이 실무상 쟁점으로 등장하는 경우가 많기 때문이다.

구분	분양(공급) 시	공사 진행 시
85㎡ 이하 주택	부가세 징수 없음.	부가세 불공제
85㎡ 초과 주택	부가세 10% 징수함.	부가세 환급(공제)
건물		

>> 이에 해당하는 세무상 쟁점은 앞의 주택 부분과 동일하다(안분계산의 문제).

2. 신축·리모델링 임대업과 부가세

주택이나 건물을 신축해 임대하는 경우의 부가세 처리법을 알아보자.

1) 주택의 신축·리모델링 임대업

주택을 신축해서 임대하고자 하는 경우에는 주택임대료에 대해서는 부가세가 면제되므로, 공사 진행 시 발생하는 부가세는 전액 불공제된다.

구분	임대 시	공사 진행 시
85㎡ 이하 주택	부가세 징수 없음.	부가세 불공제
85㎡ 초과 주택		

>> 주택임대업은 면세업에 해당하므로 관련 매입세액은 전액 불공제되며 이는 취득원가에 산입된다.

2) 건물의 신축·리모델링 임대업

건물을 신축해서 임대하고자 하는 경우에는 건물임대료에 대해서는 부가세가 과세되므로, 공사 진행 시 발생하는 부가세는 전액 공제된다.

구분	임대 시	공사 진행 시
오피스텔 등	부가세 10% 징수함.	부가세 환급(공제)

>> 이 경우에는 세금계산서만 제대로 수취하면 부가세법상 쟁점은 거의 없다.

3) 주상복합의 신축·리모델링 임대업

주상복합건물을 신축해서 임대하고자 하는 경우에는 주택 부분은 면적에 관계 없이 부가세를 공제받지 못하나, 건물은 그렇지 않다. 따라서 이 경우에도 부가세 안분계산의 문제가 발생한다.

구분	임대 시	공사 진행 시
85㎡ 이하 주택	부가세 징수 없음.	부가세 불공제
85㎡ 초과 주택		
건물	부가세 10% 징수함.	부가세 환급(공제)

>> 이 경우도 앞에서 본 안분계산의 문제가 발생한다.

Tip 신축·리모델링 사업과 부가세 실무

실무적으로 다음과 같은 원리로 이해해두면 부가세 처리에 상당히 유용할 것이다.

STEP 1. 부가세 징수 여부

원칙적으로 사업자(비사업자인 개인은 제외)가 다음의 부동산을 소비자에게 공급하면 10%의 부가세를 받은 후 정부에 납부해야 한다.
• 85㎡ 초과 주택의 공급
• 오피스텔/상가 등 수익형 건물의 공급

※ 주의!

소비자들에게 받아야 할 부가세는 건물공급가액의 10%만 해당함에 유의해야 한다. 토지의 공급에 대해서는 부가세를 면제하고 있기 때문이다. 예를 들어, 오피스텔의 총공급가액이 2억 원이라면 총분양가격은 2억 1,000만 원이 된다.

구분	금액	비고
토지가액	1억 원*	계산서가 교부됨.
건물가액	1억 원*	세금계산서가 교부됨.
건물VAT	1,000만 원	계약자들은 일반과세자 등록을 해 환급받을 수 있음.

구분	금액	비고
계	2억 1,000만 원	

* 이를 인위적으로 구분해 부가세를 줄이는 경우에는 세무조사를 받을 수 있음에 유의할 것

STEP 2. 부가세 매입세액공제 여부

건축공사 중에 사업을 위해 부담한 부가세는 앞의 공사와 관련된 것만 공제받을 수 있다. 예를 들어, 오피스텔을 공사하면서 부가세를 1억 원 부담했다면 이 부가세는 전액 공제 또는 환급받을 수 있다는 것이다. 이 외에도 국민주택규모 초과 주택(전용면적 85㎡), 상가나 오피스, 모텔, 고시원 같은 수익형 부동산을 사업자가 공급하는 경우에도 공제 대상이 된다.

이러한 내용을 표로 정리하면 다음과 같다.

구분		분양/매매 시 징수해야 할 부가세(납부)	건축 중 발생한 부가세의 공제
주택	토지	×(면세)	×(불공제)
	건물	○ (단, 전용면적 85㎡ 초과분에 한함)	○ (단, 전용면적 85㎡ 초과분에 한함)
상가·빌딩· 오피스텔 등	토지	×(면세)	×(불공제)
	건물	○(무조건 과세)	○(공제)

제 3 장

건설용지의 취득 관련
세무상 쟁점

건설용지의 취득 관련
세무상 쟁점

원룸이나 빌라 등을 신축하기 위해서는 무엇보다도 건설용지가 있어야 한다. 그렇다면 이러한 토지와 관련된 세무상 쟁점들에는 어떤 것들이 있을까? 이하에서 이에 대해 알아보자.

1. 건설용지 마련 형태

원룸 등을 건축하기 위해 건설용지를 마련하는 방법에는 아래와 같은 것들이 있다.

1) 유상취득

이는 건설용지를 유상으로 매입한 경우를 말한다. 이때 나대지의 형태로 매입하는 것보다는 단독주택이나 일반건물이 있는 상태에서 매입하는 경우가 일반적이다.

2) 사용 중 철거

건물이 있는 상태에서 건물을 허물고 대지로 만드는 경우를 말한다.

3) 무상취득

상속이나 증여 등 무상으로 취득한 경우를 말한다.

2. 세무상 쟁점

위의 취득 형태별로 세무상 쟁점을 대략 정리하면 아래와 같다. 구체적인 내용은 뒤에서 살펴본다.

1) 유상취득

토지를 유상취득한 경우, 주로 취득세와 부가세에서 쟁점이 발생한다.

구분	취득		철거	
	취득세	부가세	철거비용 처리	부가세
나대지	4%	-	-	-
주택	1~12%	-	토지원가	발생(불공제)
건물	4%	발생(불공제)	토지원가	발생(불공제)

취득세의 경우 1~12%(농특세 등 별도)까지 발생하며, 취득 및 철거 시 발생하는 부가세는 모두 토지 관련 매입세액으로 토지의 원가로 처리된다. 참고로 취득 시에는 취득자금에 대한 세무상 쟁점도 발생한다.

2) 사용 중 철거

신축을 위해 오래전부터 보유한 건물을 허물고 토지를 만드는 경우가 있다. 이 경우에는 건물의 장부가액(잔존가액)과 철거비용(부가세 포함)을 어떤 식으로 처리할 것인지 등이 쟁점이 된다. 취득세부터 법인세까지 이를 요약하면 아래와 같다.

| 구분 | 잔존가액 | 철거 | |
		철거비용	철거비용 부가세 공제 여부
법인세 원가 또는 비용처리 여부	처분손실→ 신축건물과 무관(당기비용)	좌동	불공제 원칙[31]
종합소득세 원가 또는 비용처리 여부	처분손실→ 신축건물의 원가[32]	좌동	
양도세 필요경비 인정 여부	처분손실→ 신축건물과 무관(소멸)	신축건물과 무관 (단, 좀 더 검토가 필요함)	
취득세 과세표준 포함 여부	관계없음.	취득가액에 포함	

≫ 이에 대한 자세한 내용은 뒤에서 살펴보자.

3) 무상취득

상속이나 증여로 취득한 경우에는 그 당시의 신고가액이 취득가액이 된다. 이후 사용 중 철거를 한 경우에는 앞의 2)처럼 처리하면 된다.

> **Tip 토지 소유자가 부모인 경우**
>
> 토지 소유자가 부모인 경우, 자녀가 건축주가 될 수 있다. 이때 자녀가 토지를 무상으로 사용하면 이에 대해 증여세가 부과되므로 미리 토지 임대에 대한 유상계약을 맺어 진행하는 것이 좋을 수 있다(저자의 카페로 문의).

---

31) 토지 관련 매입세액은 불공제(원가처리)되나, 과세사업용 건물을 철거하면서 발생한 매입세액은 공제된다. 이 부분은 사실판단을 해야 하므로 실무 적용 시 전문 세무사를 통해 확인하기 바란다.

32) 법인세처럼 당기비용 처리가 타당하나 현행 소득세법 집행 기준 27-55-8에서는 신축건물의 자본적 지출로 처리하도록 하고 있다.

토지취득원가를 장부에
올리는 방법

토지를 취득하면 이에 대한 취득가액과 부대비용은 모두 취득원가를 구성한다. 이러한 취득원가는 분양이 완료되면 매출원가로 대체된다. 따라서 정확한 토지원가의 계상은 수익성 분석 등을 위해서라도 매우 중요한 이슈가 된다.

1. 자산의 분류

건축주가 취득한 토지를 판매 목적으로 보유하면 재고자산, 임대 목적으로 보유하면 유형자산에 해당한다. 따라서 신축 판매업의 경우에는 재고자산으로 계상된다.

자산	부채
Ⅰ. 유동자산	Ⅰ. 유동부채
1. 당좌자산	1. 외상매입금
현금 등	2. 단기차입금
2. 재고자산~~~판매 목적	Ⅱ. 비유동부채
건물	1. 장기차입금
토지	자본
Ⅱ. 비유동자산	Ⅰ. 자본금
1. 유형자산~~~임대 목적	Ⅱ. 자본잉여금
건물	1. 주식발행초과금
토지	Ⅲ. 이익잉여금
	1. 법정적립금
	2. 차기이월이익잉여금(당기순이익 포함)
자산 계	부채와 자본 계

2. 취득원가의 범위

토지취득원가는 토지취득 전부터 취득 완료 전까지 발생한 모든 원가를 말한다. 실무적으로 '터파기' 이전에 발생한 원가는 토지 원가로 처리한다.

1) 취득가액

매매계약서상의 취득가액을 말한다.

2) 부대비용

취득하면서 부가적으로 발생한 비용을 말한다. 이에는 다음과 같은 것들이 있다.

- 취득세
- 중개수수료 등
- 부가세 중 매입세액 불공제분

3. 적용 사례

서울에 위치한 K법인은 주택신축 판매업을 위해 다음과 같이 토지를 취득했다. 각 상황별로 답을 하면?

자료

- 토지가액 : 10억 원
- 토지취득 관련 비용 : 5,000만 원(취득세 별도, 부가세 100만 원 별도)

Q1 부가세는 환급받을 수 있는가?

받을 수 없다. 토지 매입과 관련된 부가세는 매입세액공제가 되지 않으며, 이는 토지의 자본적 지출로 처리된다. 즉, 토지원가를 형성한다.

Q2 토지취득 관련 비용은 당기비용인가?

그렇지 않다. 토지취득 관련 비용은 토지의 자본적 지출로서 토지원가에 해당한다.

Q3 취득세는 얼마인가? 단, 세율은 4.6% 적용된다고 하자.

세율은 주어졌으니 과세표준만 잘 결정하면 된다. 취득세 과세표준은 취득이 완료되기 전까지의 모든 비용(VAT는 제외)에 대해 과세된다. 따라서 사례의 경우, 10억 5,000만 원이 과세표준이 된다. 법인의 경우, 취득세는 장부상의 취득가액을 중심으로 과세된다.

• 사례의 취득세 : 10억 5,000만 원 × 4.6% = 4,830만 원

Q4 건설자금이자는 취득원가에 산입해야 하는가?

법인세법은 재고자산에 해당되는 경우에는 건설자금이자를 취득원 가에 산입하지 않고 당기비용으로 처리하도록 하고 있다. 하지만 지방 세법은 이를 취득세 과세표준에 포함시켜 취득세를 과세하고 있으므로 유의해야 한다.

Tip 금융비용 자본화에 대한 기업회계 기준과 세법의 차이

구분		기업회계 기준	법인세법	지방세법
건설자금이자 (자본화)	재고자산· 투자자산	기간비용 (취득가액에 포함 가능)	손금산입	취득세 과세표준에 포함
	유형자산· 무형자산[33]	기간비용 (취득가액에 포함 가능)	취득가액에 포함 (강제사항)	

>> 법인세법 시행령 제72조 제2항 취득가액의 범위에는 건설자금이자를 포함하고 있으나 건설자금이자 계상 대상이 사업용 고정자산만 해당되므로 재고자산은 이에 해당하지 아니한다. 따라서 아파트 등을 공사하면서 발생하는 차입금에 대한 이자는 세법상 당기의 비용으로 처리해야 한다.

---

33) 사업용 고정자산에 해당한다.

건물의 잔존가액과
철거비용의 처리법

건물을 매입 또는 사용 중에 부지를 마련한 경우, 다양한 세무상 쟁점이 발생한다. 이하에서 사례를 통해 이에 대해 정리해보자.

1. 건물을 취득한 후 바로 멸실시키는 경우

건물을 취득해 바로 멸실시키는 것은 '토지를 사용'하기 위해서다. 따라서 이러한 관점에서 아래의 사례를 살펴보자.

> **자료**
>
> • 건물매입(토지 10억 원, 건물 1억 원, 부가세 별도)
> • 철거비용 1,000만 원(부가세 별도)

Q1 이 건물을 매입할 때 회계 처리는?

(차변) 토지 11억 1,000만 원   (대변) 현금 11억 1,000만 원

➤➤ 철거를 위해 건물을 매입한 경우, 해당 지출금액은 모두 토지의 원가로 처리하는 것이 타당하다. 다만, 건물을 사용하는 경우라면 토지와 건물은 구분해 회계 처리해야 한다.

Q2 만일 자료상의 부가세를 부담하지 않기 위해 건물가액을 0원으로 해도 되는가?

그렇다. 따라서 이 경우에는 아래와 같이 회계 처리를 하면 된다(부가세법 제29조 제9항 제2호).

(차변) 토지 11억 원   (대변) 현금 11억 원

Q3 건물에 대한 철거비용 처리는 어떻게 하는가?

철거비용(불공제되는 부가세 포함)은 토지와 관련된 비용이므로 아래와 같이 회계 처리를 한다.

(차변) 토지 1,100만 원   (대변) 현금 1,100만 원

Q4 토지에 대한 취득세를 낼 때 취득세 과세표준은?

토지의 취득이 완료되기 전까지 발생한 모든 비용이 과세표준이 된다. 따라서 이 경우 건물의 취득가액인 11억 원(부가세는 제외)이 과세표준이 된다. 한편 철거비용은 신축공사를 위해 발생한 지출로 취득세 과세표준에 포함된다(지방세운영과-1552, 2016.06.17).

➤➤ 멸실 예정인 주택이나 건물을 취득해 이를 철거하는 경우에는 토지를 이용할 목적으로 보아 이때 건물의 잔존가액과 철거비용은 모두 토지의 원가로 처리하고 관련 부가세는 토지 관련 매입세액으로 처리하는 것이 타당해 보인다.

2. 건물을 사용 중에 멸실시키는 경우

오래전에 취득한 건물을 사용한 후 '노후화 등'에 따라 이를 철거하는 경우, 기존건물의 잔존가액과 철거비용의 처리에 대해 알아보자.

자료

- 사용 중인 건물(토지 장부가액 10억 원, 건물 잔존가액 1억 원)
- 철거비용 1,000만 원(부가세 별도)

Q1 이 건물을 철거할 때 잔존가액에 대한 회계 처리는?

(차변) 유형자산처분손실 1억 원 (대변) 건물 1억 원

Q2 이 건물의 잔존가액과 철거비용은 세법상 원가에 해당하는가, 아니면 당기비용에 해당하는가?

실무적으로 여기에서 많은 혼란이 발생하고 있다. 이를 세목별로 요약하면 다음과 같다.

① 법인세

철거된 건물의 잔존가액은 유형자산처분손실에 해당하므로 해당 연도의 수익적 지출, 즉 당기비용으로 처리한다. 철거비용도 당기비용에 해당한다.

② 종합소득세

부동산 임대업을 하던 개인사업자가 부동산 매매업(또는 건설업)을 영위하기 위해서 자기 소유의 토지상에서 기존 임대용 건축물을 철거하고 새로운 건축물을 건축하는 경우 그 부동산 매매업(또는 건설업)의 사업소득금액을 계산할 때, 기존 임대용 건축물의 장부가액과 철거비용

은 새로운 건축물에 대한 자본적 지출로 해서 새로운 건축물의 취득원가에 산입하도록 하고 있다(서면 1팀-24, 2006.1.6 등).

>> 건물을 사용 중에 철거하면 잔존가액은 처분손실에 해당한다. 따라서 해당 손실은 처분손실이 발생한 연도의 비용으로 처리하는 것이 타당하다.

③ 양도세

기존건물의 잔존가액과 철거비용은 신축건물과는 무관하므로 해당 금액은 양도세 필요경비와 무관하다(조심 2021 서5600, 2022.3.31).

Q3 건물의 철거비용에 대한 부가세 처리는 어떻게 하는가?

사용 중의 건물을 철거할 때 발생한 철거비용이 토지 관련이면 매입세액은 불공제, 과세사업용 신축을 위한 철거비용에 해당하면 공제가 가능하다.

* 부가, 서면인터넷방문상담3팀-2397, 2006.10.10.
  과세사업을 위한 건물의 신축을 위한 기존건물 철거비용과 관련된 매입세액은 매출세액에서 공제되는 매입세액에 해당하는 것임.

>> 사용 중의 주택이나 건물을 철거할 때 잔존가액, 철거비용, 철거비용 부가세 등에 대한 처리가 세목별로 뒤죽박죽이다. 실무 처리 시 유권해석을 확인하도록 하자.

① 자기의 매출세액에서 공제되지 아니하는 토지 관련 매입세액을 예시하면 다음과 같다.

1. 건축물이 있는 토지를 취득하여 그 건축물을 철거하고 토지만을 사용하는 경우[35]에는 철거한 건축물의 취득 및 철거비용에 관련된 매입세액

2. 토지의 취득을 위한 직접적인 비용으로 발생한 매출주선 수수료 등 토지의 취득에 소요된 것이 명백한 대출금 관련 매입세액

3. 사업자가 금융자문용역을 공급받고 발행받은 세금계산서상의 매입세액 중 토지의 취득과 관련된 매입세액

4. 공장건물신축을 위하여 임야에 대지조성공사를 하는 경우 해당 공사비용 관련 매입세액

5. 토지의 조성과 건물·구축물 등의 건설공사에 공통으로 관련되어 그 실지귀속을 구분할 수 없는 매입세액 중 총공사비(공통비용 제외)에 대한 토지의 조성 관련 공사비용의 비율에 따라 계산한 매입세액

6. 토지의 취득을 위하여 지급한 중개수수료, 감정평가비, 컨설팅비, 명의이전비용에 관련된 매입세액

7. 과세사업을 하기 위한 사업계획 승인 또는 인허가 조건으로 사업장 인근에 진입도로를 건설하여 지방자치단체에 무상으로 귀속시킨 경우, 진입도로 건설비용 관련 매입세액

② 토지 관련 매입세액으로 보지 않는 매입세액은 다음과 같다.

1. 공장 또는 건물을 신축하면서 건축물 주변에 조경공사를 하여 정원을 만든 경우, 해당 공사 관련 매입세액

2. 과세사업에 사용하기 위한 지하건물을 신축하기 위하여 지하실 터파기에 사용된 중기사용료, 버팀목 및 버팀 철근 등에 관련된 매입세액

3. 토지와 구분되는 감가상각자산인 구축물(옹벽, 석축, 하수도, 맨홀 등) 공사 관련 매입세액

---

34) 토지 관련 매입세액인지, 아닌지의 여부를 판가름할 수 있는 아주 중요한 내용이다.

35) 토지만을 사용하는 경우에는 신축을 하는 경우도 포함하는 것인지는 별도로 확인하기 바란다(저자는 이를 포함하는 것으로 보고 있다).

4. 공장 구내의 토지 위에 콘크리트 포장공사를 하는 경우 해당 공사 관련 매입세액

5. 과세사업에 사용하여 오던 자기 소유의 노후 건물을 철거하고 신축하는 경우 해당 철거비용과 관련된 매입세액

※ 토지 매입 부가세 관련 예규

토지 매입과 관련된 부가세는 무조건 부담한 매입세액을 공제받을 수 없다. 다음의 예규를 참조하자.

• 사업자가 토지취득 전에 사업성 검토를 위한 토지적성평가용역, 생태계식생조사용역, 환경영향평가용역 등의 사전평가용역을 제공받은 경우, 토지의 취득 여부에 관계없이 동 사전평가용역비를 지급하면서 부담한 부가세는 토지 관련 매입세액에 해당하는 것임. 따라서 이에 대한 부가세는 공제를 받을 수 없음(재정경제부 소비세제과-141, 2005.09.08).

• 종전 주택건설촉진법에 의하여 인가를 받은 재건축조합이 재건축을 시행함에 있어 기존건축물의 철거 여부를 진단하고 지급하는 안전진단용역비 및 조합원 토지지분을 조합명의로 신탁등기하고 법무사에게 지급하는 수수료, 교통영향평가용역비의 지출에 관련된 매입세액은 토지 관련 매입세액에 해당하는 것임(서면3팀-2124, 2004.10.18).

• 사업자가 토지를 취득하기 위하여 토지가액에 대한 감정평가 등의 용역수행계약을 체결하고 그 대가를 지급하면서 부담한 부가세는 토지 관련 매입세액에 해당하는 것임(서면3팀-2229, 2005.12.08).

나대지의 취득과
세무상 쟁점

법인이 나대지(건축물이 없는 공지)를 취득한다고 하자. 이때 세무상 어떤 쟁점들이 발생할까? 이러한 쟁점들을 미리 알아두고 토지를 취득하는 것이 세무 위험을 줄일 수 있는 지름길이다.

1. 나대지의 취득과 세무상 쟁점

법인이 나대지(토지)를 취득할 때 발생하는 세무상 쟁점을 취득세, 부가세, 법인세 측면에서 정리하면 다음과 같다.

1) 취득세

법인도 개인과 같은 취득세를 부담한다. 다만, 일정한 법인이 토지를 취득하면 취득세 중과세가 적용될 수 있다.

구분	개인	법인
일반세율	4%	4%
중과세율	–	8%

취득세 중과세의 경우 주로 수도권과밀억제권역 내에서 설립된 지 5년이 안 된 법인에게 적용되는 경우가 일반적이다. 다만, 주택건설사업은 중과배제 업종[36]이므로 주로 오피스텔 등 건물신축 사업에 적용된다.

2) 부가세

법인이 토지를 취득하면 부가세가 발생하지 않는다. 토지 매입 시 부대비용 등의 지출과 관련해서 발생하는 부가세는 환급되지 않는다.

3) 법인세

법인이 토지를 취득하면 취득가액과 부대비용은 모두 재고자산에 포함된다. 한편 토지를 양도하면 법인세를 내야 한다. 다만, 이때 비사업용 토지에 해당하면, 일반법인세 외에 양도차익의 10% 상당액을 추가로 내야 한다.

2. 적용 사례

K법인은 다음과 같이 토지에 대한 취득계약을 했다. 각 상황별로 답을 하면?

---

36) 지방세법 시행령 제26조 제1항 제3호 : 주택법 제4조에 따라 국토교통부에 등록된 주택건설사업(주택건설용으로 취득한 후 3년 이내에 주택건설에 착공하는 부동산만 해당한다)은 중과배제 업종에 해당한다.

구분	날짜	금액
계약금	20×9. 1. 5.	3,000만 원
중도금	20×9. 2. 5.	1억 7,000만 원
잔금	20×9. 3. 5.	1억 원
계		3억 원

Q1 이 토지의 취득세는 얼마인가?

법인이 토지를 취득하는 경우 취득세율은 다음과 같이 적용된다.

구분	기본취득세율	중과세율	계
중과세가 적용되지 않는 경우	4%	–	4%
중과세가 적용되는 경우	4%	4%(2%×2배)	8%

따라서 농특세 등을 포함한 총취득세는 다음과 같다.

구분	취득가액	총취득세율				총취득세
		세율	농특세율	지방교육세율	계	
중과세가 적용되지 않는 경우	3억 원	4%	0.2%	0.4%	4.6%	1,380만 원
중과세가 적용되는 경우	3억 원	8%	0.2%	1.2%	9.4%	2,820만 원

Q2 이 토지를 취득하면 부가세가 발생하는가?

개인이나 법인이 토지를 양도하면 부가세를 면제한다. 토지의 공급은 부가세 면세로 열거되어 있기 때문이다.

Q3 이 토지를 양도하면 법인세는 어떤 식으로 내야 하는가? 단, 해당 토지는 비사업용 토지에 해당하며 양도차익은 1억 원이라고 가정하자. 또한, 법인세를 계산할 때 일반관리비가 1억 원 발생한다고 가정하자.

비사업용 토지를 양도하면 일반법인세 외에 이의 양도차익에 대해 10%의 법인세를 추가로 과세한다. 따라서 다음과 같이 세금이 도출된다.

구분	일반법인세	추가법인세	계
양도차익	1억 원	1억 원	
– 일반관리비	1억 원	0원	
= 과세표준	0원	1억 원	
× 세율	기본세율	10%	
– 누진공제	0원	0원	
= 산출세액	0원	1,000만 원	1,000만 원

법인이 비사업용 토지를 양도하면 일반법인세는 비용을 추가하는 방법으로 이익을 줄일 수 있지만, 추가과세가 적용되는 경우에는 이러한 비용이 반영되지 않으므로 발생한 차익에 대해 1,000만 원 정도의 법인세를 부담해야 한다.

멸실·리모델링 예정인
주택의 매입과 세무상 쟁점[37]

토지 등의 마련을 위해 단독주택을 매입하는 경우가 있다. 이때 매입에 따른 세무상 쟁점을 신축 판매업과 리모델링 판매업으로 나누어 알아보자. 참고로 최근 주택에 대한 취득세율이 최대 12%까지 부과되므로 이 부분에 초점을 맞출 필요가 있다.

1. 멸실 예정인 주택의 매입과 세무상 쟁점

주택 부수 토지를 매입할 때 다음과 같은 세무상 쟁점이 발생한다.

---

37) 주택을 개조하기 위해 취득한 경우에는 취득세 중과세가 적용될 수 있음에 유의해야 한다. 제9장을 참조하기 바란다.

1) 취득세

구분	개인	법인
일반세율	1~3%	1~3%
중과세율	8~12%	12%

개인이 주택을 취득하면 1~12%, 법인은 원칙적으로 12%가 적용된다. 다만, 신축 사업을 위해 취득한 경우로서 아래와 같은 사유에 해당하면 중과 취득세를 부과하지 않는다.

구분	주택법상의 등록 주택건설업자인 경우	주택법상의 등록 주택건설자가 아닌 경우
중과 제외 요건	주택건설을 위해 3년 이내에 처분(멸실)할 것	주택신축 판매업을 영위할 목적으로 부가세법 제8조 제1항에 따라 사업자 등록을 한 자로서, 취득일로부터 1년 이내 처분(멸실) 및 3년 이내에 판매 완료할 것[38]
근거규정	지방세법 시행령 제28조의2 제8호 나목4)	지방세법 시행령 제28조의2 제8호 나목6)

※ 지방세법 시행령 제28조의2 제8호

8. 다음 각 목의 어느 하나에 해당하는 주택으로서 멸실시킬 목적으로 취득하는 주택. 다만, 나목6)의 경우에는 정당한 사유 없이 그 취득일부터 1년이 경과할 때까지 해당 주택을 멸실시키지 않거나 그 취득일부터 3년이 경과할 때까지 주택을 신축하여 판매하지 않은 경우는 제외하고, 나목6) 외의 경우에는 정당한 사유 없이 3년[나목5)의 경우 2년]이 경과할 때까지 해당 주택을 멸실시키지 않은 경우는 제외한다(2021.04.27 단서개정).

나. 다음 중 어느 하나에 해당하는 자가 주택건설사업을 위하여 취득하는 주택. 다만, 해당 주택건설사업이 주택과 주택이 아닌 건축물을 한꺼번에 신축하는 사업인 경우에는 신축하는 주택의 건축면적 등을 고려하여 행정안전부령으로 정하는 바에 따라 산정한 부분으로 한정한다(2021.04.27 개정).

---

38) 두 가지 요건을 동시에 충족해야 중과 취득세를 부과받지 않는다.

1) 도시 및 주거환경정비법 제2조 제8호에 따른 사업시행자
4) 주택법 제4조에 따라 등록한 주택건설사업자
5) 민간임대주택에 관한 특별법 제23조에 따른 공공지원민간임대주택 개발
   사업 시행자
6) 주택신축 판매업[한국표준산업분류에 따른 주거용 건물 개발 및 공급업과
   주거용 건물 건설업(자영건설업으로 한정한다)을 말한다]을 영위할 목적으로
   부가세법 제8조 제1항에 따라 사업자 등록을 한 자

≫ 단독주택이나 다가구주택 등을 매입해 리모델링하는 경우, 다주택자나
법인이 이를 취득하면 12%의 취득세율이 적용될 수 있다. 그런데 앞에
서 보았듯이 주택건설사업자가 3년 이내에 멸실시킨 경우에는 취득세
중과세의 적용을 유예하지만, 리모델링처럼 구조물을 남겨놓은 경우에
는 '멸실'에 해당하지 않아 중과세 적용을 받을 가능성이 크다. 따라서
이 부분은 좀 더 다양한 각도에서 연구를 진행해야 할 것으로 보인다.

2) 부가세

주택 부수 토지를 비사업자인 개인에게 취득한 경우에는 부가세가
발생하지 않는다.

3) 기타 철거비용 등의 처리

이에 대해서는 앞에서 살펴보았다.

2. 적용 사례1(주택신축 판매업)

㈜팽창은 주택신축 판매를 주업으로 하는 주택법 제4조에 따른 건
설사업자에 해당한다. ㈜팽창은 2022년 8월 30일에 서울에서 단독주
택을 취득해 이를 멸실하고 향후 주택을 신축 판매하고자 한다. 다음
자료를 보고 물음에 답하면?

Q1 (주)팽창은 취득세를 얼마나 내었을까?

주택법 제4조에 따라 등록한 건설사업자는 토지취득 후 3년 이내에 해당 주택을 멸실시키면 12% 아닌 1~3%를 적용한다. 따라서 이 경우, 20억 원이 취득가액이 되므로 취득세는 6,000만 원(20억 원×3%)이 된다.

Q2 (주)팽창은 주택법 제4조에 따라 등록한 사업자가 아니라고 하자. 이 경우에도 취득세 중과세가 적용될까?

종전에는 주택법 제4조에 따라 등록한 사업자가 아닌 경우에는 취득세를 12%까지 부과했다. 하지만 이 규정이 너무 가혹하다는 지적이 일자 2021년 4월 27일에 지방세법 시행령 제28조의2 제8호 나목6)을 아래처럼 신설해 취득세 중과세를 적용하지 않도록 했다.

> 6) 주택신축 판매업[한국표준산업분류에 따른 주거용 건물 개발 및 공급업과 주거용 건물 건설업(자영건설업으로 한정한다)을 말한다]을 영위할 목적으로 부가세법 제8조 제1항에 따라 사업자 등록을 한 자

다만, 나목6)의 경우에는 정당한 사유 없이 그 취득일부터 1년이 경과할 때까지 해당 주택을 멸실시키지 않거나 그 취득일부터 3년이 경과할 때까지 주택을 신축해 판매하지 않은 경우는 중과세를 추징한다.

Q3. 멸실용 주택을 계속 보유하면 종부세를 내야 하는가?

그렇다. 다만, 주택건설사업자가 3년 이내에 이를 멸실시키면 종부세를 과세하지 않는다.

3. 적용 사례2(주택리모델링업)

㈜팽창은 앞의 주택을 구입해 리모델링한 후 이를 판매하고자 한다. 물음에 답하면?

Q1. 이 경우 취득세는 얼마인가?

20억 원의 12%인 2억 4,000만 원이 취득세가 될 것으로 보인다(이외 농특세 등을 감안 시 더 추가된다).

Q2. 리모델링을 하기 위해 구입한 주택에 대해서는 중과유예조치가 없는 이유는?

멸실하는 경우와 신축 판매업에 대한 내용만 들어 있지, 리모델링의 경우에는 구제조치가 마련되어 있지 않기 때문이다.

Q3. 대안은 없는가?

리모델링 사업을 하기 전에 취득세 중과세를 받지 않는 방법을 찾는 것이 좋다. 예를 들어, 1주택자가 비조정 지역의 주택을 취득하면 일반 세율을 적용받을 수 있다. 이에 법 개정을 촉구하는 방법 등도 병행하면 좋을 것으로 보인다.

Tip 철거조건으로 주택 부수 토지를 매입하는 경우

일반적으로 주택신축 판매업을 영위하기 위해 주택을 매입하면 취득세 중과세가 적용되지 않는다. 멸실만 제때 하면 되기 때문이다. 하지만 이를 취득해 건물신축 판매업을 영위하면 자칫 취득세 중과세가 적용될 수 있다. 이때는 양도자가 주택건물을 철거하는 조건으로 토지를 매입하면 이러한 문제를 어느 정도 해결할 수 있다. 이때 양도자와 매수자의 관점에서 세무 처리를 요약해보자(단, 대출관계는 별도로 은행에 문의할 것).

① 양도자

1세대 1주택을 보유 중에 철거의 조건으로 양도하는 경우에는 '계약일 현재'를 기준으로 주택 여부를 판단하므로 비과세를 받는 데 하등 지장이 없다. 다만, 1세대 2주택 이상을 보유한 상태에서는 비과세는 가능하지 않지만, 토지의 양도로 보고 양도세 처리를 하면 된다.

☞ 이때 계약에 따라 양도자가 부담한 철거비용은 양도세 신고 시 필요경비에 해당한다.

② 매수자

매수자는 토지를 취득한 것으로 보아 4%의 취득세를 부담하게 된다.

멸실 예정인 건물의
매입과 취득세 중과세

멸실 예정인 건물을 매입할 때 가장 크게 대두되는 쟁점은 취득세와 부가세 정도가 아닐까 싶다. 전자일 때, 취득세 중과세가 적용되는 경우가 있고, 후자의 경우 건물공급가액에 대한 부가세가 토지 관련 매입세액에 해당될 가능성이 크기 때문이다. 여기서는 전자에 대해 살펴보고 후자에 대해서는 뒤에서 순차적으로 살펴보자. 건물 리모델링의 경우에도 동일한 원리가 적용된다.

1. 멸실 예정인 건물의 매입과 취득세 중과세

1) 건물매입 관련 취득세율

구분	개인	법인
일반세율	4%	4%
중과세율	-	8%

취득세 중과세 규정은 지방세법 제13조(대도시 내 법인취득 등)과 지방세법 제13조의 2(법인의 주택취득 등)로 구별되고 있다. 여기에서는 주로 전자를 중심으로 살펴본다.

2) 취득세 중과세율이 적용되는 경우

수도권 과밀억제권역에서 설립된 법인이 5년 미경과한 상태에서 건물을 신축하기 위해 부동산을 취득하면 취득세 중과세가 적용될 수 있다. 따라서 법인이 수도권에서 건물을 매입해 허물고 근린생활시설이나 오피스텔 등을 신축·분양할 때는 이러한 문제에 주의해야 한다.

2. 적용 사례

서울에 위치한 K법인은 설립된 지 5년이 안 된 법인으로, 근린생활시설이나 오피스텔 등 비주거용 건축판매업을 하기 위해 다음과 같이 부동산을 취득했다. 물음에 답하면?

자료

- 취득 부동산 유형 : 일반건물
- 취득가액 : 50억 원
- 부동산 소재 지역 : 서울시

Q1 위의 건물을 취득하면 취득세 중과세가 적용되는가?

법인이 다음과 같은 조건에서 부동산을 취득하면, 지방세법 제13조 제2항에 따라 원칙적으로 8%의 중과세를 적용한다.

- 수도권 과밀억제권역 내에서 신설된 법인일 것
- 설립된 지 5년이 미경과할 것

- 수도권 과밀억제권역 내의 부동산을 취득할 것
- 중과 제외 업종에 해당하지 않을 것

따라서 사례의 경우 중과 제외 업종(주택건설사업, 주택임대업 등)에 해당하지 않는 한 중과세가 적용될 것으로 보인다. 예상 취득세는 4억 원(50억 원×8%) 이상(이 외 농특세 등이 추가됨)이다.

Q2 중과세를 적용받지 않으려면 어떻게 해야 하는가?

대도시(수도권 과밀억제권역) 내에 설치가 불가피하다고 인정되는 업종(대도시 중과 제외 업종)을 영위하면 된다(지방세법 시행령 제26조). 이에는 대표적으로 다음과 같은 것들이 있다.

- 주택법 제4조에 따라 국토교통부에 등록된 주택건설사업(주택건설용으로 취득한 후 3년 이내에 주택건설에 착공하는 부동산만 해당한다)
- 민간임대주택에 관한 특별법 제5조에 따라 등록을 한 임대사업자가 경영하는 주택임대사업 등

사례의 K법인이 위의 요건을 충족하면 중과배제를 적용받을 수 있으나, K법인은 근린생활시설 등을 신축·분양하는 업을 영위하므로 취득세 중과세를 적용받을 것으로 보인다.

Q3 만일 신축건물이 주상복합건물로 지어지면 취득세 중과배제를 받을 수 있는가?

주상복합건물 중 주택 부분만 Q2의 요건을 충족하면 취득세 중과세를 적용받지 않을 것으로 보인다.

Q4 만일 취득세 중과배제를 적용받고 착공 후에 해당 토지를 양도하면 취득세 중과세가 추징되는가?

지방세법 제13조 제3항에서는 부동산 취득일부터 2년 이상 해당 업종 또는 용도에 직접 사용하지 아니하고 매각하는 경우 등에 해당하면 취득세 중과세를 적용하도록 하고 있다. 따라서 중과배제를 적용받은 후에는 사후관리 요건에 유의해야 한다.

Q5 만일 앞의 법인이 근린생활시설만을 신축해 준공했다면 원시취득에 따른 취득세 중과세가 적용되는가?

앞에서 살펴본 내용은 건설용지 확보를 위해 일반건물을 취득한 것에 대한 취득세 중과세의 문제였다. 그렇다면 이와 별개로 향후 건물이 준공되어 보존등기 시 건물에 대한 취득세를 내야 하는데, 이 경우에는 4.4%로 취득세 중과세가 적용될 것으로 보인다. 이를 요약하면 다음과 같다(단, 이 외 농특세 등이 별도로 부과됨).

구분		세율	비고
법인의 대도시 내 부동산 취득 (지법 제13조 제2항)	해당 법인이 토지나 비주거용 건물 등을 승계취득하는 경우	8%	4%×3배−중과기준세율 2% ×2배=12%−4%=8%
	해당 법인이 부동산을 신축(원시취득)하는 경우	4.4%	2.8%×3배−중과기준세율 2% ×2배=8.4%−4%=4.4%

≫ 리모델링에 대한 취득세는 제9장을 참조하기 바란다.

Tip 신설법인의 건물매입 관련 취득세 중과세 리스크 예방법

수도권 과밀억제권역 내에서 최근에 신설된 법인들은 취득세 중과세가 적용될 가능성이 크다. 따라서 건물 등을 매입할 때 아래와 같은 사항들에 유의하자.

첫째, 취득세 중과세 규정을 정확히 이해해야 한다.

취득세 중과세(8%) 규정은 지방세법 제13조(주택에 대한 중과세는 제13조의2)에서 다루고 있다. 여기에서는 대도시(수도권 과밀억제권역을 말함)에서 사옥이나 공장을 신·증축하거나, 이 지역 내의 부동산을 업력이 짧은(5년 미경과) 신설법인이 취득하면 중과세를 적용하고 있다.

둘째, 취득세 중과배제 업종에 해당하는지를 검토해야 한다.

신설법인이 과밀억제권역 내에서 부동산을 취득하더라도 중과 제외 업종에 해당하면 중과세를 적용하지 않는다. 주로 공익성이 큰 업종(주택건설사업, 주택임대사업 등)에 해당하는 경우, 중과배제를 해주고 있다.

셋째, 법인설립을 수도권 과밀억제권역 밖에서 한다.

법인에 대한 취득세 중과세는 주로 수도권 과밀억제권역 내에서 법인을 설립(수도권으로의 전입, 지점설치 포함)했을 때 발생한다. 따라서 이러한 중과세 리스크를 없애기 위해서는 기본적으로 수도권 과밀억제권역 밖에서 법인을 설립하는 것이 좋을 것으로 보인다(이에 대한 범위는 수도권정비계획법 시행령 별표1을 참조하기 바란다).

멸실·리모델링 예정인 건물취득과 부가세 처리법

일반적으로 건물을 양도하거나 취득할 때 건물공급가액의 10%인 부가세가 발생한다. 물론 이렇게 발생한 부가세는 매수자가 일반과세자의 지위에 있으면 대부분 환급받을 수 있으나, 토지에 관련된 매입세액에 해당하면 환급을 받지 못한다. 이렇게 되면 토지의 원가가 높아져 수익률이 떨어지는 문제점이 있다. 그래서 토지와 건물을 같이 공급하는 경우, 건물공급가액을 낮추는 식으로 일을 추진할 수 있다. 그렇다면 이러한 방식을 세법이 인정할까? 사례를 통해 이에 대해 알아보자.

1. 건물의 공급가액 안분 관련 세무상 쟁점

토지와 건물의 일괄 공급 시 건물의 공급가액은 어떤 식으로 정하는 것이 좋을지 상황별로 알아보자.

1) 바로 멸실에 들어갈 경우

취득 후 바로 멸실에 들어갈 경우에는 건물가액을 0원으로 해도 된다. 다만, 이때 주의할 것은 건물이 일부라도 임대 등에 사용된다면 부가세를 계산해야 한다는 것이다.

➤➤ 부가세 계산에 관한 내용은 아래 사례에서 알아본다.

2) 매도자가 철거하는 조건으로 계약하는 경우

이 경우에는 토지의 양도에 해당하므로 부가세가 발생하지 않는다. 다만, 매도자의 경우 임대업을 폐지하는 것이므로 폐업 시 잔존재화에 대한 부가세(10년 미경과 시 부가세 발생), 철거비용 등에 대한 매입세액 불공제(부가세과-552, 2009. 4. 21) 등의 문제가 발생한다.

3) 일정 기간 사용 후 멸실에 들어갈 경우

이때에는 토지와 건물의 일괄 공급에 해당하므로 건물의 공급가액에 대해 부가세가 발생한다. 따라서 이때는 다음과 같은 방법을 사용한다.

첫째, 포괄양수도계약을 맺어 부가세를 아예 발생시키지 않는다.
둘째, 부가세 발생 여부가 중요하지 않으면 기준시가 비율로 안분해서 건물의 공급가액을 정한다.
셋째, 부가세의 최소화가 필요한 경우에는 임의로 건물가액을 구분하되 기준시가 30%룰[39]을 준수한다.
넷째, 위의 내용을 신뢰할 수 없다면, 감정평가를 받아 건물의 공급가액을 정할 수도 있다.

---

39) 이는 임의구분한 금액이 기준시가의 비율로 안분했을 때의 금액과 30% 이상 차이가 난 경우 기준시가로 안분하도록 하는 제도를 말한다.

2. 적용 사례

K법인은 아래의 건물을 취득하고자 한다. 물음에 답하면?

자료 ○

- 임대용 건물매입가액 : 50억 원
- 건물 기준시가 3억 원, 토지 기준시가 17억 원
- 임차인이 있음.
- 부가세 별도 계약

Q1 위의 거래에서 부가세가 발생하는가?

임대용 건물도 재화에 해당하므로 부가세가 발생하는 것이 원칙이다. 다만, 토지의 공급에 대해서는 부가세가 면제된다.

Q2 K법인이 부담하는 매입세액은 환급이 가능한가?

계속임대하는 경우에는 환급이 가능하나, 신축용으로 매입하는 경우에는 환급이 되지 않는다. 그 건축물을 철거하고 토지만을 사용하는 경우에는 철거한 건축물의 취득 및 철거비용에 관련된 부가세는 토지 관련 매입세액에 해당해 환급되지 않기 때문이다(부가세법 집행 기준 39-80-1).

Q3 위의 거래에서 기준시가로 안분하면 과세표준과 부가세는?

전체 가액 50억 원에 건물의 기준시가 비율(3억 원/20억 원)을 곱하면 건물의 공급가액은 7억 5,000만 원이 된다. 그 결과 부가세는 7,500만 원이 된다.

Q4 만일 감정평가를 받은 결과 건물가액이 1억 원으로 평가되었다면, 이의 금액으로 부가세를 발생시켜도 되는가?

그렇다. 부가세법 제29조 제9항에서는 토지와 건물의 공급가액이 구분되지 않은 경우에는 부가세법 시행령 제64조를 적용하도록 하고 있기 때문이다. 이 경우 감정평가액이 기준시가보다 우선 적용된다. 구체적인 조문을 통해 살펴보면 아래와 같다.

> ⑨ 사업자가 토지와 그 토지에 정착된 건물 또는 구축물 등을 함께 공급하는 경우에는 건물 또는 구축물 등의 실지거래가액을 공급가액으로 한다. 다만, 다음 각 호의 어느 하나에 해당하는 경우에는 대통령령으로 정하는 바에 따라 안분계산한 금액을 공급가액으로 한다.
> 1. 실지거래가액 중 토지의 가액과 건물 또는 구축물 등의 가액의 구분이 불분명한 경우
> 2. 사업자가 실지거래가액으로 구분한 토지와 건물 또는 구축물 등의 가액이 대통령령으로 정하는 바에 따라 안분계산한 금액과 100분의 30 이상 차이가 있는 경우. 다만, 다른 법령에서 정하는 바에 따라 가액을 구분한 경우 등 대통령령으로 정하는 사유에 해당하는 경우는 제외한다.

위에서 '대통령령으로 정하는 바에 따라 안분계산한 금액'은 '감정평가액, 기준시가'순으로 계산한 금액을 말한다. 아래 부가세법 시행령 제64조 제1항 제1호를 참조하기를 바란다.

> 1. 토지와 건물 또는 구축물 등에 대한 소득세법 제99조에 따른 기준시가가 모두 있는 경우 : 공급계약일 현재의 기준시가에 따라 계산한 가액에 비례하여 안분(按分)계산한 금액. 다만, 감정평가가액이 있는 경우에는 그 가액에 비례하여 안분계산한 금액으로 한다.

Q5 만일 건물가액을 0원으로 계약하면 문제는 없는가?

그렇지 않다. 앞의 부가세법 제29조 제9항 제2호를 보면 임의구분가액이 '감정평가, 기준시가'로 계산한 것에 비해 30% 이상 차이가 발생하면, 감정평가나 기준시가의 비율로 안분하도록 하고 있기 때문이다. 다만, 매입 후 멸실 예정이라면 건물가액을 0원으로 해도 된다. 부가령 제64조 제2항 제2호에서는 건물을 철거하고 토지만 사용하는 경우에는 사업자가 임의로 구분한 가액을 인정하기 때문이다(2022. 2. 15 이후 공급분부터 적용).

> ② 법 제29조 제9항 제2호 단서에 따라 다음 각 호의 어느 하나에 해당하는 경우에는 건물 등의 실지거래가액을 공급가액으로 한다.
> 1. 다른 법령에서 정하는 바에 따라 토지와 건물 등의 가액을 구분한 경우
> 2. 토지와 건물 등을 함께 공급받은 후 건물 등을 철거하고 토지만 사용하는 경우

참고로 위에서 이때 '토지만 사용하는 경우'란 건축물이 있는 토지를 취득함에 있어서 기존건축물을 철거하고 해당 토지의 전부를 새로운 건축물의 대지 또는 다른 토지로 사용하기 위한 것을 말하는 것으로 보인다(법인 22601-887, 1989.3.9).

Q6 Q5처럼 건물가액을 0원으로 했지만, 매입 후에도 임대가 계속되었다면 이 경우에는 어떻게 되는가?

앞에서 본 기준시가 30%룰이 적용되어 부가세가 추징될 가능성이 크다.

건설업을 진행할 때 원가의 구분과 이의 흐름에 대해 알아보자.

1. 원가의 구분

구분		증빙 처리	부가세 처리
토지원가	토지취득가액	계산서, 세금계산서 등	부가세 불공제 (토지원가 처리)
	토지취득 부대비용		
	철거비용		
	토지감정평가수수료		
	측량비용		
	토지정지비용		
건축원가	건축인허가비용	계산서, 세금계산서 등	• 과세사업분은 환급 • 면세사업분은 불공제 (건축원가 처리)
	설계비용		
	골조비용		
	철근비용 등		
	노무비	• 일용직 : 일당 15만 원 초과분의 6.6% • 사업자 : 3.3% • 임직원 : 근로소득 원천징수	
	건설장비 감가상각비	–	
	기타 간접비용	세금계산서 등	
판매비 및 일반관리비	판매비(분양 관련)	–	
	일반관리비(본사비용)	–	

2. 원가의 집계

공사가 진행 중에는 투입된 원가를 제대로 정리해야 한다. 이때 토지와 건축원가는 재무상태표 중 재고자산계정, 판매비와 일반관리비는 손익계산서상 비용계정으로 정리된다.

예를 들어, 토지원가가 10억 원, 건축원가는 5억 원, 일반관리비 등은 1억 원이라면 아래와 같이 표시된다.

재무상태표		손익계산서	
재고자산 건설용지 건설가계정	10억 원 5억 원	판관비	1억 원

3. 원가의 대체

원가는 향후 건축물이 완성되면 아래와 같이 대체가 된다. 예를 들어, 건축원가가 20억 원이 소요되었다면 아래와 같이 재무상태표가 변한다.

재무상태표		손익계산서	
재고자산 완성주택	30억 원		

한편 완성주택에 대한 수익을 인식하게 되면 그에 대응되는 원가는 손익계산서상의 매출원가로 대체된다. 예를 들어, 위의 주택 중 절반에 대해 수익을 인식했다고 하자. 이 경우의 재무제표는 다음과 같다. 매출은 20억 원이라고 하자.

재무상태표		손익계산서	
재고자산 완성주택	15억 원	매출액 매출원가	20억 원 15억 원

심층분석 건축자금의 조달 및 집행과 세무상 쟁점

　토지를 취득하기 전에는 신축자금 등을 감안해 자금계획을 미리 세워둬야 한다. 자금조달이 원활하게 되지 않으면 건물을 완공할 수도 없거니와 중도에 이를 양도해 손해 볼 가능성이 크기 때문이다. 이하에서는 건축자금의 조달 및 이를 집행할 때 발생하는 세무상 쟁점들을 미리 살펴보자.

1. 자금조달의 형태

자금은 크게 두 가지 형태로 나뉜다.

1) 자기자금

개인회사의 경우에는 그 범위에 제한이 없지만, 법인회사의 경우에는 법인이 내부에서 보유하고 있는 자본금을 말한다.

자산	부채
	자본 개인 : 자기자금 법인 : 자본금

2) 타인자금(차입)

이에는 은행이나 제삼자로부터 차입한 자금을 말한다. 여기서 제삼자에는 친척이나 지인 등을 모두 포함하며, 제삼자의 투자금도 차입금에 해당한다.

자산	부채 개인 : 은행차입 등 법인 : 은행, 개인차입* 등
	자본

* 실무상 가수금으로 불린다.

2. 자금조달 형태에 따른 세무상 쟁점

1) 자기자금

자기자금과 관련해서는 자금출처 조사에 유의해야 한다. 증여성으로 받은 자금이면 이에 대해 증여세 등이 부과될 수 있기 때문이다.

2) 타인자금

타인자금(부채)과 관련해서는 주의할 것들이 많다.

첫째, 은행 차입금에 대한 이자는 전액 비용(또는 원가)으로 인정된다.[40]

둘째, 개인 차입금에 대한 이자도 비용(원가) 처리할 수 있지만, 이 경우 이자 지급금액의 27.5% 상당액을 원천징수해야 한다.

셋째, 투자금에 대한 대가는 세법상 이자소득으로 분류된다(주주가 아니므로 배당소득이 아님). 다만, 공동 사업 약정에 의해 출자를 하고 이에 대한 배당금을 받으면 배당소득으로 분류됨에 유의해야 한다.

넷째, 법인이 개인으로부터 빌린 자금에 대해 이자를 지급하지 않아도 세법상 문제가 없다(법인에게 손해가 발생하지 않았으며, 이자소득에 대해서는 소득세법상 부당행위계산부인 제도가 적용되지 않기 때문임).

---

40) 건설자금이자에 대해서는 별도로 정리해야 한다. 94페이지를 참조하기 바란다.

다섯째, 개인이 공동 사업을 영위하기 위해 대출을 받아 출자하면 그에 대한 이자는 경비 처리를 할 수 없다(제8장 참조).

3. 적용 사례

사례를 통해 앞의 내용을 확인해보자.

자료 🔍

- 토지취득자금으로 10억 원이 소요될 예정임.
- 이 중 절반은 은행, 나머지는 대표자 및 기타 지인을 통해 충당할 예정임.

Q1 이 상황을 재무상태표로 표시하면?

자산	부채
10억 원	은행 5억 원 개인 5억 원
	자본

Q2 은행 외 차입금에 대해서는 이자를 반드시 지급해야 하는가?

그렇지 않다. 이자를 지급하지 않아도 세법상 문제가 없다. 이자소득에 대해서는 소득세법상의 부당행위계산부인 제도를 적용하지 않기 때문이다. 다만, 증여세법에서는 1인당 무상이자(대여금×4.6%)가 1억 원을 넘어가면 이익을 본 자에게 증여세를 과세한다.

Q3 제삼자에게 빌린 자금에 대해서는 이익배당을 하기로 했다. 이의 지급 시 소득처리는?

주주가 아닌 경우에는 비영업대금이익(이자소득)으로 처리하는 것이 원칙이다. 이 경우 지급금액의 27.5%로 원천징수해야 한다. 한편 소득을 지급받은 자는 종합소득세 신고의무가 뒤따른다.

>> 특수관계인간의 자금거래에 대한 세무상 쟁점 등은 편의상 생략하기로
한다.

Tip 자금을 집행할 때 주의할 점

건축주가 자금을 집행할 때는 사업통장에서 입출금이 되어야 하고, 출금이 될 때는 반
드시 지출근거와 지출증빙을 확보해서 회계 처리가 되어야 한다. 이때 원천징수의 대
상이 되는 소득을 지급할 때는 세법에서 정한 세율을 적용해 원천징수를 해야 한다.

※ 원천징수 대상 소득과 원천징수세율

원천징수 대상 소득과 원천징수세율을 요약정리하면 다음과 같다.

구분	내용	원천징수 대상과 세율(지방소득세 별도)
이자소득	금융기관으로부터 받은 이자, 개인 간의 이자 등	• 금융기관 이자 : 14% • 개인 간 이자 : 25%
배당소득	주식 투자 중에 주식발행회사로부터 받은 배당금	14%
사업소득	사업해서 얻은 소득 (프리랜서, 접대부 포함)	• 자유직업소득 : 3% • 유흥업소 접대부 : 5%
근로소득	근로를 제공해서 받은 소득 (아르바이트, 일용직 포함)	• 정직원 : 간이세액조견표상의 세액 • 일용직 : 일당 15만 원 초과분의 6%
연금소득	국민연금, 퇴직연금, 개인연금에 가입해서 연금을 수령하는 경우	• 공적연금 : 정부의 조견표 • 사적연금 : 3~5%
기타소득	강의나 인세, 위약금, 권리금 등	기타소득금액의 20%(지급액 기준 8%)
양도소득	부동산이나 기타 주식 등을 처분해서 받은 소득	없음.
퇴직소득	퇴직급여를 받은 경우	6~45%(연분연승법)

☞ 일용직의 경우에는 지급한 일당에서 15만 원을 차감한 금액에 6%(지방소득세 포
함 시 6.6%)의 세율로 원천징수가 된다. 예를 들어, 일당이 20만 원이면 여기에서
15만 원이 차감되므로 5만 원의 6%인 3,000원이 산출세액이 된다. 그리고 이렇

게 나온 금액의 55%를 세액공제하므로 1,350원이 원천징수세액이 된다. 한편 일용직은 원천징수로써 납세의무가 끝난다. 정직원처럼 연말정산 과정을 거치지 않는다는 것이다. 이 외 협력업체에 지급한 노무비에 대해서는 원칙적으로 계산서나 세금계산서를 받아 집행한다. 개인적으로 용역을 제공하면 사업소득으로 보아 3%의 원천징수를 한 후 지급한다. 참고로 일용직 등에 대해서는 원칙적으로 4대 보험 가입의무가 있다.

제**4**장

건설용지의 보유 및
양도 관련 세무상 쟁점

건설용지의 장기간 보유와
세무상 쟁점

신축 사업자가 신축을 위해 토지를 취득하고 이런저런 이유로 장기간 보유한 경우가 있다. 이 경우, 세법상 문제가 발생하는데 이하에서 이에 대해 살펴보자.

1. 토지 보유와 세무상 쟁점

신축 사업자가 건설용지를 보유 중에 발생하는 세무상 쟁점을 정리하면 다음과 같다.

1) 보유세 부과

토지를 보유 중에는 재산세와 종부세가 부과될 수 있다.

2) 업무무관자산

업무무관자산에 해당하면 지급이자 일부를 경비로 인정받지 못한다.

통상 취득일로부터 5년 내 사업용으로 전환하지 않으면 업무무관자산이 된다.

3) 비사업용 토지

보유 중인 토지가 비사업용 토지에 해당하면 향후 양도 시 개인은 양도세 중과세, 법인은 추가과세 제도를 적용받게 된다. 참고로 앞의 업무무관자산은 주로 법인세 계산 시 관련 비용을 부인(손금불산입)하는 것을, 비사업용 토지는 법인세 추가과세를 위해 사용되는 개념에 해당한다.

2. 적용 사례

K법인의 재무상태표가 아래와 같다. 각 상황별로 답을 하면?

자산	비고
재고자산 : 주택	미분양 주택
토지	주택건설용
투자자산 : 토지	투자목적용

Q1 재고자산 중 토지에 대해 보유세가 부과되는가?

보유세는 부동산을 보유한 사실에 대해 부과되는 세목에 해당한다. 따라서 건설용지로 보유한 경우라도 보유세가 과세되는 것이 원칙이다. 다만, 토지는 건설에 공여될 예정이므로 재산세는 저율로 분리과세[41]되는 것이 원칙이며, 종부세는 취득일로부터 5년간은 과세하지 않는다(단, 사업계획의 승인이 필요하다).

---

41) 주택법에 따라 주택건설사업자 등록을 한 주택건설사업자가 주택을 건설하기 위하여 같은 법에 따른 사업계획의 승인을 받은 토지로써 주택건설사업에 제공되고 있는 토지에 해당되어야 분리과세를 적용한다(지방세법 시행령 제5항 제7호).

Q2 재고자산 중 토지는 업무무관자산에 해당되어 세법상의 규제를 받는가?

법인이 부동산을 비생산적으로 보유하고 있는 경우에는 업무무관자산으로 보아 규제한다. 이에 해당하면 지급이자 중 일부를 손금으로 인정하지 않는 등의 불이익이 있다.

Q3 투자자산의 토지는 10% 추가과세의 대상인 비사업용 토지에 해당하는가?

세법에서 정한 요건을 충족한 토지는 비사업용 토지로 분류해서 양도차익의 10%를 추가해서 과세하고 있다. 사례의 경우에는 투자 목적으로 보유하고는 있으나 비사업용 토지에 해당하는지의 여부는 별도로 판단해야 한다.

> **Tip 취득세 중과세의 추징**
>
> 법인의 중과배제업종 영위로 인해 취득세가 일반과세로 적용되는 경우가 있다. 그런데 아래와 같이 직접 사용하지 않거나 중도에 매각을 하면 취득세 추징문제가 발생한다(지방세법 제13조 제3항 제1호 및 제2호).
>
> 1. 제2항 각 호 외의 부분 단서에 따라 취득한 부동산이 다음 각 목의 어느 하나에 해당하는 경우
>   가. 정당한 사유 없이 부동산 취득일부터 1년이 경과할 때까지 대도시 중과 제외 업종에 직접 사용하지 아니하는 경우
>   나. 부동산 취득일부터 1년 이내에 다른 업종이나 다른 용도에 사용·겸용하는 경우
> 2. 제2항 각 호 외의 부분 단서에 따라 취득한 부동산이 다음 각 목의 어느 하나에 해당하는 경우
>   가. 부동산 취득일부터 2년 이상 해당 업종 또는 용도에 직접 사용하지 아니하고 매각하는 경우
>   나. 부동산 취득일부터 2년 이상 해당 업종 또는 용도에 직접 사용하지 아니하고 다른 업종이나 다른 용도에 사용·겸용하는 경우

건설용지와
보유세 과세

건설용지를 보유하면 재산세와 종부세 같은 보유세가 부과될 수 있다. 이때 종부세가 얼마나 과세되는지의 여부가 중요하다. 종부세의 부담이 크기 때문이다.

1. 재산세와 종부세 과세 방식

토지 성격에 따라 재산세 과세 방식이 달라진다. 이에는 분리과세, 별도합산과세, 종합합산과세 방식이 있다. 이들에 대한 과세 방식을 정리하면 다음과 같다.

1) 분리과세 대상 토지

논이나 밭, 과수원, 목장 토지, 임야의 일부, 공장용 토지(시 지역의 산업단지·공단 지역의 기준면적 이내 토지)는 저율로, 골프장이나 고급오락장용 등의 토지는 고율로 과세한다. 한편 주택건설용지는 사업계획승인을 득한 경우, 대부분 저율로 분리과세되고 있다.

재산세		종부세
전·답·과수원·목장 용지·임야	0.07%	
골프장 및 고급오락장용 토지	4%	해당 사항 없음.
이 외(건설 중 토지 등)	0.2%	

이런 항목에 해당하는 토지는 다른 토지와 합산하지 않고 별도의 세율로 분리해서 과세하고, 종부세를 과세하지 않는다(사치성 토지는 이미 고율로 세금을 내고 있어 종부세를 추가하지 않음).

2) 별도합산 대상 토지

공장(시 지역 중 산업단지·공단 지역을 제외한 곳에 있는 공장)용 건축물 부수 토지나 영업용 건축물의 부수 토지, 그리고 자동차운전학원용 토지 등 일정한 것은 별도로 합산해서 과세한다. 이때 건물을 짓고 있는 경우에는 건축물이 있는 것으로 보아 별도합산 과세한다.

이렇게 상업용 건물 부수 토지 등 별도합산 토지를 많이 가지고 있는 사람들은 종부세 과세 대상이 된다. 다만 별도합산 과세 토지의 경우 공시지가 기준으로 80억 원을 초과해야 종부세가 과세된다.

재산세		종부세	
과세표준	세율	과세표준	세율
2억 원 이하	0.2%	200억 원 이하	0.5%
2~10억 원 이하	0.3%(20만 원)	200~400억 원 이하	0.6%
10억 원 초과	0.4%(120만 원)	400억 원 초과	0.7%

3) 종합합산 대상 토지

종합합산 대상 토지는 분리과세와 별도합산 토지, 비과세와 과세경감 토지를 제외한 모든 토지를 말한다. 예를 들어, 놀고 있는 땅(나대지)이나 입지 기준면적을 초과한 공장 토지 등이 해당한다. 이러한 종합합산 대상 토지를 많이 갖고 있어도 종부세가 과세된다.

재산세		종부세	
과세표준	세율	과세표준	세율
5,000만 원 이하	0.2%	15억 원 이하	1%
5,000만~1억 원 이하	0.3%(5만 원)	15~45억 원 이하	2%
1억 원 초과	0.5%(25만 원)	45억 원 초과	3%

2. 적용 사례1(토지 보유)

K법인은 주택건설용지를 6년째 보유 중이다. 각 상황별로 답을 하면?

Q1 주택건설용지에 대한 재산세 과세 방식은?

지방세법 시행령 제102조 제7항 제7호에서는 등록 주택건설사업자가 국가 등으로부터 사업계획의 승인을 받은 토지로서 주택건설사업에 제공되고 있는 토지에 대해 분리과세를 적용하고 있다. 이와 무관한 토지는 종합합산과세가 된다.

※ 지방세법 시행령 제102조 [분리과세 대상 토지의 범위]

> ⑦ 법 제106조 제1항 제3호 사목에서 '대통령령으로 정하는 토지'란 다음 각 호
> 에서 정하는 토지(법 제106조 제1항 제3호 다목에 따른 토지는 제외한다)를 말한다.
> 7. 주택법에 따라 주택건설사업자 등록을 한 주택건설사업자(같은 법 제11조에
>   따른 주택조합 및 고용자인 사업주체와 도시 및 주거환경정비법 제24조부터 제28조
>   까지 또는 빈집 및 소규모주택 정비에 관한 특례법 제17조부터 제19조까지의 규정
>   에 따른 사업시행자를 포함한다)가 주택을 건설하기 위하여 같은 법에 따른 사
>   업계획의 승인을 받은 토지로서 주택건설사업에 제공되고 있는 토지(주택법
>   제2조 제11호에 따른 지역주택조합·직장주택조합이 조합원이 납부한 금전으로 매수
>   하여 소유하고 있는 신탁법에 따른 신탁재산의 경우에는 사업계획의 승인을 받기 전
>   의 토지를 포함한다)

Q2 주택법상 사업계획승인 대상이 아닌 토지*는 그것이 주택건설사업에 공여되고 있는 토지이면 재산세가 분리과세되는가?

분리과세 대상 토지에 포함되지 아니한다(대판 2011두5551, 2015.4.16). 따라서 이러한 토지는 종합합산과세로 재산세가 부과될 것으로 보인다.

* 주택법 제15조 제1항에서는 대통령령으로 정하는 호수(30세대) 이상의 주택건설사업을 시행하려는
  자 또는 대통령령으로 정하는 면적(1만㎡) 이상의 대지조성사업을 시행하려는 자는 국가 등으로부터
  사업계획승인을 받도록 하고 있다.

Q3 주택건설용지에 대한 종부세 과세 방식은?

이는 다음과 같이 과세 여부를 판단한다.

- 재산세가 분리과세되는 토지 : 종부세 합산배제 적용
- 위 외 : 다음 특례가 적용됨(즉 취득 후 5년 내 사업계획의 승인을 받으면 종
  부세 합산배제를 함).

※ 조세특례법 제104조의19 [주택건설사업자가 취득한 토지에 대한 과세특례]

① 다음 각 호의 어느 하나에 해당하는 사업자(이하 이 조에서 '주택건설사업자'라 한다)가 주택을 건설하기 위하여 취득한 토지(토지를 취득한 후 해당 연도 종부세 과세 기준일 전까지 주택건설사업자의 지위를 얻은 자의 토지를 포함한다) 중 취득일부터 5년 이내에 주택법에 따른 사업계획의 승인을 받을 토지는 종부세법 제13조 제1항에 따른 과세표준 합산의 대상이 되는 토지의 범위에 포함되지 아니하는 것으로 본다.
1. 주택법에 따라 주택건설사업자 등록을 한 주택건설사업자 등

>> 취득일로부터 5년 이내에 사업계획 승인을 받지 못하면 종부세가 추징된다.

Q4 사례의 토지에 대한 재산세와 종부세 과세 방식은?

사례처럼 오래 묵혀놓은 토지는 재산세가 종합합산과세된다. 또한 5년 기간의 경과로 종부세가 과세될 가능성이 높다(5년 이내에 사업계획승인을 받지 못하면 모든 기간에 대한 종부세가 추징됨).

Q5 상가나 오피스텔 건축을 위한 토지의 보유세 과세 방식은?

이는 다음처럼 과세된다.

• 재산세 : 보유 시 종합합산과세, 공사착수 시 별도합산 과세
• 종부세 : 종합합산과세 5억 원, 별도합산 과세 80억 원 초과 시 종부세 과세
• 비사업용 토지 : 착공 시는 취득일+2년, 착공 후 건설 기간은 사업용 기간으로 인정

3. 적용 사례2(주택 보유)

Q 멸실용으로 주택을 취득했지만, 6월 1일 현재 이를 멸실하지 못한 경우가 있다. 이때 종부세 과세 문제가 발생할 수 있다. 이 경우 종부세를 내야 하는가?

아래의 주택건설사업자가 주택건설사업을 위해 멸실시킬 목적으로 취득하여 그 취득일부터 3년 이내에 멸실시키는 주택(기획재정부령으로 정하는 정당한 사유로 3년 이내에 멸실시키지 못한 주택을 포함한다)은 종부세를 과세하지 않는다(2022 .2. 15. 신설).

마. 주택법 제4조 제1항 본문에 따라 등록한 주택건설사업자(같은 항 단서에 해당하여 등록하지 않은 자를 포함한다)

> **Tip 보유세 과세 대상**
>
> 보유세는 보유하고 있는 부동산에 부과되는 세금이다. 재산세는 지방세, 종부세는 국세로 되어 있다. 매년 6월 1일의 소유권이 있는 개인과 법인에게 과세한다. 보유세의 과세 대상을 살펴보면 다음과 같다.
>
> | 구분 | | 재산세 과세 대상 | 종부세 과세 대상 |
> |---|---|---|---|
> | 주택 | | ① 주택 | ○(6억 원 등) |
> | | | ② 별장 | × |
> | 토지 | 분리 과세 | ① 저율분리과세 : 전, 답, 과수원, 목장 토지, 임야 중 일부 토지 | × |
> | | | ② 고율분리과세 : 골프장, 고급오락장용 부수 토지 | |
> | | | ③ 기타분리과세 : 공장 토지, 주택건설용지 등 | |
> | | 별도 합산 | ① 영업용 건축물의 부수 토지로 기준면적 이내 토지 | ○(80억 원) |
> | | | ② 건축물이 없더라도 건축물의 부수 토지로 보는 토지 등 | |

구분		재산세 과세 대상	종부세 과세 대상
토지	종합합산	① 나대지 ② 분리과세 대상 토지 중 기준면적 초과 토지 ③ 별도합산 대상 토지 중 기준면적 초과 토지 ④ 분리과세, 별도합산 과세 대상에서 제외된 모든 토지	○(5억 원)
	기타	① 건축물 - 골프장, 고급오락장 - 도시의 주거 지역 내의 공장용 건축물 등 ② 선박과 항공	×

개인의 건설용지 양도와
세무상 쟁점

개인이 주택건설용지를 단순 양도하면 양도세가 부과된다. 이때 소득세법상의 비사업용 토지에 해당하면 Max[토지 양도세율, 중과세율]로 과세된다. 여기서 중과세율은 6~45%+10%p를 말한다. 이하에서 개인이 토지를 양도하는 경우의 세무상 쟁점 등을 알아보자.

1. 토지양도의 과세 방식

개인이 토지를 양도하는 경우 양도세가 부과되는데, 이때 과세 방식은 사업용 토지와 비사업용 토지로 구분해 살펴볼 수 있다.

구분	사업용 토지	비사업용 토지
개념	생산적으로 사용된 기간이 일정 기간 이상인 토지(3년 중 2년, 5년 중 3년, 60% 이상)	비생산적으로 사용되는 토지
세율	일반세율 : 50%, 40%, 6~45%	Max[일반세율, 중과세율*] * 6~45%+10%p
장기보유특별공제	적용	좌동

2. 착공 전 양도

1) 나대지를 장기간 보유한 상태에서 양도

이 경우에는 해당 토지가 세법상 비사업용 토지에 해당될 가능성이 크다. 따라서 이때에는 양도세 중과세를 검토해야 한다.

2) 건축물을 멸실한 상태에서 양도

건축물이 있는 상태에서 이를 멸실하고 나대지로 양도하면 대부분 사업용 토지에 해당한다. 세법은 철거일로부터 2년은 사업용 기간으로 인정해주기 때문이다.

3. 착공 후의 양도

나대지를 장기간 보유한 상태에서 '착공'에 들어간 후에 토지를 양도하면 비사업용 토지에서 벗어날 수 있다. 하지만 해당 요건이 까다롭게 때문에 이를 사전에 검토해야 한다. 다음의 규정을 참조하기 바란다.

※ 소득세법 시행규칙 제83조의5 [부득이한 사유가 있어 비사업용 토지로 보지 아니하는 토지의 판정 기준 등]

> ① 영 제168조의14 제1항 제4호에 따라 다음 각 호의 어느 하나에 해당하는 토지는 해당 각 호에서 규정한 기간 동안 법 제104조의3 제1항 각 호의 어느 하나에 해당하지 아니하는 토지로 보아 같은 항에 따른 비사업용 토지에 해당하는지 여부를 판정한다.
> 5. 지상에 건축물이 정착되어 있지 아니한 토지를 취득하여 사업용으로 사용하기 위하여 건설에 착공(착공일이 불분명한 경우에는 착공신고서 제출일을 기준으로 한다)한 토지 : 당해 토지의 취득일부터 2년 및 착공일 이후 건설이 진행 중인 기간(천재지변, 민원의 발생 그 밖의 정당한 사유로 인하여 건설을 중단한 경우에는 중단한 기간을 포함한다) (2005. 12. 31 신설)

건축물이 없는 상태에서 토지를 취득해 건설에 착공한 경우에는 토지취득일로부터 2년과 건설 중의 기간을 사업용으로 사용한 것으로 본다. 예를 들어, 토지취득일이 2016. 1. 1이고 착공일 이후 건설이 진행 중인 기간이 2022.1.1~2022.12.31(토지 양도는 2022. 12. 31)이라면 아래와 같은 요건 미충족으로 최종 비사업용 토지로 판정한다.

- 5년 중 3년 기간 기준→미충족(2022.12.31 기준 소급 5년 중 사업용 기간은 1년에 불과)
- 3년 중 2년 기간 기준→미충족(2022.12.31 기준 소급 3년 중 사업용 기간은 1년에 불과)
- 60% 기간 기준→미충족(총 보유 기간 7년 중 사업용 기간은 3년*임)
  * 2016.1.1~2018.1.1, 2022.1.1.~12.31을 말함.

참고로 사회 통념상 특정 토지에 건물을 신축하기 위한 공사에 착공했다고 인정하기 위해서는 실질적인 공사의 실행이라 볼 수 있는 행위로서 최소한 정도로 토지를 파내는 정도의 굴착공사나 터파기공사에 착수하는 경우, 비로소 공사에 착공했다고 볼 수 있다(대법원 2018.5.31. 선고 2018두38468 판결 참조). 위의 건축물은 일반건물은 물론이고 주택을 포함한다. 따라서 사업계획 승인을 받지 못한 소규모 주택건설용지를 취득해 바로 착공한 상태에서 이를 양도하는 경우, 이러한 규정을 적용받을 수 있을 것으로 판단된다.

>> 준공 전의 건축물을 포함해 사업시행권을 동시에 양도하는 경우의 과세문제는 제5장의 '심층분석'을 참조하기 바란다.

4. 적용 사례

- 예상양도가액 : 3억 원
- 취득가격 : 2억 원
- 보유 기간 : 5개월
- 양도세 계산 때 기본공제는 적용하지 않는다.
- 이 외에 사항은 무시하기로 한다.

K씨는 다음과 같이 토지를 양도하고자 한다. 각 상황별로 답을 하면?

Q1 **이 경우 양도세는 얼마나 예상되는가**(단, 이 토지는 사업용 토지에 해당한다)**?**

토지의 양도세율은 보유 기간에 따라 50%, 40%, 기본세율이 적용된다. 따라서 보유 기간이 1년 미만이므로 50%의 세율을 적용하면 대략 5,000만 원(양도차익 1억 원×50%) 정도의 세금을 예상할 수 있다.

Q2 **이 경우 양도세는 얼마나 예상되는가**(단, 이 토지는 비사업용 토지에 해당한다)**?**

비사업용 토지에 대한 양도세율은 위의 일반세율과 중과세율(6~45% +10%p) 중 높은 세율로 한다.

- 일반세율 : 5,000만 원(Q1)
- 중과세율 : 1억 원×45%-1,490만 원(누진공제)=3,010만 원

Q3 건축설계비가 1,000만 원이 별도로 있다고 하면 이 설계비는 양도세 필요경비에 해당하는가?

만일 설계비를 양도 대가에 포함해서 받은 경우에는 이를 필요경비로 처리하는 것이 타당해 보인다. 실무적으로 아래와 같은 예규를 참조해 설계비는 별도로 계약을 진행하는 것이 좋을 것으로 보인다.

※ **부동산거래관리과-0734, 2011.08.22.**

> 임야를 취득하여 형질변경 허가 및 건축허가를 득했으나, 건물신축 없이 토지만을 양도한 경우, 형질변경에 소요된 비용은 필요경비에 산입하는 것이나 건축과 관련된 설계비용 등은 필요경비로 공제받을 수 없는 것임.

Q4 준공 전에 양도하면 이에 대한 소득은 어떻게 처리하는가?

이는 사업소득에 해당될 가능성이 크다. 아래 예규를 참조하기 바란다.

※ **서면인터넷방문상담1팀-1157, 2005.09.29.**

> 부동산의 양도로 인한 소득은 부동산 매매의 규모, 거래 횟수 및 반복성 등 거래와 관한 제반사항을 종합적으로 판단하여 부동산의 매매를 사업상 목적으로 하고 사업 활동으로 볼 수 있을 정도의 계속성과 반복성이 있는 경우에는 사업소득에 해당하며, 사업상 목적 없이 일시적으로 양도함으로 인한 소득은 양도소득에 해당하는 것으로서, 귀 질의의 경우와 같이 자기의 토지나 타인으로부터 매입한 토지 및 자기의 토지 위에 건물을 신축할 목적으로 사업자등록을 내고 건물을 신축하던 중 건물의 부수 토지 등을 다른 건설업자에게 양도함으로써 얻은 소득은 양도소득으로 볼 만한 특단의 사정이 없는 이상 사업소득에 해당함.

법인의 건설용지 양도와 세무상 쟁점

법인이 단독주택이나 상가 등의 건물을 취득하고 이를 멸실시켰지만, 신축에 이르지 못하고 나대지 상태로 양도하는 경우가 많다. 이하에서 사례를 통해 이에 대한 세무관리법 등을 정리해보자.

1. 법인의 토지와 양도와 세무상 쟁점

법인소유의 토지는 목적에 무관하게 법인세법에서 정하고 있는 비사업용 토지에 해당되는지의 여부를 판정해야 한다. 이에 해당하면 추가과세가 적용되기 때문이다. 토지를 어떤 식으로 사용하는지에 따라 발생하는 세무관리법을 알아보자.

1) 토지를 영업활동에 사용한 경우

이 경우에는 일반법인세만 부과한다. 예를 들어 토지를 물류창고로 사용하거나 토지가 영업용 건물의 부수 토지라면, 이는 중과세를 적용할 이유가 없다.

2) 토지를 투자 목적으로 보유하고 있는 경우

기업이 투자 목적으로 토지를 가지고 있다면 이는 비사업용 토지에 해당될 가능성이 크다. 이러한 경우에는 일반법인세 외에 추가법인세 제도를 적용한다.

구분	양도시기	
	2009.3.16~2012.12.31 취득	좌 외의 취득
중과세 내용	추가과세 없음.	10% 추가과세
비고	2009.3.16~2012.12.31 기간 내에 취득한 토지는 2013년 이후에 양도하는 경우 추가과세 제도를 적용하지 않음.	

3) 토지를 전문적으로 매매한 경우

법인이 토지를 전문적으로 매매하면 추가과세 제도가 적용될 가능성이 높다.

※ 개인 대 매매사업자, 법인의 토지 세제 비교

구분	개인	매매사업자	매매법인
세목	양도세	종합소득세	법인세
원칙적인 세율	보유 기간에 따른 세율 (50%, 40%, 기본세율)	기본세율	기본세율
투기방지 조치	중과세(+10%p)	비교과세	10% 추가과세
	단, 2009.3.16~2012.12.31 사이에 취득한 비사업용 토지(주택 포함)를 양도하는 경우에는 양도세 중과세 세율 적용배제 및 비교과세와 10% 추가과세 제도의 적용을 배제함(특례 제도).		

2. 적용 사례

(주)왕성은 주택법 제4조에 따른 건설사업자에 해당한다. (주)왕성은 2023년 4월 30일에 서울에서 단독주택을 취득해 이를 멸실하고 향후 주택을 신축 판매하고자 한다. 다음 자료를 보고 물음에 답하면?

자료

- 계약일 : 2023년 2월 1일
- 취득가액 : 20억 원
- 6월 중 인허가 후 멸실시킬 예정임.

Q1 (주)왕성은 주택법에 따른 등록사업자다. 이 경우, 취득세 중과세가 적용될까?

아니다. 주택건설사업은 장려의 대상으로 취득세 중과세를 적용할 이유가 없다. 주택 취득 후 3년 이내에 멸실시키면 취득세 일반과세를 적용받을 수 있다.

Q2 (주)왕성이 주택 멸실 후 나대지 상태로 양도하면 취득세 중과세로 추징될까?

등록한 건설사업자가 주택 취득 후 3년 이내에 이를 멸실시켰으므로 주택 취득세 중과세는 적용되지 않을 것으로 보인다.

Q3 (주)왕성이 주택멸실 후 나대지 상태로 양도하면 추가법인세를 내야 할까?

건축물이 있는 토지를 취득해 멸실한 경우에는 다음 규정에 따라 최종 비사업용 토지 여부가 결정된다.

위 제9호에서는 당해 건축물이 멸실된 날로부터 2년간은 사업용으로 사용하는 기간으로 인정하고 있다. 따라서 물음의 토지는 사업용으로 사용한 기간이 60% 기간을 충족하므로 현재 상태에서 양도하더라도 비사업용 토지에 해당하지 않는다.

심층분석 개인과 법인의 비사업용 토지 판단법 비교

개인과 법인의 비사업용 토지에 대한 판단원리를 비교하면 다음과 같다. 참고로 소득세법과 법인세법의 내용은 거의 유사하나 일부 상속 등은 법인에게 적용되지 않는다.

구분		개인	법인
근거		소득세법 제104조의3	법인세법 제55조의2
① 농지	원칙	• 재촌 • 자경 • 도시 지역 밖 소재	• 농업영위 법인 소유 • 좌동
	예외	• 재촌·자경을 하지 않아도 되는 경우 : 상속농지 등 • 무조건 사업용 토지로 보는 경우 : 상속농지(직계존속이 8년 이상 재촌·자경), 수용농지 등	• 법인과는 무관 • 수용농지 등 (상속 등에 대한 규정은 없음)
② 임야	원칙	• 재촌	• 임업영위 법인 소유
	예외	• 재촌하지 않아도 되는 경우 : 상속임야 등 • 무조건 사업용 토지로 보는 경우 : 상속임야(직계존속이 8년 이상 재촌), 수용임야 등	수용임야 등
③ 목장 토지	원칙	• 축산업 영위 • 도시 지역 밖 • 가축별 기준면적 내	• 축산업 영위 법인 소유 • 좌동 • 좌동
	예외	• 축산업 영위를 하지 않아도 되는 경우 : 상속목장 토지 등 • 무조건 사업용 토지로 보는 경우 : 상속목장 토지(직계존속이 8년 이상 목축업 영위), 수용임야 등	• 법인과는 무관 • 수용목장 토지 등 (상속 등에 대한 규정은 없음)
④ 농지, 임야, 목장 토지 외의 토지(기타의 토지)		• 재산세 비과세·분리과세·별도합산 대상 토지 • 재산세 종합합과세 대상 토지 중 거주·사업에 직접 관련된 토지 • 수용기타의 토지	좌동

제4장 • 건설용지의 보유 및 양도 관련 세무상 쟁점 149

구분	개인	법인
⑤ 주택의 부수 토지	• 기준면적(3~5배, 10배) 내의 토지 • 기준면적 초과 토지 중 수용 토지	좌동
⑥ 별장 부수 토지	(무조건 비사업용 토지. 단, 수용 토지는 제외)	좌동
공통 요건	사업용 기간 충족	좌동

>> 법인이 보유한 토지가 비사업용 토지에 해당하더라도 사업인정고시일 2년(2021. 5. 4 이후 고시분은 5년) 이전에 취득한 토지는 사업용 토지로 봐 준다(모든 토지가 이에 해당함).

Tip 법인의 토지 세무관리법

법인이 보유하고 있는 토지에 대한 세무관리법을 요약하면 아래와 같다.

첫째, 법인이 보유하고 있는 토지에 대한 비사업용 여부는 개인처럼 지목별로 판단한다.

• 농지·임야·목장 토지 → 이들의 경우 농업이나 축산업을 주업으로 하는 법인이 소 유하지 않거나 임야의 경우 공익성이 있는 임야 등이 아니면 비사업용 토지로 분 류한다.

• 농지·임야·목장 토지 외의 토지(기타 토지) → 재산세가 비과세 또는 분리과세되거나 별도합산되는 토지는 사업용, 종합합산 토지는 비사업용으로 본다. 다만, 사업 관련 된 필수 토지는 예외적으로 사업용으로 인정한다.

둘째, 최종 사업용으로 사용한 기간요건을 충족해야 사업용 토지로 인정된다.

법인의 비사업용 토지는 양도 당시의 현황에 의해 판단한다. 그러나 전체 소유 기간 중에서 사업용으로 사용한 기간이 세법상의 기준에 미달하는 경우에는 최종적으로 비사업용 토지로 판단함에 유의해야 한다. 사업용 기간은 다음과 같이 토지 소유 기간 별로 판단한다.

토지 소유 기간	사업용으로 사용한 기간
① 3년 미만	다음 중 하나의 조건만 충족하면 된다. • 토지 소유 기간 중 2년 이상 사업에 사용(토지 소유 기간이 2년 미만이면 이 기준은 사용하지 않고 아래 60% 조건을 사용한다) • 토지 전체 소유 기간 중 60% 이상 사업에 사용

토지 소유 기간	사업용으로 사용한 기간
② 3년 이상 5년 미만	다음 중 하나의 조건만 충족하면 된다. • 토지 소유 기간 중 3년 이상 사업에 사용 • 양도일 직전 3년 중 2년 이상 사업에 사용 • 토지 전체 소유 기간 중 60% 이상 사업에 사용
③ 5년 이상	다음 중 하나의 조건만 충족하면 된다. • 양도일 직전 5년 중 3년 이상 사업에 사용 • 양도일 직전 3년 중 2년 이상 사업에 사용 • 토지 전체 소유 기간 중 60% 이상 사업에 사용

셋째, 재산세가 종합합산과세되는 토지는 전형적인 비사업용 토지에 해당한다.

따라서 이러한 토지들은 사업에 필수적으로 활용되어야 사업용 토지로 인정받게 된다. 예를 들어, 나대지를 고물상 업자에게 임대하고 그 임차인이 실제 고물상업을 영위하면 사업용 토지로 인정받을 수 있다.

제 5 장

신축공사 중 건축주의
세무 처리법

공사 중 세무상의 이슈

토지 매입 후에는 본격적으로 공사가 진행되는데, 이때는 부가세와 관련된 이슈들이 주로 발생한다. 시공사로부터 세금계산서를 받아야 하는지 계산서를 받아야 하는지, 주상복합건물을 신축하거나 각종 부대시설을 신축할 때 매입세액은 어떤 식으로 환급받아야 하는지 등이 주요 관심 대상이 된다. 이하에서는 이러한 점에 착안해 관련 내용을 살펴보자.

1. 공사 중의 세무상 쟁점

1) 부가세 발생

① 건설용역

시공사는 시행사에 건설용역을 제공하는데, 이때 국민주택에 대한 건설용역은 면세, 그 외 용역은 부가세가 과세된다. 따라서 전자는 계산서, 후자는 세금계산서를 교부해야 한다.

구분	내용	비고
시공사가 계산서를 교부하는 경우	85㎡ 이하 주택건설용역의 공급	–
시공사가 세금계산서를 교부하는 경우	위 외 건설용역의 공급 (85㎡ 초과 주택, 건물, 오피스텔 등)	환급 가능

》》 건설용역의 범위에 대해서는 바로 뒤에서 살펴본다.

② 건설용역 외(자재 등)

건설용역 외에 자재(철근이나 레미콘, 엘리베이터 등)를 납품하는 회사는
시행사에 무조건 세금계산서를 교부해야 한다.

2) 부가세 환급업무

시행사가 부담한 매입세액 중 과세사업에 관련된 것만 부가세 환급
(공제)이 가능하다.

구분	내용	부가세 환급여부
과세사업	85㎡ 초과 주택, 일반건물의 공급 관련	가능
면세사업	국민주택 공급 관련	불가능

》》 참고로 과세사업과 면세사업을 동시에 운영하는 경우에는 아래와 같이
부가세 환급을 받는다.

- 귀속이 확실한 경우 : 과세사업분만 환급
- 귀속이 불분명한 경우 : 공통매입세액으로 보아 안분계산 후 과세
사업분만 환급(이에 대해서는 뒤에서 살펴본다)

2. 원가집계

공사 중에 지출되는 각종 공사비와 세금, 일반관리비 등은 향후 완성 주택 등의 원가와 이익측정 등을 위해 회계 기준과 세법 기준에 맞게 업무 처리를 해야 한다.

1) 원가와 비용의 구분

원가는 재무상태표상의 자산으로 처리되고, 비용은 손익계산서상의 당기손익에 반영된다. 따라서 실무적으로 이의 구분은 상당히 중요하다.

- 공사원가와 공사 관련 간접비용은 원가 처리된다.
- 본사에서 지출되는 비용은 일반관리비로 처리된다.

2) 원가의 집계

원가는 아래와 같은 기준에 따라 집계한다.

- 원가는 토지와 건물로 구분해서 집계한다.
- 직접원가는 물론이고 간접원가(현장 비용)도 포함한다.
- 원가는 현장별로 집계해야 한다.

3) 원가의 대체

건축원가는 건설 중에는 건설가계정에서 모이며 이후 건축물이 완성되면 완성주택으로 원가대체된다. 이후 완성주택이 판매되면 매출원가로 대체된다(실무에 해당한다).

신축·리모델링 판매업의 사업절차별로 시행사와 시공사의 세무 처리 내용을 정리하면 다음과 같다.

구분	사업절차		세무 처리	
			시행사	시공사
사업 준비 단계 (1단계)	사업계획 수립	• 건설용지 분석 • 사업타당성 검토 (토지대 대비 분양가 등)		–
	▼			
	건설용지 매입	건설용지 매입	• 금융비용 자본화 • 토지취득 관련 부가세 검토 • 취득세 중과세 검토	–
공사 단계 (2단계)	사업성 분석 (수지분석)	사업성 분석 사업계획서 작성 등	수지 분석표상의 공사예정 원가로 진행 기준율 산정	–
	▼			
	건축인허가	건축인허가 허가용 도면 작성 영향 평가 (건축, 교통, 소방 등)		–
	▼			
	사업승인 및 착공 (신고)	사업계획승인 착공계 제출 착공 및 착공신고	• 공사비에 대한 부가세 환급 검토(겸업의 경우 안분계산) • 기부채납 관련 세무 처리 • 착공 : 업무무관자산 기산시 점 등	• 공사계약 : 세금 계산서 등 발행 • 부가세 신고 • 진행 기준 또는 완성 기준에 의해 결산 • 법인세 신고
분양 단계 (3단계)	분양(승인) 개시		• 진행 기준 또는 완성 기준에 의한 수익 인식 • 계약 전 공사원가의 처리 (모델하우스 비용포함) • 부가세의 처리	–
	▼			
	사용검사 (준공)	건축물 순성 선 사용 검사 신청 입주자 사전체크 등		–

구분	사업절차	세무 처리	
		시행사	시공사

분양
단계
(3단계)
	▼
	분양건물
	보존 등기
		• 보존등기(6월 1일 전에 사용승
		  인이 나는 경우에는 건물재산세를
		  부담해야 함)
		• 미분양 관련 세금 문제 등	

사업
완료
단계
(4단계)
	분양 등기
	(입주자)
		• 분양가 할인, 이주비 지원 등
		  에 따른 세무리스크 검토
		• 분양권 전매 관련 세무리스
		  크 파악	

≫ 이 내용을 보면 시공사의 세무 처리는 단순한 반면, 시행사의 세무 처리는 사업 스케줄에 따라 다양한 쟁점들이 발생함을 알 수 있다. 참고로 이 책은 시행사(건축주, 사업주체)에 대한 세제를 다루고 있다.

국민주택의 공급과 이의 건설용역 제공에 따른 부가세 실무

시행사가 국민주택을 공급하거나 시공사가 이에 관련된 건설용역을 제공하면 부가세가 면제된다. 국민주택이 국민생활의 필수품에 해당하기 때문이다. 그런데 무조건 부가세를 면제하는 것이 아니라 일정한 조건이 있다. 이하에서 이를 정리해보자.

1. 관련 규정

조세특례법 제106조 등에서는 국민주택의 공급과 그에 따른 건설용역에 대해 부가세 면제를 정하고 있다.

> ※ **조세특례법 제106조** [부가세의 면제 등]
> ① 다음 각 호의 어느 하나에 해당하는 재화 또는 용역의 공급에 대해서는 부가세를 면제힌다.
>   4. 대통령령으로 정하는 국민주택 및 그 주택의 건설용역(대통령령으로 정하는 리모델링용역[42]을 포함한다)

위의 내용을 보면 국민주택과 관련된 면세규정은 다음과 같이 정리된다.

---

42) 리모델링에 대한 세무상 쟁점은 제9장을 참조하기 바란다.

43) 주택법에 따른 국민주택규모(다가구주택의 경우에는 가구당 전용면적을 기준으로 한 면적을 말한다)를 말한다(조특령 제51조의2). 여기서 '국민주택규모'란 주거의 용도로만 쓰이는 면적(주거전용면적)이 1호(戶) 또는 1세대당 85㎡ 이하인 주택(수도권정비계획법 제2조 제1호에 따른 수도권을 제외한 도시 지역이 아닌 읍 또는 면 지역은 1호 또는 1세대당 주거전용면적이 100㎡ 이하인 주택을 말한다)을 말한다. 한편 오피스텔은 주택법에 따른 주택이 아니므로 부가세 면제를 받을 수 없다. 또한 건축법상 다중주택은 단독주택에 해당하나 전체면적이 국민주택규모 이하가 되지 않으면 부가세 면제를 받을 수 없다.

44) 등록을 하지 않으면 부가세를 면제받을 수 없다(아래도 동일).

1) 면세 대상

구분	내용	비고
① 국민주택의 공급(재화의 공급)	시행사가 수분양자에게 분양 시 부가세 면세함.	시행사의 공급
② 국민주택의 건설용역 (용역의 공급)	시공사가 시행사에게 제공한 건설용역에 대해 부가세 면제함.	시공사의 공급

2) 국민주택의 범위

① 부가세가 면제되는 국민주택이란 주택법에 따른 국민주택규모의 주택으로서 주거의 용도로만 쓰이는 면적(주거전용면적)이 1호 또는 1세대당 $85m^2$ 이하인 주택(수도권을 제외한 도시 지역이 아닌 읍 또는 면 지역은 1호 또는 1세대당 $100m^2$ 이하의 주택)을 말한다.

② 다가구주택은 가구당 전용면적으로 한다. 여기서 다가구주택은 한 가구가 독립해 거주할 수 있도록 구획된 부분을 각각 하나의 주택으로 본다. 다만, 건축법 시행령 별표 1 제1호 다목에 해당되는 것에 한한다(부가법 시행규칙 제48조 제1항).

③ 주택법상 단독주택에 속하는 다중주택은 다가구주택과 구별되므로 각 호별이 아닌 전체 전용면적을 가지고 $85m^2$ 여부를 따져야 한다(다소 불합리한 규정에 해당하나 실무적으로 매우 주의해야 함. 다중주택의 범위에 대해서는 부록1을 참조할 것).

④ 오피스텔은 주택법에 따른 주택에 해당하지 아니하므로 면제규정이 적용되지 않는다.[45]

---

45) 따라서 공사비 관련 부가세는 모두 환급이 가능하고, 이를 공급할 때 전용면적과 무관하게 건물공급 가액의 10% 상당액을 부가세로 징수해야 한다.

3) 면세되는 건설용역의 범위

면세되는 국민주택의 건설용역의 범위는 아래와 같다.

① 건설용역

건설산업기본법·전기공사업법·소방시설공사업법·정보통신공사업법·주택법·하수도법 및 가축분뇨의 관리 및 이용에 관한 법률에 의해서 등록을 한 자가 공급하는 용역(단, 소방시설공사업법에 따른 소방공사감리업은 제외한다)을 말한다.

② 리모델링용역

리모델링용역은 주택법·도시 및 주거환경정비법 및 건축법에 의하여 리모델링하는 것으로서 다음 각 호의 어느 하나에 해당하는 용역을 말하며, 당해 리모델링을 하기 전의 주택규모가 제4항 제1호의 규정에 의한 주택에 해당하는 경우(리모델링 후 당해 주택의 규모가 제4항 제1호의 규정에 의한 규모를 초과하는 경우로서 리모델링하기 전의 주택규모의 100분의 130을 초과하는 경우를 제외한다)에 한한다.

1. 건설산업기본법·전기공사업법·소방시설공사업법·정보통신사업법·주택법·하수도법 및 가축분뇨의 관리 및 이용에 관한 법률에 의하여 등록을 한 자가 공급하는 것
2. 당해 리모델링에 사용되는 설계용역으로서 건축사법에 의하여 등록을 한 자가 공급하는 것

③ 설계용역

건축사법 등에 따라 등록(신고)한 자가 국민주택과 관련해서 공급하는 설계용역은 면세 대상이다.

④ 감리용역

감리용역에 대해서는 부가세를 면제하지 않는다.

>> 건설산업기본법 등에 의해 등록을 하지 아니한 사업자가 제공하는 국민주택건설용역은 부가세가 면제되지 아니하며 이는 하도급 및 재하도급에서도 동일하게 적용된다. 이때 당해 재화 및 용역공급에 대해서는 부가세법 규정에 의한 세금계산서 및 영수증을 교부해야 하고, 관련 매입세액은 자기의 매출세액에서 공제 가능하다(단, 면세업은 공제 불가능).

4) 국민주택의 부대시설 건설용역에 대한 부가세 면세판단

국민주택의 부대시설에 대한 건설용역에 대한 부가세 면세 여부에 대해서는 매우 신중하게 접근해야 한다. 무조건 부가세가 면제되지 않기 때문이다. 예를 들어, 국민주택에 부수되는 부대시설인 아파트 둘레의 담장 및 방음벽 설치에 대한 건설용역은 면세하는 국민주택 건설용역에 포함한다. 그런데 주택건물에 부속되지 아니하고 주택단지 외에 위치한 시설물공사(쓰레기압축장 등에 대한 공사 등)용역은 면세하는 건설용역의 범위와 무관하다. 따라서 이런 경우에는 부가세가 발생한다(세무상 위험도가 높다).

>> 이처럼 국민주택규모 이하의 주택건설용역과 별개로 용역을 제공받았거나, 건물에 부속되지 아니하고 주택단지 외에 위치한 시설물 공사에 해당되는 경우 부가세가 과세되는 것으로 판단을 해야 할 것으로 보인다. 아래 예규를 참조하자.

※ **부가, 부가세과-40, 2012.01.12.**
건설산업기본법 제9조에 따라 실내건축공사업으로 등록한 전문건설업자가 국민주택규모 이하의 주택(한옥)건설용역을 공급하는 경우 해당 사업자가 관련 법령에 따라 등록한 범위 내의 실내건축공사 용역에 대해서만 부가세가 면제되는 것임.

* **부가22601-1805, 1991.12.14.**

  국민주택의 건설용역에는 국민주택규모의 상시 주거용 건물과 이에 부속되는 토지의 조성 등을 위한 건설용역을 말하는 것이므로 건물에 부속되지 아니하는 도로의 건설용역은 국민주택건설용역에 해당하지 아니하는 것임.

* **조특, 부가46015-2815, 1997.12.15.**

  건설업자가 국민주택규모 이하의 주택(아파트)건설용역은 제공하지 아니하고 발주자(사업 주체인 주택조합)로부터 직접 도급받아 제공하는 당해 국민주택규모 이하의 아파트단지 둘레 담장 및 방음벽 건설용역과 당해 아파트 건물에 부속되지 아니하고 주택단지 외에 위치한 시설물공사(귀 질의의 과선도로 및 교량공사, 쓰레기 압축장 등에 대한 공사, 저유소 하화장에 대한 비산물 낙하 방지용 지붕공사 및 방화벽 등에 대한 공사)용역에 대하여는 조세감면규제법 제100조 제1항 제1호에 규정하는 국민주택 건설용역에 해당하지 아니하는 것임.

2. 적용 사례

사례를 통해 앞의 내용을 확인해보자.

자료 ●

- 국민주택을 건설 중임.

Q1 A사는 벽체 전문공사업에 해당한다. 이 업체는 국토교통부에 등록을 했다. 이 경우 부가세가 면제되는가?

그렇다. 건설업으로 등록한 사업자가 제공하는 건설용역에 대해서는 부가세를 면제받을 수 있다.

Q2 B사는 무등록 시공사에 해당한다. 이 경우 세금계산서를 발행해야 하는가? 그렇다면 이 부가세는 환급이 가능한가?

무등록 건설사는 무조건 세금계산서를 끊어야 한다. 한편 시행사의 입장에서는 국민주택의 공급은 면세가 되므로 이와 관련된 부가세는 환급받을 수 없다.

Q3 C사는 엘리베이터를 납품한다. 이 공사와 관련해 부가세 없이 엘리베이터를 납품할 수 있는가?

그렇지 않다. C사는 시공사가 아닌 일반 제조업체에 해당하기 때문이다. 따라서 이 경우 세금계산서를 발행해야 한다. 한편 시행사의 입장에서는 매입세액을 불공제처리해서 건축원가에 산입해야 한다.

Q4 만일 C사가 엘리베이터를 앞의 법률에 따라 등록한 D공사업자에게 납품하면 부가세가 면제될까?

그렇지 않다. C사가 공급하는 물품은 무조건 부가세가 발생하기 때문이다. 참고로 이때 D사는 자신이 납품받은 엘리베이터의 공급가액과 부가세액을 매입원가로 처리하고 이외 인건비와 이윤 등을 합해 시행사와 계약을 체결할 것이다. 물론 D사가 시행사에게 제공하는 건설용역에 대해서는 부가세가 면제된다.

Q5 시행사는 주택법에 따른 시행사 등록을 하지 않았다. 그렇다면 이 회사가 국민주택을 소비자에게 공급하면 부가세를 징수해야 하는가?

완성된 주택을 외부에 판매할 때에는 등록 여부와 무관하게 면세가 적용된다(이는 건설용역이 아닌 재화의 공급에 해당하기 때문임). 건설용역의 경우는 등록면허가 중요하지만, 재화의 공급은 그렇지 않다. 이 둘을 구별하기 바란다.

시공사나 협력업체가 국민주택의 건설과 관련해서 용역을 제공하면 부가세를 시행사로부터 징수할 수 없다. 법에서 부가세를 면제(법적 용어는 면세)하고 있기 때문이다. 다만, 면제를 받기 위해서는 건설산업기본법, 전기공사업법, 소방법, 주택건설촉진법 등에 의해 등록한 자(회사)가 공급하는 국민주택건설용역에 해당되어야 한다.

결국 어떤 회사의 용역이 부가세가 면제되는지 알아보기 위해서는 우선 국민주택에 대한 건설용역인지, 그리고 용역제공회사가 관련 법에 등록되어 있는지를 점검하는 것이 순서다. 그 결과 조건을 충족하면 계산서를 받으면 되고 만일 이를 충족하지 못하면, 세금계산서를 받아야 한다. 이처럼 부가세 면세규정을 적용받게 되면 건설용역을 공급받는 자가 누구이든 관계없이 이를 적용한다. 즉, 공급받는 자가 그 주택을 분양하거나 또는 임대하거나 아니면 사택으로 보유하는 것인가를 불문한다. 또한, 건설용역은 국민주택을 신축하거나 개축하는 자로부터 직접 도급받아 공급하는 경우뿐만 아니라 하도급 또는 재하도급 받아 공급하는 경우를 포함한다. 한편 국민주택의 부대시설과 관련된 부가세 면세 여부에 대해서는 신중히 판단할 것을 다시 한번 주문한다.

국민주택 건설공사와
수익성 분석

국민주택의 건축에서 부가세를 어떤 식으로 처리할 것인지는 그 사업의 수익성과 직결되는 경우가 많다. 부가세가 발생하더라도 이를 환급받지 못하면 건축원가가 올라가기 때문이다. 이하에서 사례를 통해 이에 대해 좀 더 살펴보자.

사례

A사는 국민주택을 분양하기 위해 B시공사를 원청사로 선정했다. B 시공사는 C회사를 전문공사업체로 선정했다. C사는 B사에 다음과 같은 견적서를 제출했다. 이들은 모두 건설업으로 적법하게 등록을 했다. 물음에 답하면?

자료 🔍

- 자재비 : 10억 원(부가세 별도)
- 인건비 : 10억 원(부가세 없음)
- 일반관리비 : 1억 원
- 이윤 : 총원가의 10%(부가세 없음)

Q1 C하청사는 B원청사에게 계산서를 발행하는가?

그렇다. 하청사가 제공하는 건설용역이 국민주택의 공급과 관련이 있기 때문이다.

Q2 위 자료에서 총원가는 얼마인가?

구분	공급가액	부가세	계
자재비	10억 원	1억 원	11억 원
인건비	10억 원	–	10억 원
일반관리비	1억 원	–	1억 원
계	21억 원	1억 원	22억 원

Q3 계산서상의 공급가액은 얼마인가?

위의 총원가인 22억 원의 10%인 2.2억 원의 이윤을 더하면 24.2억 원이 공급가액이 된다.

Q4 만일 자재비에 대한 부가세를 C사가 환급처리를 하는 식으로 한 경우라면 계약금액은 얼마가 되는가?

이 경우 총원가는 21억 원이 되고, 이의 10%인 2.1억 원이 이윤이 되므로 계약금액은 23.1억 원이 된다. Q3과는 1.1억 원이 차이가 난다.

Q5 Q4처럼 처리하는 것이 가능한가?

아니다. C사가 공급하는 건설용역은 면세가 되므로 자신이 공급받은 재화나 용역에 의해 부담한 매입세액은 공제가 되지 않는다.

※ 시사점

국민주택의 건설용역과 관련해 자재공급 등과 관련해 부가세를 누가 부담하느냐에 따라 공사금액 등이 달라질 수 있음에 유의해야 한다.

주택신축 판매업(건설업)과 부가세 쟁점

이제 앞에서 공부한 내용을 바탕으로 주택신축 판매업과 관련된 부가세 쟁점을 알아보자. 다만, 이를 좀 더 이해하기 쉽게 하기 위해 시행사와 시공사로 구분해서 살펴보자. 참고로 리모델링의 경우에도 이와 동일한 원리가 적용된다.

1. 시행사

1) 국민주택의 공급

구분	공사 시	분양 시
부가세 처리	매입세액 공제 불가	매출세액 발생하지 않음.
영수증	계산서 수취	계산서 발행(단, 요청 시)

2) 국민주택규모 초과 주택의 공급

구분	공사 시	분양 시
부가세 처리	매입세액 공제 가능	매출세액 발생함(건물분).
영수증	세금계산서 수취	건물 세금계산서, 토지 계산서 발행(단, 요청 시)

>> 국민주택과 그 초과 주택 등을 동시에 공급하면 부가세 안분계산에 유의해야 한다.

2. 시공사

시공사가 제공하는 건설용역이 국민주택과 관련된 것인지, 아닌지의 여부에 따라 부가세 발생 여부가 결정된다.

1) 국민주택의 건설용역

구분	자재매입 시	건설용역 제공 시
부가세 처리	매입세액 공제 불가능	매출세액 발생하지 않음.
영수증	세금계산서 수취	계산서 발행해야 함.

2) 국민주택규모 초과 주택의 건설용역

구분	자재매입 시	건설용역 제공 시
부가세 처리	매입세액 공제 가능	매출세액 발생함.
영수증	세금계산서 수취	세금계산서 발행해야 함.

3. 적용 사례1

K법인은 아래와 같이 사업을 진행하고 있다. 상황에 맞게 답을 하면?

- 사업계획 : 20~100세대 정도의 공동주택 판매(아파트, 다세대주택 등)
- 위 주택들은 모두 전용면적 85㎡ 이하 주택에 해당함.
- 건설방식 : K법인이 직접 건설을 한 후에 분양

Q1 이 거래에서 부가세는 발생하는가?

발생하지 않는다. 국민주택의 공급에 해당하기 때문이다. 위 거래 과정별로 부가세 발생 여부를 정리하면 다음과 같다.

공사협력업체	K법인	수분양자
공사용역	주택분양	주택취득
K법인에게 공급 시 부가세 면세[46]	수분양자에게 공급 시 부가세 면세	부가세 없음.

Q2 계산서는 누가 발행하는가?

공사용역을 제공하는 업체, 그리고 주택을 분양하는 K법인이 그 대상이다. 먼저 공사업체의 경우에는 반드시 계산서를 발행해야 한다. 법인 간의 용역거래에 대해서는 무조건 이를 발행하도록 하고 있기 때문이다. 하지만 K법인이 수분양자에게 분양할 때는 이러한 계산서를 발행하지 않아도 된다. 계산서나 세금계산서는 거래의 과정을 투명화시

---

46) 자신이 부담한 매입세액도 환급되지 않는다.

키기 위한 제도에 해당하는데, 최종 소비자 단계에서는 이러한 것과 관계가 없기 때문이다(단, 요청 시 교부).

Q3 K법인이 자재를 직접 공급받은 경우 세금계산서를 받아야 하는가?

그렇다. 이는 건설용역이 아니기 때문이다.

4. 적용 사례2

K법인은 주택신축 판매업을 시행하는 법인이다. 이 법인은 아래와 같이 시공사를 선정했다. 각 상황별로 답을 하면?

자료

- 시공사 : L법인
- 시공물건 : 전용면적 85㎡ 이하 주택
- 도급금액 : 20억 원
- 시공사의 공사원가 : 15억 원(철근매입, 장비 대여에 따른 부가세 1억 원 포함)
- 공사 기간 : 2년
- 대금지급 방법 : 기성율에 따라 매 2개월 단위로 지급, 다음 달 25일 정산 후 기성금 청구일로부터 15일 이내에 결제조건

Q1 위의 도급공사에 대한 부가세법상 용역의 공급시기는 어떻게 되는가?

일반적으로 용역의 공급시기는 그 용역의 제공이 완료된 날이다. 하지만 위의 사례처럼 어떤 일이 완성된 정도에 따라 계약이 된 경우에는 '대가의 각 부분을 받기로 한 때'가 공급시기가 된다. 이러한 기준을 세법에서는 '완성도지급조건부 용역'이라고 한다. 이는 세금계산서 또는 계산서 작성일을 결정하는 기준이 된다.

Q2 사례의 경우 언제 계산서를 발행해야 하는가?

사례의 경우 '대가의 각 부분을 받기로 한 때'를 발행하는 것이 원칙이다(다만, 계약서상에 대가의 각 부분을 받기로 한 때를 정산일로 하는 경우에는 정산일에 맞추어 발행해야 함).

Q3 시공사인 L법인은 철근매입 시 발생한 부가세는 환급받을 수 있는가?

시공사인 L법인이 수행하는 건설용역이 부가세가 면제되는 상황에서는 자신이 부담한 매입세액도 공제되지 않는다. 이때 공제되지 않는 매입세액은 공사원가를 구성하게 된다. 사례처럼 국민주택건설용역을 제공하는 경우 부가세 과세 대상과 면세 대상을 구분하면 다음과 같다.

구분	내용	비고
면세 (조세특례법 제106조)	국민주택건설용역 및 설계용역 등	종합건설업, 전문공사업
과세	면세 외 용역, 재화	감리업, 철근공급업 등

공급과 별도로 공급하는 경우에는 부가세를 면제하지 아니하나, 해당 시설을 주택의 공급에 부수해 공급하고 그 대가를 주택의 분양가격에 포함해 받는 경우에는 부가세를 면제한다.

※ 재소비 - 159, 2004.02.12.

사업자가 국민주택규모 이하의 아파트를 신축하여 분양하면서 주택분양 계약과는 별도로 수분양자와 발코니 새시 설치계약을 체결하고 주택공급과 함께 발코니 새시 설치용역을 제공하면서 그 대가를 주택분양가액에 포함하여 받지 아니한 경우에 있어서 당해 발코니 새시의 설치용역은 주택공급과는 별개의 공급으로서 부가세법 제12조 제3항의 규정을 적용하지 아니함(즉 부가세가 과세됨).

※ 서면·인터넷·방문상담3팀 - 1960, 2004.09.23.

국민주택규모의 아파트를 신축하여 분양하는 사업자가 아파트 공급 시 분양가액에 가구, 가전, 위생용품 등 선택품목을 포함시키지 아니하고 동 선택품목을 원하는 계약자에 대하여는 별도의 계약을 체결하여 공급하고 그 대가를 받는 경우에는 주택공급과는 별개의 공급으로서 부가세가 과세되는 것임.

건물신축 판매업(부동산 매매업)과
부가세 쟁점

오피스텔 등 건물을 신축해서 판매하는 경우에는 앞의 주택보다는 쟁점이 덜하다. 이와 관련된 건설용역을 제공받거나 완성된 건물을 공급하면 무조건 부가세가 발생하기 때문이다. 물론 매입세액은 전액 환급이 된다. 아래에서 이에 대해 간략히 정리해보자.

1. 시행사

구분	공사 시	분양 시
부가세 처리	매입세액 공제 가능	매출세액 발생함(건물분).
영수증	세금계산서 수취	건물 세금계산서, 토지 계산서 발행

시행사가 부담한 매입세액은 전액 환급이 가능하며, 이후 분양 시 매출세금계산서를 교부해야 한다.

참고로 토지 조성 완료 후 건물신축 단계에서의 터파기, 되메우기, 옹벽, 석축 공사 등과 관련된 매입세액은 토지 관련 매입세액에 해당하지 않아 매출세액에서 공제받을 수 있다. 아래는 이와 관련된 예규 중의 하나다.

※ **서삼46015-10267, 2001.09.19.**

사업자가 부가세가 과세되는 건물을 신축·판매하기 위하여 당해 건물 지하층 건설에 필요한 터파기공사, 동 건물 주변에 조경공사, 포장공사를 한 경우 당해 공사와 관련된 매입세액은 부가세법 제17조 제1항의 규정에 의하여 자기의 매출세액에서 공제 가능한 것임.

2. 시공사

구분	자재매입 시	건설용역 제공 시
부가세 처리	매입세액 공제 가능	매출세액 발생함(건물분).
영수증	세금계산서 수취	건물 세금계산서, 토지 계산서 발행

시공사가 건물공사와 관련해 부담한 매입세액은 전액 환급이 가능하며, 이후 시행사에게 용역제공 시 매출세금계산서를 교부해야 한다.

3. 적용 사례

사례를 통해 위의 내용을 확인해보자. 물음에 답하면?

자료

- K씨는 아래와 같이 건축허가를 받음(서울시).

〈허가내용〉

1층-제1종 근린생활시설(소매점) 74.26㎡

2층-제2종 근린생활시설(고시원) 80.92㎡

3층-제2종 근린생활시설(고시원) 80.92㎡

4층-제2종 근린생활시설(고시원) 80.92㎡

5층-단독주택(복하층) 63.99㎡

6층-단독주택(복상층) 25.86㎡

Q1 위의 신축건물은 주상복합건물에 해당한다. 이 경우 사업자등록 형태는?

과세업과 면세업을 겸영하므로 일반과세사업자로 등록하게 된다.

Q2 위의 신축건물을 분양한다고 할 때 이에 대한 업종은?

주택 부분은 주택신축 판매업(건설업), 고시원이나 소매업은 건물신축 판매업(부동산 매매업)에 해당한다.

Q3 위의 신축공사와 관련해서 부가세 발생 여부는?

구분	발생 여부
1층 – 제1종 근린생활시설(소매점) 74.26㎡	발생
2층 – 제2종 근린생활시설(고시원) 80.92㎡	발생
3층 – 제2종 근린생활시설(고시원) 80.92㎡	발생
4층 – 제2종 근린생활시설(고시원) 80.92㎡	발생
5층 – 단독주택(복하층) 63.99㎡	–
6층 – 단독주택(복상층) 25.86㎡	–

Q4 건축주는 매입세액을 환급받을 수 있는가?

1층부터 4층까지는 일반건물에 해당하므로 원칙적으로 환급받을 수 있다.

Q5 건축주가 2~4층을 실제 고시원이 아닌 원룸 형태로 건축한 경우, 매입세액 환급이 가능한가?

실제 건축허가와는 달리 고시원이 아닌 주거용 건물로 건축한 경우에는 이에 대해 환급을 하지 않는다.

Q6 향후 위 건물을 양도하면 양도세는 어떤 식으로 과세될까?

위의 주택은 상가겸용주택에 해당하나, 2~6층까지 주택에 해당하므로 건축법상 다가구주택에 해당하지 않는다. 따라서 공동주택에 해당하므로 이 경우 양도세 비과세를 받을 수 없다.

주상복합건물의 공사와
부가세 처리

주상복합건물 등의 공사를 할 때 세금계산서가 과세와 면세에 공통으로 끊긴 경우가 있다. 예를 들어, 자재를 매입하거나 건설용역 중 면세로 인정받지 못하는 상황에서 그렇다. 이런 경우에는 세금계산서상의 매입세액 중 전액을 공제받지 못하고 면세와 관련된 부분은 불공제 처리해야 한다. 그럼 어떻게 공제분과 불공제분을 나눌까? 사례를 통해 이에 대해 알아보자.

사례

K법인은 다음과 같이 주택과 상가를 동시에 신축하는 사업을 시행하고 있다. 다음 자료에 따라 물음에 답하면?

구분	건물분양면적(㎡)	비고
85㎡ 이하 주택	300	면세업
85㎡ 초과 주택	200	과세업
상가	100	과세업
계	600	

Q1 사례에서 완성된 건물을 분양할 때 부가세가 발생하지 않는 경우는?

국민주택을 공급할 때다.

Q2 사례에서 20×2.1.1~6.30 사이에 과세와 면세의 공통 매입세액이 3,000만 원이 발생했다고 하자. 그렇다면 이 중 얼마를 공제받을 수 있을까?

세법은 이러한 경우, 원칙적으로 확정된 면세와 과세의 공급가액 비율을 기준으로 과세와 면세를 안분하도록 하고 있다. 하지만 사례처럼 신축 판매업은 완성 전에 확정된 공급가액을 얻기가 매우 힘들다. 따라서 대부분 면적비율대로 안분계산하게 된다. 다음을 보자.

구분	건물분양면적(㎡)	부가세 안분	공제여부
85㎡이하 주택	300	1,500만 원	×
85㎡ 초과 주택	200	1,000만 원	○
상가	100	500만 원	○
계	600	3,000만 원	-

총 3,000만 원의 부가세 중 85㎡ 초과 주택과 상가분에 해당한 1,500만 원만 환급된다. 나머지 1,500만 원은 불공제 처리된다. 이렇게 공제되지 않은 금액은 건축원가로 처리된다(건축원가가 올라가는 효과가 발생함).

Q3 앞의 분양면적이 설계 변경으로 변경되었다. 이 경우, 부가세 처리는 어떻게 해야 하는가?

확정신고 시에 확정된 면적으로 정산해야 한다.

Q4 실무자가 앞의 매입세액을 모두 공통매입세액으로 처리했다. 이렇게 해도 세법상 문제는 없는가?

그렇지 않다. 세법은 면세와 과세로 구분되는 것은 그것에 맞게 처리하고 귀속이 불분명한 것만 안분계산하도록 하고 있기 때문이다.

Tip **주상복합건물의 공통매입세액의 안분계산**

공통매입세액의 안분계산이란 과세사업과 면세사업 등을 겸영하는 사업자가 과세사업과 면세사업 등에 공통으로 사용되어 그 실지귀속을 구분할 수 없는 매입세액을 과세사업에 관련된 매입세액과 면세사업 등에 관련된 매입세액으로 안분계산하는 일련의 과정을 말한다.

※ 공통매입세액 안분계산의 절차

절차	내용
실지귀속 확인	• 실지귀속이 분명한 경우 : 실지귀속별로 매입세액 공제 또는 불공제 처리 • 실지귀속이 불분명한 경우 : 공통매입세액으로 보아 안분계산해 매입세액 공제 또는 불공제 처리
▼	
공통매입세액 안분이 필요 없는 경우 확인	아래 사유에 해당 시 전액 공제 처리 1. 해당 과세 기간의 총공급가액 중 면세공급가액이 100분의 5 미만이고(면세예정사용면적비율이 100분의 5 미만인 경우는 제외), 공통매입세액이 500만 원 미만인 경우 2. 해당 과세 기간의 공통매입세액이 5만 원 미만인 경우 3. 신규사업자가 해당 과세 기간에 매입한 재화를 양도하는 경우 그 재화에 대한 매입세액

절차	내용
▼	
공통매입세액 안분계산 요건 확인	아래 요건에 해당 시 안분계산해야 함. 1. 과세사업과 면세사업 등을 겸영하는 사업자일 것 2. 과세사업과 면세사업에 공통으로 사용되거나 사용될 것 3. 실지귀속이 불분명한 매입세액일 것 4. 불공제 대상 매입세액이 아닐 것
▼	
공통매입세액 안분계산 실행	1. 건축물 신축 : 면적비율(원칙) 2. 위 외 : 공급가액비율 ☞ 공통매입세액 안분계산은 사업(현장)단위별 과세기간 단위별로 적용한다.
▼	
공통매입세액 안분계산 정산	최종 확정된 면적이나 공급가액 비율로 정산

※ 부가세 집행 기준 40-81-5 [공통매입세액 안분계산 방법]

① 각 신고 기간별로 과세사업과 면세사업 등에 공통으로 사용되어 실지귀속을 확인할 수 없는 공통매입세액은 다음 산식과 같이 공급가액비율로 안분계산한다.

$$불공제\ 매입세액 = 공통매입세액 \times \frac{면세공급가액}{총공급가액}$$

② 해당 과세 기간 중 과세사업과 면세 사업 등에 대한 공급가액이 없거나 그 어느 한 사업의 공급가액이 없는 경우에는 다음 각 호의 순서에 따라 안분계산한다. 다만, 건물을 신축 또는 취득해 과세사업과 면세사업 등에 제공할 예정면적을 구분할 수 있는 경우에는 제3호를 우선 적용한다.

1. 총매입가액(공통매입가액 제외)에 대한 면세 사업 등에 관련된 매입가액의 비율
2. 총예정공급가액에 대한 면세 사업 등에 관련된 예정공급가액의 비율
3. 총예정사용면적에 대한 면세 사업 등에 관련된 예정사용면적의 비율

③ 건물 또는 구축물을 신축하거나 취득해 과세사업과 면세사업 등에 제공할 예정면적을 구분할 수 있는 경우에 예정사용면적비율로 안분계산을 했을 때는 그 후 과세사업과 면세사업 등의 공급가액이 모두 있게 되어 총공급가액비율에 따라 공통매입세액을 계산할 수 있는 경우에도 과세사업과 면세사업 등의 사용면적이 확정되기 전의 과세 기간까지는 예정사용면적비율을 적용하고 과세사업과 면세사업 등의 사용면적이 확정되는 과세 기간의 총사용면적에 따라 공통매입세액을 정산한다.

※ 저자 주

공통매입세액 안분은 건축과 분양으로 나누어 그 기준을 달리 적용한다. 건축 관련 공통매입세액의 경우 우선해서 공급가액 기준을 사용하나 '해당' 과세 기간의 과세사업과 면세사업의 공급가액이 확정되지 않는 경우가 많아 보통 '예정사용면적 기준'을 적용한다(향후 면적이 달라지면 확정면적으로 정산해야 함). 분양의 경우에는 공급가액비율로 안분한다(면적은 사용할 수 없다).

구분	공급가액 기준	예정사용면적 기준
건축 관련	과세공급가액/총공급가액 (부수 토지에 대한 공급가액은 제외)	과세예정사용면적/총예정사용면적 (부수 토지면적 제외)
분양 관련*	과세공급가액/총공급가액 (부수 토지에 대한 공급가액 포함)	(사용할 수 없음)

* 이에는 광고 등이 있다.

공사비 대물조건의
사업성 분석

　B씨는 빌라주택을 건축하는 기술을 가지고 있다. 특히 목이 좋은 곳에 단독주택의 소유자들에게 자금을 대여하고 공사비를 대물로 회수해서 이를 매각해 짭짤한 소득을 올려왔다.

　그는 이번에 경기도 과천시에서 같은 사업을 하고자 한다. 그가 대여한 자금은 어떤 방법으로 회수되고 대물로 받은 주택에 대한 세금처리는 어떻게 될까?

　이해를 쉽게 하기 위해 B씨의 사업구상은 다음과 같다고 하자.

> **자료** 🔍
>
> - 총 건축주택 수 : 8호(1호는 건축자가 직접 거주)
> - 대물변제로 받을 주택 수 : 2호
> - 분양가격 : 1호당 2억 원
> - 토지가격 : 2억 원(취득 당시)
> - 현재 양도 시의 양도가액 : 8억 원 예상(양도세 전액 비과세)
> - 자금대여액 : 4억 원(이 자금은 B씨가 조달. 이자는 건축주가 지급)

1. 건축주 입장에서의 사업성 분석

건축주 입장에서는 현 상태에서 양도하면 8억 원의 현금을 확보할 수 있다. 따라서 사업의 타당성을 확보하기 위해서는 사업에 의한 현금흐름이 더 좋아야 할 것이다.

이하에서 이에 대해 분석해보자. 단, 이자비용 등 기타비용은 분석에서 제외한다.

(단위 : 원)

구분		분양분	자가소비분	비고
분양수익		14억	–	자가소비분 제외
분양원가	토지원가	1.75억	0.25억	실제취득가액
	건축원가	3.5억	0.5억	대물가격
	계	5.25억	0.75억	
분양이익		8.75억	–	
세금(6~45%)		3억 3,210만	–	42%(3,540만 원)
세후 현금흐름		6억 6,790만	–	분양수익 – 건축원가 – 세금 = 14억 – 4억 – 3억 3,210만 원

자가소비분을 제외한 세후 현금흐름은 6억 6,000만 원 정도가 된다. 분양수익 14억 원에서 건축원가와 세금을 제외한 결과다. 그런데 여기에 자가소비 분을 2억 원으로 평가해서 이를 세후 현금흐름에 더하면 8억 6,000만 원이 된다. 따라서 이런 상황이라면 사업의 타당성이 확보될 수 있다. 참고로 이러한 분석을 할 때에는 소득세나 법인세액의 10% 정도로 부과되는 지방소득세도 포함하는 것이 좋을 것으로 보인다.

2. 시공자인 B씨의 수익성 분석

사례의 경우 B씨가 대물로 받은 금액이 2호이며 금액으로 평가하면

4억 원이 된다. 그런데 이때, 몇 가지를 검토해야 한다. 그중 하나는 과연 이를 팔았을 때 현금을 얼마나 확보할 수 있느냐는 것이다. 소유권 이전등기를 하면 취득세를 부담하게 되고, 판매가 부진한 경우에는 가격할인이 일어날 수밖에 없다. 자금회전이 상당히 중요한데, 대물로 받은 자산이 팔리지 않으면 헐값에 매매할 수도 있기 때문이다. 그래서 실무적으로 이러한 점을 고려해 분양가격이 아닌 할인된 가격으로 대물 받는 경우가 종종 있다(이 경우 접대비 등에 대한 판단을 별도로 해야 한다).

Tip 대물변제와 세금계산서 교부

건설업자가 공사비의 일부를 대물로 받은 경우에 계산서 또는 세금계산서는 다음과 같이 교부한다.

• 시공사는 자기가 공급한 건설용역대가 전체를 공급가액으로 해서 이를 교부한다.

• 시행사는 대물변제하는 부동산 가액을 공급가액으로 해서 이를 교부한다.

 ☞ 세금계산서를 교부받은 사업자는 교부받은 세금계산서상의 매입세액을 각각 자기의 매출세액에서 공제(환급)받을 수 있다. 대물변제에 대한 보유세, 업무무관자산 판단 등 기타 세무상 쟁점은 별도로 정리하기 바란다.

부가세법상 건설용역의 공급시기는 세금계산서 등의 발행시기와 관련이 있으므로 매우 중요하다. 이를 위배해 세금계산서 등을 발행하다 보면 가산세 등이 부과되기 때문이다. 이하에서 이와 관련된 내용을 살펴보자.

1. 부가세법 제16조 [용역의 공급시기]

① 용역이 공급되는 시기는 다음 각 호의 어느 하나에 해당하는 때로 한다.

   1. 역무의 제공이 완료되는 때

   2. 시설물, 권리 등 재화가 사용되는 때

② 제1항에도 불구하고 할부 또는 조건부로 용역을 공급하는 경우 등의 용역의 공급시기는 대통령령으로 정한다.

※ 부가세법 시행령 제29조[할부 또는 조건부로 용역을 공급하는 경우 등의 용역의 공급시기]

  ① 다음 각 호의 어느 하나에 해당하는 경우에는 "대가의 각 부분을 받기로 한 때"를 용역의 공급시기로 본다. 다만, 제2호와 제3호의 경우 역무의 제공이 완료되는 날 이후 받기로 한 대가의 부분에 대해서는 역무의 제공이 완료되는 날을 그 용역의 공급시기로 본다.

    1. 기획재정부령으로 정하는 장기할부조건부 또는 그 밖의 조건부로 용역을 공급하는 경우

> **부가세법 시행규칙 제19조** [장기할부조건부 용역의 공급]
>
> 영 제29조 제1항 제1호에 따른 장기할부조건부로 용역을 공급하는 경우는 용역을 공급하고 그 대가를 월부, 연부 또는 그 밖의 할부의 방법에 따라 받는 것 중 다음 각 호의 요건을 모두 갖춘 것으로 한다.(2013.06.28 개정)
>
> 1. 2회 이상으로 분할하여 대가를 받는 것(2013.06.28 개정)
> 2. 해당 용역의 제공이 완료되는 날의 다음 날부터 최종 할부금 지급기일까지의 기간이 1년 이상인 것(2013.06.28 개정)

2. 완성도 기준지급조건부로 용역을 공급하는 경우

3. 기획재정부령으로 정하는 중간지급조건부로 용역을 공급하는 경우

> **부가세법 시행규칙 제20조** [중간지급조건부 용역의 공급]
>
> 영 제29조 제1항 제3호에서 "기획재정부령으로 정하는 중간지급조건부로 용역을 공급하는 경우"란 다음 각 호의 어느 하나에 해당하는 경우를 말한다.(2013.06.28 개정)
>
> 1. 계약금을 받기로 한 날의 다음 날부터 용역의 제공을 완료하는 날까지의 기간이 6개월 이상인 경우로서 그 기간 이내에 계약금 외의 대가를 분할하여 받는 경우(2013.06.28 개정)

4. 공급단위를 구획할 수 없는 용역을 계속적으로 공급하는 경우

2. 부가세법 제17조 [재화 및 용역의 공급시기의 특례]

① 사업자가 제15조 또는 제16조에 따른 재화 또는 용역의 공급시기가 되기 전에 재화 또는 용역에 대한 대가의 전부 또는 일부를 받고, 그 받은 대가에 대하여 제32조에 따른 세금계산서 또는 제36조에 따른 영수증을 발급하면 그 세금계산서 등을 발급하는 때를 각각 그 재화 또는 용역의 공급시기로 본다(2017.12.19 개정).

② 이하 생략

3. 용역의 공급시기 관련 부가세 집행 기준

15-28-3 [계약금의 공급시기]

완성도 기준지급 및 중간지급조건부로 재화를 공급하거나 용역을 제공함에 있어서 그 대가의 일부로 계약금을 거래상대자로부터 받는 경우에는 해당 계약조건에 따라 계약금을 받기로 한 때를 그 공급시기로 본다. 이 경우 착수금 또는 선수금 등의 명칭으로 받는 경우에도 해당 착수금 또는 선수금이 계약금의 성질로 인정되는 때에는 계약금으로 본다.

15-28-4 [중간지급조건부인 당초 계약변경 시의 공급시기]

사업자가 중간지급조건부에 의한 재화 또는 용역의 공급계약을 체결했으나 그 내용이 변경된 경우의 공급시기는 다음과 같다.

1. 당초 계약의 지급일자 변경
   당초 계약의 지급일을 변경한 경우에는 계약의 변경내용에 따라 대가의 각 부분을 받기로 한 때
2. 계약금 외의 대가를 일시에 지급하는 경우
   중간지급조건부에 의한 당초 계약내용을 변경하여 대가의 각 부분을 일시에 지급하기로 한 경우에는 재화의 인도 또는 용역의 제공이 완료된 때
3. 지급 기간 중에 재화를 인도한 경우. 중간지급조건부로 재화를 공급하기로 했으나 지급 기간 중에 거래상대방에게 재화를 인도하는 경우 나머지 중도금 및 잔금의 공급시기는 해당 재화를 인도한 때로 한다.

15-28-5 [중간지급조건부계약의 잔금에 대한 공급시기]

중간지급조건부계약에 따라 부동산을 공급하는 경우, 잔금약정일까지 잔금이 청산되지 아니하여 소유권이전등기가 되지 아니하고 해당 부동산의 사용·수익이 불가능한 경우, 잔금의 공급시기는 입주증 교부, 소유권이전등기 등에 따라 해당 부동산이 사실상 이용 가능하게 되는 날이 된다.

16-29-2 [지급일을 명시하지 아니한 완성도 기준지급조건부 건설공사의 공급시기]

건설공사 계약 시에 완성도에 따라 기성대가를 여러 차례에 걸쳐 지급받기로 했으나 그 지급일을 명시하지 아니한 경우에는 공사완성도가 결정되어 그 대금을 지급받을 수 있는 날을 그 공급시기로 본다.

16-29-3 [지급시기를 정하지 아니한 통상적인 건설용역의 공급시기]

건설용역을 공급함에 있어 건설공사 기간에 대한 약정만 체결하고 대금지급기일에 관한 약정이 없는 경우의 공급시기는 다음 각 호와 같다.
1. 해당 건설공사에 대한 건설용역의 제공이 완료되는 때. 다만, 해당 건설용역 제공의 완료 여부가 불분명한 경우에는 준공검사일
2. 해당 건설공사의 일부분을 완성하여 사용하는 경우에는 해당 부분에 대한 건설용역의 제공이 완료되는 때. 다만, 해당 건설용역 제공의 완료 여부가 불분명한 경우에는 그 부분에 대한 준공검사일

16-29-4 [완성도 기준지급 또는 중간지급조건부 건설용역의 공급시기]

사업자가 완성도 기준지급 또는 중간지급조건부 건설용역의 공급계약서상 특정 내용에 따라 해당 건설용역에 대해 검사를 거쳐 대가의 각 부분의 지급이 확정되는 경우에는 검사 후 대가의 지급이 확정되는 때를 그 공급시기로 본다.

Q1 부동산 개발 컨설팅업체로 용역을 체결했는데, 용역 기간이 2022.4.11~2022.6.10까지다. 계약서상 선금과 잔금지급일이 기재가 되어 있고 그 지급일에 맞추어 돈을 지급했으며, 각 지급 시 세금계산서를 받았다. 용역 기간이 두 달이 안 되는데, 이런 경우 세금계산서는 어떻게 받는 것이 맞는가?

당해 용역제공에 대해서는 그 용역제공 완료일을 공급시기로 해서 세금계산서를 교부하는 것이 원칙이다. 다만, 완료일 이전에 대가를 받고 동시에 각각의 대가에 대해 세금계산서를 교부한 경우, 적법한 세금계산서로 본다.

Q2 건설용역을 공급함에 있어 건설공사 기간에 대한 약정만 체결하고 그 대금지급기일에 관한 약정이 없는 경우에 공급시기는 어떻게 정할까?

이 경우, 다음과 같이 정한다(서면3팀-225, 2005.02.16).

- 당해 건설공사에 대한 건설용역의 제공이 완료되는 때. 다만, 당해 건설용역 제공의 완료 여부가 불분명한 경우에는 준공검사일
- 당해 건설공사의 일부분을 완성해서 사용하는 경우에는 당해 부분에 대한 건설용역의 제공이 완료되는 때. 다만, 당해 건설용역 제공의 완료 여부가 불분명한 경우에는 그 부분에 대한 준공검사일

Q3 만일 공사가 완료되었는데도 불구하고 상대방이 자금 결제가 안 되어 세금계산서를 제때 발행하지 않으면 문제가 없을까?

그렇지 않다. 현실은 자금이 수수되어야 세금계산서 발행이 되는 경우가 많지만, 세법은 대가를 지급하기로 한 때를 기준으로 세금계산서를 발행하도록 하고 있음에 유의해야 한다.

공사와 관련해서 세금계산서를 받아야 하는지, 계산서를 받아야 하는지 알쏭달쏭한 경우가 상당히 많다. 이 외에도 언제 받아야 하는지, 그리고 수정사항이 발생했을 때 어떻게 조치해야 하는지도 그렇다. 이러한 업무를 잘못 처리하면 예기치 않은 세금 문제가 발생할 수 있기 때문에 건축주나 시공사 모두 관심을 둘 필요가 있다.

1. 건축주(시행사)

시행사가 상가나 유치원, $85m^2$ 초과 주택을 분양하면 이에 대해서는 세금계산서를 교부하는 것이 원칙이다. 다만, 건물 부수 토지의 공급에 대해서는 계산서를 교부해야 한다. 예를 들어, 토지가격이 1억 원이고 건물가격이 1억 원이라면, 건물가격의 10%가 부가세에 해당한다. 그러나 토지공급분에 대해서는 부가세가 면제되므로 계산서를 발급하고, 건물공급분에 대해서는 세금계산서를 교부한다. 결론적으로 부가세가 있는 건물을 공급하면 보통 세금계산서와 계산서가 각각 교부되는 경우가 일반적이다.

2. 시공사(하청회사 포함)

시공사가 주택법상 국민주택을 건설(리모델링용역 포함)하면, 이에 대해서는 부가세가 면제되므로 계산서를 교부하는 것이 원칙이다.

다만, 부가세가 면제되려면 건설산업기본법, 전기공사업법, 소방법, 정보통신공사업법, 주택법, 하수도법, 건축사법, 전력기술관리법, 소방시설공사업법, 기술사법 및 엔지니어링 기술진흥법 등에 따라 미리 등록이나 신고를 했어야 한다(조세특례법 제106조 참조). 이렇게 등록이나 신

고가 된 후에 제공된 건설용역이나 설계용역만이 부가세를 면제받을
수 있다.

>> 시공사가 계산서를 발행해야 함에도 불구하고 세금계산서를 발행하거
나 그 반대로 세금계산서를 발행한 경우라면 수정계산서 등을 교부해
야 한다. 이때 가산세 등을 검토해야 한다.

3. 건축사사무소

건축사법에 따라 등록한 건축사사무소가 국민주택건설과 관련해서
설계용역을 제공하면 이때는 부가세가 면제된다. 기타의 경우에는 부
가세가 발생한다.

4. 감리회사

감리용역에 대해서는 부가세가 면제되지 않는다.

5. 철근 등 납품회사

철근 등 납품회사의 경우에도 부가세가 면제되지 않는다.

Q1 사업자가 가공하지 않는 조경석을 판매하면 부가세가 과세될까?

그렇다. 이는 부가세가 과세되는 재화의 공급에 해당해 세금계산서
를 발급해야 한다.

※ 부가46015-2442, 1996.11.16.

[질의]

산이나 수몰지구 강 등에서 자연석 채취허가를 득해 이를 채취해 가정용 또는 조경공사용으로 자연석을 판매할 경우 부가세 과세에 해당하는지?

[회신]

자연석 채취허가를 받은 자가 자연석을 채취해 판매하는 것은 부가세법 제1조 제1항 제1호에 규정한 재화의 공급에 해당해 부가세가 과세되는 것임.

Q2 조경공사용으로 소나무를 매입하면서 소나무 구입비와 인건비 그리고 운반비 등이 1억 원(부가세 별도) 소요되었다. 이때 부가세는 환급이 가능한가?

이는 토지 관련 매입세액이 아니므로 환급 대상이 된다. 다만, 국민주택의 공급과 관련된 매입세액이면 해당 부분은 환급되지 않을 것으로 보인다.

* **서면인터넷방문상담3팀-341(2007.01.30)**

우리나라에서 생산된 잔디, 화초 및 수목 등의 공급에 대해서는 부가세법 제12조 제1항 및 같은 법 시행령 제28조 제3항에 의해 부가세가 면제되는 것이나, 조경공사용역의 공급가액에 포함된 잔디, 화초 및 수목에 대해서는 부가세법 시행령 제3조의 규정에 의해 부가세가 과세되는 것임.

> **Tip 기부채납과 부가세**
>
> 지방자치단체에 무상으로 시설물을 공급하는 것은 부가세 면세되는 것이나, 기부채납 후 향후 일정 기간 무상사용 수익권을 얻는 경우에는 부가세가 과세된다. 다만, 면세사업과 관련해 시설물을 신축해 기부채납하고 무상사용권을 받아 면세사업에 사용하는 경우에는 해당 시설물 공급에 대해 부가세가 면세된다.
>
> ※ 부가, 부가세과-820, 2014.10.06.
>
> 부가세 면세사업을 영위하는 자가 그 면세사업과 관련해 시설물을 신축하여 기부채납하고 무상사용권을 받아 그 시설물을 자기의 면세사업에 사용하는 경우, 기부시설의 공급에 대해 부가가치가 면제되는 것임.

공사 중 사업시행권의 양수도와 세무 처리법

건축공사 중에 사업시행권을 그대로 양도하는 경우가 있다. 이때 중요한 것은 부가세와 이익에 대한 세금처리 정도가 될 것으로 보인다. 이하에서 이에 대해 알아보자.

1. 부가세

사업시행권도 재산상 가치가 있는 재화에 해당되어 부가세 과세 대상이 된다. 따라서 이의 양도 시 부가세가 발생하는 것이 원칙이다. 다만, 면세업(국민주택규모 이하)은 부가세가 면세되므로 이의 세금이 발생하지 않는다. 한편 부가세가 발생하더라도 포괄양수도로 처리하면 이를 생략한 채 거래를 완수할 수 있다. 여기서 포괄양수도는 사업의 권리의무를 그대로 양수도하면 부가세 없이 거래할 수 있도록 하는 제도를 말한다(종업원까지 그대로 승계되어야 함).

구분	부가세 발생 여부	포괄양수도 가능 여부
면세업 사업양도	×	–
과세업 사업양도	○	○

※ 서면3팀-70, 2005.01.14.

국민주택규모의 주택신축 판매업 사업자가 당해 면세사업에 관련해 사업권을 양도하고 그 대가를 받는 경우에는 부가세 면세사업에 관련된 권리의 양도에 해당되어 부가세가 면제되는 것임.

Q 만일 국민주택과 상가신축을 동시에 추진하다가 이에 대한 사업 시행권을 양도하면 부가세는 어떤 식으로 처리해야 할까?

귀속을 구분해 이에 따라 과세 여부를 결정해야 할 것으로 보인다(아래 사례 등 참조).

2. 사업시행권의 양도와 소득의 분류

1) 개인사업자

건물을 신축해 판매할 목적으로 사업자등록을 하고 신축 진행 중에 해당 판매 목적 물건을 제삼자에게 일괄로 매각하는 경우, 해당 매각소득은 양도소득으로 볼 만한 특단의 사정이 없는 이상 사업소득에 해당한다(서면인터넷방문1팀-1157, 2005. 9.29, 실무적으로 양도소득인지 사업소득인지 사실판단을 잘해야 함).

2) 법인사업자

법인이 사업시행권의 양수도로 인해 벌어들인 이익에 대해서는 일반 법인세가 발생한다. 다만, 이때 토지의 성격이 비사업용 토지에 해당하면 이의 양도차익에 대해서는 추가법인세가 부과될 수 있다.

>> 참고로 법인이 건설용지를 취득할 때 중과유예를 받은 상태에서 이를 중도에 양도하면 취득세 중과세가 추징될 수 있으므로 이 부분도 점검해야 한다.

3. 적용 사례

K법인의 사례를 통해 앞의 내용을 확인해보자.

<사례>
- 주상복합건물(국민주택과 오피스텔 건물의 사용면적은 5 : 5임)
- 토지 매입 100억 원(5년 전)
- 건설가계정 50억 원(공정률 50%)
- PF대출 50억 원
- 이의 사업은 부채인수조건으로 150억 원에 양도하고자 함.

Q1 사업시행권의 양도가액은 얼마인가?

토지 매입가액과 건축비를 합해 150억 원가량이 발생했다. 한편 인수한 부채와 현금수령분을 합한 총금액은 200억 원이므로 200억 원에서 150억 원을 차감한 50억 원이 사업시행권에 해당한다고 보인다.

Q2 위의 경우 세금계산서와 계산서의 공급가액은?

먼저 위 자료에 따라 부가세 발생 여부를 정리하면 아래와 같다.

구분	금액	부가세 발생 여부	비고
토지가액	100억 원	면세	
건설가계정	50억 원	공통	공통사용재화에 대한 과세표준
사업시행권	50억 원	공통	
계	200억 원	–	

따라서 토지를 제외한 건설가계정과 사업시행권이 과세업과 면세업에 공통되는 것이라면, 다음과 같이 과세표준을 계산해야 할 것으로 보인다(부가령 제63조 제2항).

- 공통으로 사용되는 재화의 공급 시의 과세표준

$$공급가액 = 해당\ 재화의\ 공급가액 \times \frac{재화를\ 공급한\ 날이\ 속하는\ 과세\ 기간의\ 직전\ 과세\ 기간의\ 과세사용면적}{재화를\ 공급한\ 날이\ 속하는\ 과세\ 기간의\ 직전\ 과세\ 기간의\ 총사용면적}$$

사례의 경우 공통사용 재화의 공급가액은 100억 원이고, 면적비율은 5 : 5이므로 50억 원이 과세표준이 된다. 실무 처리 시에 다시 한번 확인하기 바란다.

Q3 앞의 사업양수자는 자신이 부담한 매입세액을 환급받을 수 있는가?

사업양수자는 일반과세자이므로 당연히 환급받을 수 있다.

Q4 포괄양수도계약을 맺으면 부가세 없이 처리할 수 있는가?

과세업과 면세업을 동시에 운영한 경우라도 포괄양수도계약을 맺어 부가세 없이 처리가 가능하다. 아래 통칙으로 확인하기 바란다.

※ 부가세법 기본통칙 10-23-1[사업양도의 범위 또는 유형]

다음 각 호에 예시하는 것은 법 제10조 제8항 제2호의 재화의 공급으로 보지 아니하는 '사업의 양도'로 본다.

1. 개인인 사업자가 법인설립을 위하여 사업장별로 그 사업에 관한 모든 권리와 의무를 포괄적으로 현물출자하는 경우
2. 과세사업과 면세사업을 겸영하는 사업자가 사업장별로 과세사업에 관한 모든 권리와 의무를 포괄적으로 양도하는 경우
3. 과세사업에 사용할 목적으로 건설 중인 독립된 제조장으로서 등록되지 아니한 사업장에 관한 모든 권리와 의무를 포괄적으로 양도하는 경우
4. 둘 이상의 사업장이 있는 사업자가 그중 하나의 사업장에 관한 모든 권리(미수금에 관한 것을 제외한다)와 의무(미지급금에 관한 것을 제외한다)를 포괄적으로 양도하는 경우

Q5 앞의 사례는 K법인의 한 사업현장에 불과하다. 이 경우에도 포괄 양수도가 가능한가?

원래 포괄양수도계약은 '사업장'별로 그 사업에 관한 모든 권리(미수 금에 관한 것을 제외함)와 의무(미지급금에 관한 것을 제외함)를 포괄적으로 승계 시키는 것을 말한다. 따라서 특정 사업 부분만 양도하는 것에 해당해 부가세가 과세되지 않는 사업의 양도에 해당하지 않는다. 하지만 사례 처럼 건설현장별로 사업을 양도하는 경우에는 이를 기준으로 사업장 여부를 판단하는 것이 타당하다(기재부 부가세제과-839, 2010.12.20). 실무적 용 시 확인하기 바란다.

Q6 위 K법인은 법인세를 얼마나 내야 하는가?

다른 조건은 무시하고 사업시행권의 양도로 얻은 이익 50억 원에 대 해 법인세를 계산하면 아래와 같다.

• 50억 원 × 20% - 2,000만 원(누진공제) = 9억 8,000만 원

준공 시의
세무 처리법

건축물의 준공과
세무상 쟁점

건축물이 완성되면 보존등기에 따른 취득세 납부의무가 발생한다. 이후 분양이나 임대 또는 자가사용 등에 따른 후속적인 세무업무가 발생한다. 이하에서는 준공과 분양·임대 등에 따른 세무상 쟁점을 살펴보고, 건축주(시행사)의 소득·법인세에 대해서는 제7장에서 살펴보자.

1. 준공과 세무상 쟁점

건축물을 준공하면 다음과 같은 세무상 쟁점들이 발생한다. 준공은 통상 사용승인일을 말한다.

1) 분양가와 부가세 책정

전용면적 85㎡ 초과 주택과 건물을 분양·판매 시 토지를 제외한 건물공급가액의 10%만큼 부가세를 징수해야 한다. 따라서 건물공급가액과 토지공급가액을 어떤 식으로 산정하느냐에 따라 총분양가가 달라진다.

구분	공급가액	부가세	계
건물	×××	10%	
토지	×××	없음.	
계			

≫ 분양가 책정에 따라 토지와 건물의 가격이 결정되고 그에 따라 부가세
와 총분양가가 달라진다. 아래 사례를 통해 확인하기 바란다.

2) 보존등기에 따른 취득세 납부

신축된 건물은 지방세법상 원시취득에 해당되며 이때 세율은 과세표
준의 2.8%가 적용된다. 따라서 보존등기에 따른 취득세는 과세표준의
크기에 따라 달라진다.

구분	개인	법인
원칙	사실상의 취득가액	좌동(장부상 취득가액*을 말함)
예외	시가표준액(표준공사비)	좌동

* 장부를 통해 취득가액을 입증해야 한다.

3) 소유권이전등기

분양의 경우 잔금이 청산되면 소유권이전등기를 해야 하며, 이때 수
분양자는 취득세를 납부해야 한다.

4) 임대 시 사업자등록 등

신축을 통해 주택이나 건물을 임대하고자 하는 경우에는 사업자등록
을 해야 한다.

구분	사업자등록 여부	비고
신축주택임대	해야 함.	건설임대주택으로 지자체 등록 시 각종 혜택 있음. 통상 사용승인 전에 건설임대사업자등록을 함.
신축건물임대	해야 함.	통상 공사 시작 전에 사업자등록을 함.

2. 적용 사례

사례를 통해 앞의 내용을 확인해보자.

Q1 시행사가 건물신축 판매를 할 때, 총분양가의 구성은 어떤 식으로 되는가?

일단 건물의 분양가는 다음과 같이 세 가지 항목으로 구성된다.

구분	금액	비고
건물공급가액	×××	
건물부가세	×××	건물공급가액의 10%
토지공급가액	×××	부가세 면세됨.
계	×××	

Q2 부가세를 최소화하려면 어떻게 하는 것이 좋은가?

일단 토지가격을 올리고 건물가격을 낮추면 된다.

Q3 세법은 이에 대해 어떤 기준을 가지고 있는가?

위 표를 보면 건물과 토지의 공급가액을 어떤 식으로 정하느냐에 따라 총분양가가 달라진다. 이에 부가세법은 "토지와 그 위에 정착된 건물을 함께 공급하는 경우 그 건물 등의 공급가액은 실지거래가액에 의하되, 실지거래가액 중 토지의 가액과 건물 등의 가액의 구분이 불분명한 경우에는 '감정평가액〉기준시가〉장부가액과 취득가액' 등을 순차적으로 적용해 안분계산한다"라고 규정하고 있다(부가법 제29조 제9항, 부가령 제64조 등).

Q4 실무에서는 일반적으로 어떤 식으로 분양가를 책정하는가?

장부로 확인한 토지와 건물의 원가비율로 안분하는 것이 일반적이다. 만일 장부가 없는 경우에는 부득이 감정평가액 등을 기준으로 안분한 가액을 분양가액으로 해야 할 것으로 판단된다.

Tip **토지와 건물의 공급가액 안분**

1. 부가세법 제29조 [과세표준]

⑨ 사업자가 토지와 그 토지에 정착된 건물 또는 구축물 등을 함께 공급하는 경우에는 건물 또는 구축물 등의 실지거래가액을 공급가액으로 한다. 다만, 다음 각 호의 어느 하나에 해당하는 경우에는 대통령령으로 정하는 바에 따라 안분계산한 금액을 공급가액으로 한다.

1. 실지거래가액 중 토지의 가액과 건물 또는 구축물 등의 가액의 구분이 불분명한 경우
2. 사업자가 실지거래가액으로 구분한 토지와 건물 또는 구축물 등의 가액이 대통령령으로 정하는 바에 따라 안분계산한 금액과 100분의 30 이상 차이가 있는 경우

2. 부가세법 시행령 제64조[토지와 건물 등을 함께 공급하는 경우 건물 등의 공급가액 계산]

① 법 제29조 제9항 각 호 외의 부분 단서 및 같은 항 제2호 본문에 따른 안분계산한 금액은 다음 각 호의 구분에 따라 계산한 금액으로 한다.(2022.02.15 개정)

1. 토지와 건물 또는 구축물 등에 대한 소득세법 제99조에 따른 기준시가가 모두 있는 경우 : 공급계약일 현재의 기준시가에 따라 계산한 가액에 비례하여 안분(按分)계산한 금액. 다만, 감정평가가액[제28조에 따른 공급시기(중간지급조건부 또는 장기할부판매의 경우는 최초 공급시기)가 속하는 과세 기간이 직전 과세 기간 개시일부터 공급시기가 속하는 과세 기간의 종료일까지 감정평가법인 등이 평가한 감정평가가액을 말한다]이 있는 경우에는 그 가액

에 비례하여 안분계산한 금액으로 한다.(2022.01.21 단서개정)

2. 토지와 건물 등 중 어느 하나 또는 모두의 기준시가가 없는 경우로서 감정평가가액이 있는 경우 : 그 가액에 비례하여 안분계산한 금액. 다만, 감정평가가액이 없는 경우에는 장부가액(장부가액이 없는 경우에는 취득가액)에 비례하여 안분계산한 후 기준시가가 있는 자산에 대해서는 그 합계액을 다시 기준시가에 의하여 안분계산한 금액으로 한다.(2013.06.28 개정)

3. 제1호와 제2호를 적용할 수 없거나 적용하기 곤란한 경우 : 국세청장이 정하는 바에 따라 안분하여 계산한 금액(2013.06.28 개정)

② 법 제29조 제9항 제2호 단서에 따라 다음 각 호의 어느 하나에 해당하는 경우에는 건물 등의 실지거래가액을 공급가액으로 한다.(2022.02.15 신설)

1. 다른 법령에서 정하는 바에 따라 토지와 건물 등의 가액을 구분한 경우(2022.02.15 신설)

2. 토지와 건물 등을 함께 공급받은 후 건물 등을 철거하고 토지만 사용하는 경우(2022.02.15 신설)

신축·리모델링 분양·판매와
부가세 쟁점

경기도 수원시에 거주하고 있는 K씨는 부동산 개발업을 영위하고 있다. 그가 이번에 개발하고자 하는 부동산은 주상복합건물이다. K씨는 이번 부동산 개발을 시행하면서 부가세 처리에 관심이 많다. 지금까지 공사하면서 이익에 대한 세무 처리법은 대부분 이해가 되었지만, 부가세는 그렇지 않았다. 이번 기회를 통해 부가세에 관한 내용을 파악해보자.

1. 적용 사례1(신축분양)

K씨는 다음과 같이 분양할 예정이라고 하자. 단, 매출에는 부가세가 포함되어 있지 않다. 물음에 답하면?

구분	분양호수	분양면적(㎡)	예상 매출
85㎡ 이하 주택	5호	300	10억 원
85㎡ 초과 주택	2호	200	6억 원
상가	4호	100	8억 원
계	11호	600	24억 원

Q1 K씨는 호당 분양가액을 어떤 식으로 정해야 하는가?

국민주택, 국민주택초과, 상가별로 예상 매출을 호수로 나누면 될 것으로 보인다. 부가세를 제외하면 아래와 같다.

구분	예상 매출	분양호수	호당 분양가
85㎡ 이하 주택	10억 원	5호	2억 원
85㎡ 초과 주택	6억 원	2호	3억 원
상가	8억 원	4호	2억 원
계	24억 원	11호	−

Q2 위의 국민주택초과, 상가는 분양가 중 건물공급가액의 10%만큼 부가세가 발생한다. 이때 토지와 건물의 공급가액은 어떻게 정해야 하는가?

첫째, 감정평가를 받아 나눌 수 있다.

둘째, 감정평가가 없는 경우로서 '기준시가'가 있다면 이를 기준으로 나눌 수 있다.

셋째, 기준시가가 없다면 토지와 건물의 '장부가액'을 기준으로 안분할 수 있다.

≫ 신축 판매업의 경우, 감정평가가 우선하되 감정평가가 없는 경우에는 장부가액을 토대로 안분하면 될 것으로 보인다.

Q3 상가 1호의 건물가격이 1억 원으로 평가되었다면 1호의 총분양가는 얼마인가?

구분	금액	비고
건물공급가액	1억 원	
건물부가세	1,000만 원	건물공급가액의 10%
토지공급가액	1억 원	부가세 면세됨.
계	2억 1,000만 원	

Q4 K씨는 세금계산서와 계산서를 무조건 교부해야 하는가?

상가 등 수익형 부동산의 건물분에 대한 세금계산서는 상대방에게 의무적으로 교부해야 한다. 그러나 토지의 공급분에 대한 계산서는 교부를 생략할 수 있다. 참고로 분양주택의 경우에는 전용면적 $85m^2$ 초과분에 대해서는 세금계산서를 교부하지 않아도 된다. 상가는 사업자가 분양을 받는 데 반해 주택은 개인이 분양을 받기 때문에 이런 차이를 두고 있다.

2. 적용 사례2(리모델링 판매)

S씨는 주택을 취득해 리모델링한 후, 이를 판매하려고 한다. 물음에 답하면?

> **자료**
>
> A : 다가구주택 10억 원에 구입(토지 기준시가 5억 원, 건물 기준시가 2억 원), 각 호실은 국민주택규모에 해당함.
> B : 건물 10억 원에 구입(토지 기준시가 4억 원, 건물 기준시가 1억 원), 리모델링비 4억 원 지출

Q1 다가구주택을 판매할 때 토지와 건물의 공급가액을 구분해야 하는가?

군이 구분할 필요가 없다. 이를 판매할 때 부가세를 징수할 필요가 없기 때문이다.

Q2 상가를 판매할 때 토지와 건물의 공급가액을 구분해야 하는가?

그렇다. 건물의 공급가액에 대해서는 부가세가 발생하기 때문이다.

Q3 상가의 판매가액을 총 20억 원으로 책정했다. 이 경우 토지와 건물의 공급가액을 각각 10억 원으로 정하면 문제는 없는가?

이렇게 하면 '가액이 불분명한 경우'에 해당되어 세법에서 정한 방법(기준시가 등)에 따라 안분해야 할 가능성이 크다.

Q4 판매가격을 장부상의 가액에 비례해 나누면 문제는 없는가?

그렇다. 예를 들어 장부상의 재고자산 중 토지가 8억 원, 건물이 6억 원이라면 이의 비율로 판매가격을 정하면 된다.

 ➡️ 이는 결국 투입원가별로 판매가격을 정하는 것이 된다.

Q5 건물에 대한 부가세를 부담한 소비자는 이를 환급받을 수 있는가?

일반과세자로 등록하면 부가세 환급을 받을 수 있다.

Q6 Q5처럼 부가세 환급을 받을 수 있는 경우라면 토지와 건물의 공급가액을 임의로 정해도 문제가 없는 것은 아닌가?

그렇지 않다. 토지와 건물 중 건물가액은 향후 감가상각의 대상이 되기 때문에 정확한 구분이 필요하다.

건축주는 분양 또는 판매 내용에 맞게 영수증을 교부해야 한다.

구분	건물공급가액	토지공급가액	발행의무
85㎡ 이하 주택	계산서	계산서	생략 가능
85㎡ 초과 주택	세금계산서	계산서	생략 가능
건물(오피스텔 등)	세금계산서	계산서	의무 발행 (세금계산서에 한함)

준공 시의 취득세

주택이나 건물의 준공 시에 보존등기를 위한 취득세와 관련된 세무상 쟁점을 알아보자. 참고로 리모델링의 경우에는 신축이 아니므로 소유권 보전을 위한 등기가 불필요하나 지방세법은 리모델링을 통해 투입된 공사비에 대해서는 취득세를 부과하고 있다(제9장 참조). 이하에서는 주로 신축과 관련된 취득세에 대해 알아보자.

1. 근거 규정

1) 과세표준

지방세법 제10조의4에서는 원시취득에 대한 취득세 과세표준을 다음과 같이 정하고 있다(2023년 기준).

① 부동산 등을 원시취득하는 경우, 취득당시가액은 사실상 취득가격으로 한다 (2021.12.28 신설).
② 제1항에도 불구하고 법인이 아닌 자가 건축물을 건축하여 취득하는 경우로서 사실상 취득가격을 확인할 수 없는 경우의 취득당시가액은 제4조에 따른 시가 표준액으로 한다(2021.12.28 신설).

개인과 법인 모두 원칙적으로 '사실상 취득가액'을 기준으로 하나, 개인의 경우 시가표준액(표준공사비)으로도 신고가 가능하다.

2) 세율

원시취득은 원칙적으로 위 취득세 과세표준의 2.8%로 한다.

구분	취득세율	농특세율	지방교육세율	계
국민주택	2.8%	–	0.16%	2.96%
국민주택 초과	2.8%	0.2%	0.16%	3.16%

2. 적용 사례

시행사인 K법인은 아래와 같은 금액을 시공사인 L법인에 지급해 건물을 완성했다. 각 상황별로 답을 하면?

자료

- 공사도급금액 : 20억 원
- K법인의 본사 일반관리비 : 10억 원

Q1 신축에 따른 보존등기 시 취득세율은 어떻게 되는가?

보존등기는 새로운 건물이 들어설 때 행하는 행위로서 준공검사 후 건물대장이 생기면 바로 등기할 수 있다. 등기를 할 때는 몇 가지 서류를 준비해야 한다. 개인이 신축한 경우에는 건물대장, 법인은 장부 등을 준비해야 한다. 한편 신축된 건물에 대해서는 총 3.16%의 취득세 등(취득세 2.8%, 농특세 0.2%, 지방교육세 0.16%)이 부과된다(농특세가 없는 경우에는 2.96%).

Q2 취득세 과세표준은 어떻게 결정할까?

세법은 원칙적으로 취득세 과세표준을 정할 때 당해 물건을 취득하기 위해 지출된 일체의 비용으로 하고 있다. 이에는 소개수수료, 설계비, 연체료, 할부이자, 건설자금에 충당된 금액의 이자 등 취득에 소요된 직접, 간접비용(부가세는 제외)이 포함된다.

≫ 취득세 과세표준은 위와 같은 취득가액으로 신고하는 것이 타당하다. 그런데 개인이 시공한 경우에는 객관적인 영수증을 갖추는 것이 상당히 힘들다. 세법은 이러한 점을 반영해 개인이 시공한 경우에는 신고금액과 시가표준액(지방정부가 일정한 방법에 따라 금액을 결정한 금액) 중 큰 금액을 과세표준으로 하도록 하고 있다. 그 결과 개인이 시공한 경우에는 지방자치단체가 정한 과세표준에 의해 취득세를 내는 경우가 많다.[47] 하지만 법인이 시공한 경우에는 법인 장부에 의해 공사비가 입증되기 때문에 공사비로 지출된 금액을 과세표준으로 한다.

구분	개인	법인
과세표준 범위	Max[신고한 금액, 시가표준액]	장부를 근거로 신고

---

47) 향후 신축건물을 양도할 때 취득가액을 환산하면 환산가액(감정가액)의 5% 상당액만큼 가산세가 부과됨에 유의해야 한다(2018년 이후 취득분).

Q3 이 사례의 취득세 과세표준은 얼마인가?

L법인에 지출한 공사도급금액 20억 원이 취득세 과세표준에 해당한다. 일반관리비는 취득세 과세표준에 해당하지 않는다.

>> 법인이 신축한 건물에 대해서 취득세 과세표준의 범위를 두고 과세관청과 마찰이 있을 수 있다. 주의하기 바란다.

Tip 원시취득 취득세 과세표준의 범위

포함	불포함[48]
• 기존 건축물 철거비, 철거 용역비(논란 있음) • 토공사비, 파일(절토, 성토, 굴착, 흙막이 공사) • 설계비, 감리비 • 건설자금이자(세정-3608, 2007.9.5) • 교환설비 • 취득일 이전에 지급한 명도비용 • 빌트인 냉장고(빌트인이 아닌 경우는 불포함) • 산재보험료(세정 13407-33) • 주택 분양보증 수수료(세정2006.12.31)등	• 부가세 • 분양광고비 • 단지 내 포장공사비 • 지목변경이 수반되지 않는 조경공사비(단지외곽도로조성에 소요된 포장 및 조경공사비는 지방세법 제105조 5항에 의거 토지의 지목변경에 해당해 과세 대상임)[49] • 비치한 조각품 • 지역난방공사비분담금(시설물을 취득한 것이 아니므로 제외. 행자부 심사 2001-252, 2001.5.28) • 사업권 양도양수비 • 학교토지부담금 • 하자보수충당금 등

※ **지방세법 기본통칙 10-1**

1. 임시사용승인을 받아 사용하는 신축건물에 대한 취득세 과세표준은 임시사용승인일을 기준으로 그 이전에 당해 건물취득을 위해 지급했거나 지급해야 할 비용을 포함한다.

---

48) 기존건물의 장부가액은 지출되는 비용이 아니므로 취득세 과세표준과 무관하다.

49) 2020년 1월 1일 이후부터 건축물 건축에 수반하는 조경 등 비용도 신축 건물의 원시취득 비용에 포함되어 취득세가 부과되고 있다.

2. 신축건물의 과세표준에는 분양을 위한 선전광고비(신문, TV, 잡지 등 분양광고비)는 제외하고 건축물의 주체구조부와 일체가 된 것은 과세표준으로 포함한다.

3. 사실상 취득가격의 범위에는 지목변경에 수반되는 농지전용부담금, 대체농지조성비, 대체산림조림비는 과세표준에 포함되지만, 취득일 이후에 공사의 완료로 인해 수익이 전제되는 개발이익 환수에 관한 법률에 의한 개발부담금은 제외된다.

4. 분양하는 건축물의 취득시기 이전에 당해 건축물과 빌트인(Built-in) 등을 선택품목으로 일체로 취득하는 경우 취득가액에 포함한다.

소유권이전등기와
취득세율

제삼자에게 분양되는 부동산은 보존등기 후 소유권이전등기를 별도로 해야 한다. 보통 잔금청산일로부터 60일 이내에 취득세를 내야 한다. 그러나 실무적으로는 취득세 납부영수증이 있어야 등기가 되므로 취득세는 등기시점에서 납부되는 것이 현실이다.

1. 주택 취득세율

소유권이전등기 시 과세표준은 분양가격이 된다. 그런데 수분양자가 취득한 주택에 대한 취득세율은 다음과 같이 복잡하다.

1) 1~3%가 적용되는 경우

이는 일반세율로 통상 1세대 1주택인 경우에 적용된다. 다음의 농특세율과 계에서 앞부분은 국민주택, 뒷부분은 국민주택규모 초과분에 대한 세율을 말한다.

구분	취득세율	농특세율	지방교육세율	계
6억 원 이하	1%	0%, 0.2%	0.1%	1.1%, 1.3%
6~9억 원 이하	산식*	0%, 0.2%	(취득세율×1/2)×20%	
9억 원 초과	3%	0%, 0.2%	0.3%	3.3%, 3.5%

* (취득가액×2/3억 원-3)×1/100

>> 지방세법상 일시적 2주택에 대해서도 1주택자에 준해서 취득세율이 부과되고 있다.

2) 8%가 적용되는 경우

2020년 8월 12일 이후에 분양계약 시점에 다른 주택을 1~2채 소유한 경우에는 다주택자에 대해 취득세 중과세율 8%가 적용될 수 있다.

구분	취득세율	농특세율	지방교육세율	계
국민주택	8%	-	0.4%	8.4%
국민주택 초과	8%	0.6%	0.4%	9.0%

3) 12%가 적용되는 경우

2020년 8월 12일 이후에 분양계약 시점에 다른 주택을 2~3채 소유한 경우에는 다주택자에 대해 취득세 중과세율 12%가 적용될 수 있다.

구분	취득세율	농특세율	지방교육세율	계
국민주택	12%	-	0.4%	12.4%
국민주택 초과	12%	1.0%	0.4%	13.4%

2. 건물 소유권이전에 따른 취득세

건물은 주택처럼 중과세율이 적용되지 않고 표준세율인 4%가 적용된다. 이 외 농특세율 등과 같이 살펴보면 아래와 같다.

구분	취득세율	농특세율	지방교육세율	계
세율	4%	0.2%	0.4%	4.6%

Tip 빌트인 아파트와 취득세

아파트를 취득하기 전에 주택에 설계 시공된 빌트인 가전제품도 취득세가 부과될까? 이에 대해 세법은 분양아파트 취득시기 이전에 설계 시공되어 아파트와 일체로 유상 취득하는 빌트인 가전제품 가액은 지방세법의 규정에 따라 아파트 취득에 따른 일체의 비용으로 보아 취득세 및 취득세 과세표준에 포함이 타당하다고 한다. 따라서 옵션으로 선택한 시스템 에어컨이나 새시 등의 공사에 대한 금액도 취득세가 부과된다고 할 수 있다. 빌트인 아파트냐, 아니냐에 따라 세금 차이가 발생하고 있다.

분양권(分讓權)은 조합원 자격이 없는 사람들이 경쟁 방식에 의해 획득한 주택을 취득할 수 있는 권리를 말한다. 세법에서는 이 분양권도 하나의 재화로 보아 양도세 등의 과세 대상으로 하고 있다. 먼저 주택분양권에 대한 세무상 쟁점을 알아보자.

1. 주택분양권과 세무상 쟁점

1) 분양권과 취득세

분양권을 계약할 때는 취득세는 부과되지 않으며 향후 완공할 때에 이의 세금이 부과된다. 그런데 이때 주의할 것은 분양주택에 대한 취득세율이 최저 1%에서 최대 12%까지 부과될 수 있다는 것이다. 2020년 7·10대책에 따라 2020년 8월 12일 이후에 계약한 분양권의 경우 '분양권 계약일' 현재의 주택 수에 따라 중과 취득세율을 적용하도록 세법이 바뀌었기 때문이다.

>> 주택분양권은 다른 주택의 취득세 중과세와 양도세 비과세, 그리고 중과세를 판단할 때 주택 수에 포함됨에 유의해야 한다(취득세는 2020.8.12 이후 취득분, 양도세는 2021.1.1 이후 취득분부터 주택 수에 포함됨). 이에 대한 자세한 내용은 저자의 《재건축·재개발 세무 가이드북》을 참조하기 바란다.

2) 분양권과 부가세

주택분양권이 국민주택과 관련된 것이라면 부가세는 발생하지 않으나, 이를 초과한 경우에는 부가세가 발생한다(토지는 부가세 발생하지 않음).

3) 분양권과 양도세

주택분양권을 양도하면 보유 기간에 따라 70%, 60%의 세율이 적용된다. 상당히 높은 세율이 적용되므로 주의해야 한다.

4) 분양권과 증여세

분양권을 증여하면 매매사례가액 등이 증여금액이 된다. 따라서 증여세가 많이 나올 가능성이 크다. 한편 부채를 포함해 증여하면 부채에 해당하는 금액은 양도에 해당되어 많은 양도세가 나올 가능성이 크므로 주의해야 한다.

2. 적용 사례

K씨는 아파트 분양현장에서 상담사로 일을 하고 있다. 상황별로 답을 하면?

> **자료** 🔍
>
> - A씨는 현재 무주택자에 해당함.
> - 분양가액 : 5억 원(VAT 2,000만 원 포함)
> - 분양면적 : 전용면적 85㎡ 초과

Q1 **A씨의 취득세는 얼마인가? 단, 세율은 1~3%를 적용한다.**

취득세는 과세표준에 취득세율을 곱해 계산한다. 사례의 경우, 분양가액이 5억 원이나 이 중 VAT가 포함되어 있으므로 이를 제외한 금액에 대해 취득세가 적용된다.

구분	취득세 과세표준	취득세율				총취득세
		취득세	농특세	지교세	계	
85㎡ 초과 주택	4억 8,000만 원	1%	0.1%	0.2%	1.3%	624만 원

구분	취득세 과세표준	취득세율				총취득세
		취득세	농특세	지교세	계	
비고	부가세 제외, 프리미엄 포함		85㎡ 이하 주택은 비과세			

Q2 분양권을 양도하면 세율은?

1년 미만 보유 시는 70%, 1년 이상 보유 시는 60%로 과세된다.

Q3 분양주택에 대한 양도세 비과세는 어떻게 받을까?

A씨는 현재 무주택자이므로 주택으로 2년 이상을 보유하면 양도세 비과세를 받을 수 있다. 여기에서 주의할 것은 보유 기간은 통상 잔금 청산일을 기준으로 산정한다는 것이다.

※ 분양권 취득시기와 세금의 관계
- 잔금청산일로부터 2개월 이내에 취득세를 납부해야 한다.
- 잔금청산일로부터 2년 이상 보유 시 양도세를 비과세받을 수 있다.

건물(오피스텔 포함)분양권은 단순한 권리에 해당하며 잔금청산 시 부동산이 된다. 한편 오피스텔분양권을 양도하면 부가세 납세 의무가 발생하며 양도세가 발생한다.

1. 건물분양권과 세무상 쟁점

1) 분양권과 취득세

건물(오피스텔 포함)분양권을 취득하면 주택분양권처럼 취득세가 발생하지 않는다. 다만, 향후 잔금을 청산하면 분양가액의 4.6%만큼 취득세가 발생한다. 건물분양권은 주택분양권처럼 중과세 제도가 적용되지 않는다.

2) 분양권과 부가세

분양권을 사고팔 때 주의해야 할 것은 바로 부가세다. 건물분양권도 부가세법상 '재화'에 해당해서 부가세가 과세되기 때문이다. 다만, 매수자가 임대업을 영위할 경우에는 포괄양수도계약(권리와 의무가 포괄적으로 이전되는 계약을 말함)을 맺으면 부가세 없이 거래할 수 있다.

3) 분양권과 양도세

건물분양권을 양도하면 보유 기간이 1년 미만은 50%, 1~2년 미만은 40%, 2년 이상은 6~45%의 세율로 과세된다. 주택분양권과는 차이가 있다.

2. 적용 사례

서울에 위치한 K법인은 부동산 매매업을 영위하는 법인이다. 이 법인은 최근에 상가 세 개를 분양받아 계약금과 중도금을 납부했으나 잔금은 납부하지 않은 상태에서 한 개의 상가분양권을 매매하려고 한다. 상황별로 답을 하면?

> **자료** 🔍
>
> • 당초 분양가액 : 총분양가액 6억 원(토지 3억 원, 건물 3억 원, 부가세 별도)
> • 분양권 매매가액 : 총매매가액 7억 원(부가세 별도)

Q1 사례에서 부가세 과세표준은 다음 중 어떤 식으로 정해야 하는가?

사업자가 토지와 정착된 건물 등을 일괄 공급하는 경우, 실지거래가액을 공급가액으로 하는 것이 원칙이다. 다만, 이때 건물 또는 구축물 등의 실지거래가액 구분이 불분명한 경우에는 부가세법 시행령 제64조 규정에 의해 '감정가액 > 기준시가 > 장부가액'을 순차적으로 적용한다.

Q2 만일 당초 분양가를 기준으로 안분하면 총공급가액은 얼마가 되는가?

구분	금액	비고
토지공급가액	3억 5,000만 원	7억 원×(3억 원 / 6억 원)
건물공급가액	3억 5,000만 원	
건물부가세	3,500만 원	
계	7억 3,500만 원	

계약일 현재에 양도자와 매수자의 업종이 동일한 경우에 한해 포괄양수도가 가능하다. 사례의 경우, 매수자도 부동산 매매업을 영위해야 한다.

제7장

건설업 소득세·
법인세 정산법

개인과 법인의
장부 작성법 비교

건설업을 할 때 발생하는 모든 거래들의 결과는 장부상에 기록된다. 그리고 이러한 장부를 통해 결산을 진행하고 또 법인세 등을 납부하기도 한다. 더 나아가 향후 세무조사를 받을 때도 장부가 사용되기도 한다. 이하에서는 개인과 법인의 장부 작성법에 대해 알아보자.

1. 개인과 법인의 장부 작성법

개인과 법인의 장부 작성과 관련된 내용을 비교하면 다음과 같다.

구분	개인사업자	법인
장부 종류	복식장부/간편장부	복식장부
장부 미작성 시 신고 방법	추계신고 (경비율)	추계신고는 명시적으로 할 수 없음 (추계로 신고하더라도 관할 세무서장이 세액을 결정함).

구분	개인사업자	법인
장부 작성 시의 혜택	기장세액공제 (단, 간편장부대상 사업자에 한함)	–
장부 미작성 시의 불이익	무기장가산세	무기장가산세

>> 시행사나 시공사의 결산 및 회계 처리에 대한 실무 내용은 편의상 생략
한다.

2. 적용 사례1

K씨는 신축 판매업을 영위하고자 한다. 그는 개인으로 사업하는 경
우와 법인으로 사업하는 경우, 장부 작성 측면에서 어떤 차이가 있는지
궁금하게 생각한다. 각 상황에 대한 답을 하면?

Q1 사업자들의 장부 작성 의무는 어떻게 되어 있는가?

개인사업자나 법인들은 모두 세법상 장부 작성 의무가 있다. 다만,
개인사업자들 중 영세사업자들은 회계 처리를 해야 하는 복식장부를
작성하기 힘들므로 매출액이 일정 금액 이하가 되면 거래 내역을 적기
만 해도 되는 간편장부를 작성할 수 있도록 하고 있다.

구분	개인사업자	법인
복식장부	○	○
간편장부	○⁵⁰⁾	×

---

50) 부동산 매매업(건물신축 판매업)은 직전연도 매출액이 3억 원, 건설업은 1.5억 원, 부동산 임대업은
7,500만 원에 미달한 경우에 적용된다.

Q2 개인사업자들은 장부를 작성하지 않으면 어떻게 신고해야 하는가?

개인사업자가 장부를 작성하지 않은 경우에는 아래와 같이 경비율(기준경비율과 단순경비율을 말함)을 활용해 신고할 수 있다(이를 '추계신고'라고 한다). 경비율은 업종별로 규정되어 있다.

기준경비율 적용 대상자(①-②-③-④)	단순경비율 적용 대상자[52](①-②)
① 수입금액	
② 매입비용과 사업용 고정자산의 임차료	① 수입금액
③ 직원의 급여와 퇴직급여	② 수입금액 × 단순경비율(업종별로 규정됨)
④ 수입금액 × 기준경비율(업종별로 규정됨)[51]	

Q3 소득세 추계신고 제도는 어떤 제도인가?

장부를 작성하지 않는 사업자들도 존재한다. 따라서 이러한 사업자들을 위해서 별도의 장치가 필요하다. 왜냐하면, 소득세는 순소득(매출에서 필요경비를 차감한 소득)에 대해 과세되어야 하는데, 장부에 의해 필요경비가 입증되지 않으면 세금을 제대로 과세할 수 없기 때문이다. 이에 정부는 필요경비를 대신할 경비율제도를 두어 이러한 문제점을 해결하고 있다(추계신고 제도). 여기서 경비율은 다음과 같이 기준금액을 두어 다음 금액 이상이면 기준경비율을, 그 미만이면 단순경비율을 적용한다. 참고로 단순경비율은 영세한 사업자에 적용되는 제도이나 기준경비율은 규모가 있는 사업자에 적용된다.

---

51) 당해 과세 기간에 신규로 사업을 개시한 사업자 중 일정 금액(부동산 매매업 3억 원, 건설업 1.5억 원, 부동산 임대업 7,500만 원) 미만 사업자와 직전 과세 기간의 수입금액의 합계액이 일정 금액(부동산 매매업 6,000만 원, 건설업 3,600만 원, 부동산 임대업 2,400만 원)에 미달하는 소규모 사업자를 말한다.

52) 복식부기의무자는 기준경비율×1/2로 적용한다.

업종	기준금액(전년도 매출 기준)
부동산 매매업(상가신축 판매업 등)	6,000만 원
건설업(주택신축 판매업)	3,600만 원
부동산 임대업, 부동산 중개업 등	2,400만 원

- 단순경비율 : 수입금액에 단순경비율을 곱한 금액을 과세소득으로 보는 제도
- 기준경비율 : 수입금액에서 주요 3대 비용(매입비, 인건비, 임차료)과 수입금액에 기준경비율을 곱한 금액을 과세소득으로 보는 제도

≫ 경비율제도는 영세한 개인사업자가 장부를 작성하지 않을 때 적용되는 제도지만, 사업규모가 일정 이상이 되면 이를 사용할 수가 없다. 이 장의 '심층분석'에서 자세히 분석한다.

> **Tip** 사업자들의 장부 작성 의무와 성실신고확인제도

원칙적으로 사업자라면 모두 장부를 작성해야 한다. 여기서 말한 장부란 대부분 회계처리를 해야 하는 복식부기로 작성된 것을 말한다. 다만, 영세한 사업자들은 거래 사실만을 기록해도 되는 간편장부 대상자가 된다. 이러한 내용과 함께 성실신고확인제도 적용 기준을 정리하면 다음과 같다. 성실신고확인제도는 종합소득세 신고 시 세무대리인으로 하여금 수입과 지출 타당성을 건별로 확인하도록 하는 제도를 말한다.

구분	복식부기의무 대상	성실신고확인제도 대상
부동산 매매업	3억 원↑	20억 원↑
건설업(주택신축 판매업)	1억 5,000만 원↑	10억 원↑
부동산 임대업/부동산 중개업	7,500만 원↑	5억 원↑

참고로 연 매출이 4,800만 원이 넘어가는 사업자는 산출세액의 20%만큼 무기장가산세가 있다. 한편 사업손실의 입증은 장부로 해야 한다. 이를 등한시하면 손실을 인정받을 수 없다.

주택신축 판매업 소득세 정산 방법
(주택리모델링 판매업 포함)

신축 판매업을 영위하는 개인사업자들이 가장 관심을 보이는 세금은 분양이익에 대해 부과되는 소득세가 아닐까 싶다. 세후이익과 관련이 있기 때문이다. 그렇다면 신축 판매업에 대한 소득세는 어떤 식으로 정산할까? 참고로 이러한 소득세의 정산원리는 리모델링 사업에도 동일하게 적용된다.

1. 개인사업자들의 소득세 정산 방법

1) 정산방법

사업자들은 원칙적으로 장부를 작성해야 하나 예외적으로 추계신고도 가능하다. 다만, 이를 위해서는 먼저 실익이 있는지부터 검토해야 한다.

2) 소득세 감면

주택신축 판매업은 세법상 건설업으로 보아 세제 혜택을 부여한다. 이에 따라 해당 기업이 세법상 중소기업에 해당하면 중소기업특별세액 감면 등을 적용받을 수 있다. 감면율은 5~30%이며, 지역과 업종 등으로 차등적용하고 있다(조세특례법 제7조 등 참조).

※ 건설업 중소기업특별세액 감면

구분	원칙		비율가산	감면한도
	소기업*	중기업		
수도권 내	20%	-	10% 가산(10년 이상 업종영위 & 종합소득금액 1억 원 이하 & 성실사업자의 요건 충족 시)	1억 원 - 감소된 근로자 수 × 500만 원
수도권 밖	30%	15%		

* 건설업 매출액 1,000억 원 이하인 경우를 말함.

2. 적용 사례1

서울 종로구에 거주하고 있는 60대인 K씨는 자신이 보유한 단독주택을 허물고 그 위에 연립주택(다세대주택)을 지어 분양하고자 한다. 토지는 15년 전에 2억 원(현재의 시가는 5억 원)에 매입했고 건축원가는 8억 원이다. 총 15억 원에 분양했다면 종합소득세는 얼마나 될까?

위의 자료에 맞추어 소득세를 계산해보자.

토지의 취득가액은 2억 원을 기준으로 하며, 종합소득공제액은 1,000만 원이라고 하자. 참고로 소득세 외에 지방소득세가 10% 선에서 발생하지만, 여기에서는 편의상 이를 고려하지 않기로 한다.

구분	금액	비고
사업매출액	15억 원	분양된 매출을 기준으로 함.
– 필요경비	10억 원	토지(2억 원)+건축원가
= 사업이익	5억 원	
– 종합소득공제	1,000만 원	기본공제 등
= 과세표준	4억 9,000만 원	
× 세율	40%	
– 누진공제	2,540만 원	
= 산출세액	1억 7,060만 원	

사업이익은 5억 원에 불과하나 산출세액이 1억 7,000만 원(지방소득세 10% 별도) 이상 된다. 따라서 이들에게는 세금관리가 초미의 관심사가 된다.

3. 적용 사례2

경기도 파주시에서 사는 B씨는 대지를 매입해서 주택을 신축해 분양할 예정이다. 물론 이 주택들은 모두 국민주택규모 이하가 된다. 그가 생각하는 매출은 20억 원, 토지 매입 및 건축공사비 소요액은 15억 원 정도가 된다. 분양주택 수는 10채로서 1채당 5,000만 원 정도의 분양이익을 기대할 수 있다. B씨는 다음의 내용이 궁금하다.

Q1 장부를 통해 계산하면 세금은 얼마가 예상되는가?

사업자들은 원칙적으로 장부를 통해 소득세를 내야 한다. 이 방법에 따라 세금을 계산해보면 대략 다음과 같다.

- 분양이익=20억 원-15억 원=5억 원
- 소득세=5억 원×6~45%=5억 원×40%-2,540만 원(누진공제)=1억 7,460만 원

Q2 만일 장부를 작성하지 않고 신고할 수 있는 방법은 없는가? 그리고 어떤 방법으로 신고해야 절세할 수 있는가?

위 물음에 대한 답을 순차적으로 찾아보자.

STEP1 추계방식에 의한 제도

세법에서는 개인사업자들이 장부를 작성하지 않은 경우에는 단순경비율제도와 기준경비율제도를 두어 추계 방식으로 소득세를 낼 수 있도록 하고 있다. 주택신축 판매업에 대한 경비율은 다음과 같다고 하자. 이러한 경비율은 국세청 홈페이지에서 조회가 가능하다.

종목	코드번호	단순경비율	기준경비율*
주택신축 판매업(토지 보유 5년 미만)	451102	91.0	13.6
주택신축 판매업(토지 보유 5년 이상)	451103	87.6	10.4

* 복식부기의무자는 기준경비율의 1/2을 적용한다. 장부 미작성에 따른 불이익을 극대화하기 위해서다.

STEP2 단순경비율과 기준경비율에 의한 세금계산

단순경비율과 기준경비율에 의해 세금을 계산해보면 다음과 같다. 단, 건축원가 등 실제경비의 입증금액은 10억 원이라고 하자. 이 외에 기준경비율 적용 시 기준경비율의 1/2의 적용 및 소득금액 한도 등은 고려하지 않기로 한다.

구분		단순경비율	기준경비율
경비율		91.0%	13.6%
매출액		20억 원	20억 원
- 경비	경비율적용분	18억 2,000만 원	2억 7,200만 원
	실제경비	–	10억 원*

구분	단순경비율	기준경비율
= 이익	1억 8,000만 원	7억 2,800만 원
× 세율	38%	42%
− 누진공제	1,940만 원	3,540만 원
= 산출세액	4,900만 원	2억 7,036만 원

* 기준경비율제도는 경비율이 낮은 대신 주요 3대 비용(인건비, 매입비, 임차료)은 실제 지출한 경비를 차감해 소득을 계산하는 방식이다. 다만, 이 제도를 적용하면 무기장가산세(20%) 등의 불이익이 있다.

STEP3 어떻게 신고해야 하는가?

일단 앞의 결과들을 요약하면 다음과 같다.

구분	금액
① 장부에 의한 방법	1억 7,060만 원
② 단순경비율에 의한 방법	4,900만 원
③ 기준경비율에 의한 방법	2억 7,036만 원

그렇다면 이 중 ②방법을 선택할 수 있을까? 일반적으로 그렇지 않다(그 이유에 대해서는 이 장의 심층분석 편을 참조). 따라서 건설사업자들은 원칙적으로 ①에 의한 방법으로 신고하되 예외적으로 ③의 방법으로 신고를 할 수밖에 없다. 따라서 이 사례의 경우에는 장부를 작성해 신고하는 경우가 가장 세금이 적게 나온다. 따라서 이 방법을 선택하도록 한다. 다만, 실무에서는 기준경비율 적용 시 소득금액 한도 등을 고려하면 다른 결과도 도출될 수 있음에 유의하자.

절차	내용
부가세/ 사업장현황 신고	• 부가세 과세사업자 : 부가세 신고(7월 25일, 다음 해 1월 25일) • 부가세 면세사업자 : 사업장 현황신고(다음 해 2월 10일)
▼	
결산	• 1월 1일~12월 31일까지의 실적을 장부에 반영
▼	
재무제표 작성	• 재무상태표/손익계산서 등 작성
▼	
종합소득세 신고*	• 다음 해 5월 중 주소지 관할 세무서에 신고 • 성실신고확인사업자는 다음 해 6월 중에 신고

* 법인세는 다음 해 3월 중에 하는 것이 일반적이다.

주택신축 판매업 법인세 정산 방법

주택신축 판매업을 영위하는 법인들이 가장 관심을 보이는 세금은 분양이익에 대해 부과되는 법인세가 아닐까 싶다. 사업의 결과는 결국 이윤으로 귀결되는 것이고, 관련 세금을 줄이는 것이 최대한 이익을 내는 것이기 때문이다. 이하에서 분양이익에 대한 법인세 과세 문제를 살펴보자.

1. 시행사와 시공사의 수익 인식 방법

법인인 시행사와 시공사의 수익 인식 방법을 정리해보면 다음과 같다. 참고로 건설업과 관련해 부가세법과 법인세법 등의 공급시기와 수익인식시기는 차이가 있음에 유의해야 한다. 즉 부가세법상 세금계산서가 끊겼다고 해서 무조건 매출을 인식하는 것이 아니라, 법인세법 등의 규정에 맞게 매출을 인식해야 한다는 것이다. 예를 들어 부가세법은 대가를 지급하기로 한 때를 기준으로 세금계산서를 발생하는 경우가 많지만, 법인세법상의 수익은 진행 기준 등을 적용해 별도로 인식한다.

구분	시행사		시공사
	예약 매출(선분양)	후분양	
단기(1년 미만)	인도 기준[53]	인도 기준	완성 기준 (진행 기준도 가능)
▼			
장기(1년 이상)	진행 기준	인도 기준	진행 기준

위에서 완성 기준(인도 기준)은 용역이나 판매가 완성되었을 때 수익을 인식하는 방법을, 진행 기준은 완성은 되지 않았지만, 작업 진척도에 따라 수익과 비용을 계상하는 방법을 말한다. 구체적인 것은 아래 사례를 통해 확인해보자.

2. 적용 사례1

K법인은 15년 전에 5억 원에 매입한 토지 위에 건축원가 15억 원을 들여 주택신축공사를 완료했다. 각 상황별로 답을 하면?

자료

- 사업연도 : 20×9년
- 분양 방식 : 선분양
- 공사 기간 : 1년 미만
- 분양률 : 50%
- 총예상분양금액 : 40억 원

---

53) 법인이 진행 기준을 선택하는 경우 세법은 이를 인정한다.

Q1 일반적으로 주택신축 판매업에 대한 수익 인식 방법은 어떻게 되는가?

주택신축 판매업(건설업)의 이익을 계산하고, 이에 대한 법인세 등을 신고·납부하기 위해서라도 어느 사업연도로 수익을 귀속시켜야 하는지는 매우 중요하다. 특히 신축 판매업처럼 토지를 매입하고 공사하는 기간이 긴 경우에는 일반적인 규정과는 다른 규정이 필요할 수밖에 없다. 그래서 기업회계와 세법에서는 아래와 같이 이에 대한 수익 인식 방법을 정하고 있다.

구분	개인	법인
공사 기간이 1년 미만인 경우	완성 기준(인도 기준)에 의해 수익 인식	완성 기준(인도 기준)에 의해 수익 인식(단, 진행 기준도 가능)
공사 기간이 1년 이상인 경우		진행 기준에 의해 수익인식

소득세법에서는 계약 기간이 1년 이상이 되더라도 완공 이후 판매가 되는 시점에 수익을 인식하도록 하고 있다. 개인은 진행 기준(완성도에 따라 수익을 인식하는 방법)에 따라 수익을 인식하는 것이 힘들기 때문이다. 하지만 법인은 법인세법에서 공사 기간이 1년 이상인 경우에는 진행 기준을 강제 적용하도록 하고 있다.

Q2 분양 방식에 따라 수익 인식 방법이 달라지는가?

공사가 완공되기 전에 먼저 분양(선분양)하는 경우를 세무회계에서는 예약 매출로 부른다. 이러한 선분양은 보통 분양 기간이 1년 이상의 장기[54]가 되므로 이때는 진행 기준을 사용하는 것이 원칙이다. 하지만 후분양의 경우에는 공사가 완료된 이후에 판매되므로 주택을 인도한 날

---

54) 분양공고를 승인받은 후 이 분양공고의 내용에 따라 계약금과 중도금을 순차 수령하고 준공 후 잔금을 수령한 경우 보통 분양계약의 계약 기간이 1년 이상인 예약 매출에 해당한다.

등에 맞추어 수익을 인식하는 것이 타당하다.

Q3 K법인의 분양수익은 어떤 식으로 계상하는가?

공사 기간이 1년 미만이므로 공사가 완료된 이후에 판매되었을 때 수익을 인식하면 될 것이다. 물론 법인이 진행 기준을 사용하는 경우에는 세법상 이를 인정한다.

3. 적용 사례2

K법인에서 일반분양으로 받은 금액이 1,000억 원이다. 그리고 일반 분양분의 원가는 800억 원이라고 하자. 사업 첫해의 공사원가는 200억 원, 다음 해 원가는 300억 원이었다고 하자. 분양계약률은 사업 첫해가 80%, 두 번째 해가 100%라면 공사이익은 어떻게 계산하는가?

먼저 당기수익을 다음과 같이 계산한다.

(단위 : 억 원)

구분	사업 첫해	사업 두 번째 해
총예상분양가(①)	1,000	1,000
총공사예정비(②)	800	800
누적 발생 공사원가	200	500
공사 진행률(③)	25%	62.5%
분양계약률(④)	80%	100%
진행률에 의한 당기 누적분양수익(⑤=①×③×④)	249.2	625
전기말 누적분양수익(⑥)	0	249.2
당기공사수익인식액(⑤-⑥)	249.2	375.8

다음으로, 위 당기공사수익에서 당기에 발생된 원가를 차감해 이익을 계산한다.

- 사업 첫해 : 249.2억 원 - 200억 원 = 49.2억 원
- 사업 두 번째 해 : 375.8억 원 - 300억 원 = 75.8억 원

※ 분양수익과 분양원가 계산 식
- 분양수익 = 총분양예정가액 × 작업진행률 × 분양계약률 - 전기말 누적분양수익
- 분양원가 = 누적실제발생비용 × 분양계약률 - 전기말 누적분양원가

건물신축 판매업
소득·법인세 정산 방법

일반건물을 건축해서 분양하는 회사에서 발생한 소득에 대해서는 소득세나 법인세를 내야 한다. 다만, 때에 따라서는 이에 대한 세금이 크게 부과되는 경우도 있으므로 주의해야 한다. 시행사가 부담하는 소득에 대한 세금 문제를 검토해보자.

1. 소득세

1) 소득금액 산정

시행사는 분양받은 가액(부가세 제외)에서 실제 분양에 들어간 원가를 차감해 소득을 산정한다. 다만, 이때 개인사업자는 추계의 방식으로 소득금액을 계산할 수 있다. 추계 방식은 장부가 아닌 정부가 정한 경비율로 세금을 계산하는 것을 말한다. 일반건물을 신축해서 판매하는 사업은 부동산 매매업에 해당하며, 이에 대한 경비율은 다음과 같다.

종목	업종 코드	단순 경비율	기준 경비율
비주거용 건물 개발 및 공급업 (토지 보유 5년 미만)	703022	85.6	15.2
비주거용 건물 개발 및 공급업 (토지 보유 5년 이상)	703023	83.1	17.9

2) 부동산 매매업과 비교과세

개인이 상가를 신축해 판매하는 경우에는 비교과세에 주의해야 한다. 비교과세는 오래전에 취득한 나대지 같은 비사업용 토지에 상가를 신축해서 판매하는 경우, 분양소득에 종합소득세 세율과 양도세 세율 중 높은 세율로 과세하는 것을 말한다. 사례를 들어보자.

Q1 K씨는 1985년에 취득해 보유 중인 나대지에 상가 건물을 신축해 분양하고자 한다. 만일 상가가 금년 내에 분양(양도)될 경우, 비사업용 토지에서 제외될까?

상가를 신축해 분양(판매)하는 경우에는 소득세법상 부동산 매매업에 해당한다. 따라서 부동산 매매업을 영위하는 거주자로서 종합소득금액에 양도세가 중과세되는 토지의 매매차익이 있는 경우에는 종합소득산출세액과 양도세 세율로 과세되는 금액 중 많은 것으로 세액계산한다(서면5팀-1629, 2007.5.22). 이 제도를 '비교과세' 또는 '세액계산특례'라고 부른다.

Q2 상가를 신축하기 위해 토지를 취득했다. 바로 착공에 들어가면 비교과세를 적용하는가?

그렇지 않다. 일반적으로 토지취득 후 2년간은 비사업용 토지로 보지 않는다. 그리고 착공 이후 기간도 마찬가지로 비사업용 토지에 해당하지 않는다. 따라서 상가를 신축해서 분양하는 경우에는 개인은

6~45%, 법인은 10~25%의 세금만 부담하면 된다.

Q3 오래 보유한 토지 위에 주택을 신축해 판매하는 경우에는 어떨까?

주택신축 판매업은 건설업에 해당되므로 비교과세 제도가 적용되지 않는다. 따라서 상가신축 판매업처럼 불이익을 당하지 않는다. 다만, 토지 소유자가 제삼자에게 토지를 양도하는 경우에는 나대지 상태로 양도되므로 이는 비사업용 토지로 분류된다.

2. 법인세

법인세는 앞의 법인의 주택신축 판매업과 동일한 과정을 거쳐 계산한다. 다만, 비사업용 토지가 포함된 경우 추가법인세가 부과될 수 있다.

Tip 건물신축 판매업(부동산 매매업)에 적용되는 비교과세 제도

이 제도는 개인인 부동산 매매업자에게만 적용되는 것으로 판매되는 부동산이 양도세 중과세 대상인 주택이나 비사업용 토지에 해당하면, 다음 중 큰 세액으로 종합소득세를 내도록 하는 제도를 말한다('세액계산특례'라고 부르기도 함).

① 종합소득 과세표준×종합소득세율(6~45%)
② 주택 또는 비사업용 토지 매매차익×양도세 세율＋(종합소득 과세표준－주택 등 매매차익)×종합소득세율(6~45%)

미분양주택과
세무상 쟁점

개인이 주택신축 판매업을 영위하던 중 미분양주택을 보유하는 경우가 많다. 이 경우 다양한 형태의 세무상 쟁점이 발생하는데, 이하에서 이에 대해 정리를 해보자.

1. 미분양주택과 세무상 쟁점들

- 미분양주택은 재무상태표상 재고자산에 해당한다.
- 미분양주택을 잠시 임대한 후 분양하면 사업소득에 해당하는 것이 원칙이다.
- 미분양주택을 자가사용하면 소비한 날이 속하는 연도의 사업소득으로 신고해야 한다.

• 미분양주택을 폐업 후 양도하면 처분연도의 사업소득으로 신고해야 한다.

• 사업자의 거주주택을 양도할 때에는 사업용 주택은 주택 수에서 제외하고 비과세 판단을 한다.

2. 적용 사례

경기도 고양시 일산에 거주하고 있는 K씨는 주택신축 판매를 위해 주택을 신축했으나 미분양 상태가 지속되다가 최근에야 비로소 분양이 완료되었다. 이 경우 사업소득으로 신고해야 하는지, 또는 양도소득으로 신고해야 하는지가 궁금하다.

K씨가 궁금하게 생각하는 것을 순차적으로 알아보자.

STEP1 사업소득과 양도소득의 구분실익

사업소득과 양도소득의 과세체계는 다르다. 일반적으로 사업소득이 양도소득보다 세금이 적게 나온다. 필요경비의 범위와 세율 등에서 차이가 나기 때문이다. 이 둘을 비교해보면 다음과 같다.

구분	사업소득	양도소득	비고
과세표준	양도가액 – 취득가액·필요경비·일반관리비	양도가액 – 취득가액·필요경비	사업소득이 유리
세율	6~45%	50%, 40%, 6~45% (단, 주택은 70%, 60%, 6~45%)	단기 매매 시는 사업소득이 유리

STEP2 과세관청의 입장은?

거주자가 주택을 판매 목적으로 신축했으나 장기간 분양되지 않아 임대사업으로 전환하고 사업용 고정자산으로 장부상 등재해서 감가상각을 해서 상당한 기간 임대 후 판매하는 경우에는 양도소득에 해당한다. 다만, 분양이 되지 않아 장부상 재고자산으로 회계 처리한 후 판매될 때까지 임대를 하다가 당초 사업 목적에 따라 당해 주택을 판매한 경우 재고자산의 판매로 보아 사업소득에 해당한다(소득46011-485, 2000.04.22). 결국 사실판단에 따라 양도소득 또는 사업소득이 된다.[55]

STEP3 K씨는 어떻게 되는가?

K씨가 위의 재고자산을 재무제표에 반영하고 관할 세무서에 신고를 해두었다면 사업소득으로 인정받을 수 있을 것으로 보인다.

---

55) 사업성 여부를 판단함에 있어서 주택신축 판매업의 대외적인 표방 여부, 사업자등록 관계, 신축 목적, 판매 목적, 판매 경위, 그 상대방과의 관계, 부동산 거래의 태양이나 규모 및 횟수, 그 양도가 수익을 목적으로 하고 있는지 등을 종합적으로 고려해 소관세무서장이 사실판단을 한다.

248 신축·리모델링 건축주 세무 가이드북

구분	양도소득	사업소득	
		주택신축 판매업(건설업)	부동산 매매업
소득세 신고	양도세	종합소득세	종합소득세(비교과세)
주택	일시적 양도	계속적 신축 매매	계속적 구축 매매
건물	일시적 양도	–	계속적 구축 매매 및 신축 매매
토지	일시적 양도	–	계속적 토지 매매

건설업(주택신축 판매업)의 소득세 신고방법 연구

1. 소득세 신고 방법 정리

주택신축 판매사업(건설업)자의 소득세 신고 방법을 정리하면 다음과 같다.

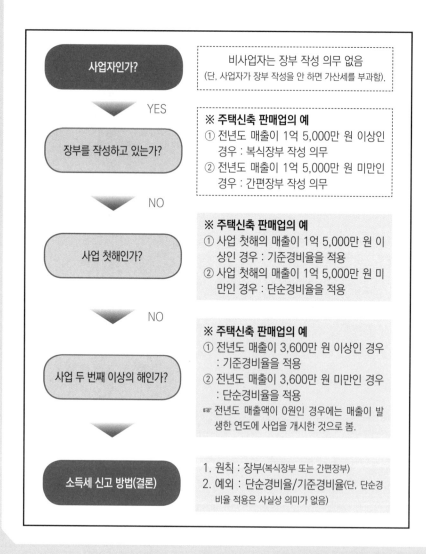

사업자인가?

비사업자는 장부 작성 의무 없음
(단, 사업자가 장부 작성을 안 하면 가산세를 부과함).

YES

장부를 작성하고 있는가?

※ **주택신축 판매업의 예**
① 전년도 매출이 1억 5,000만 원 이상인 경우 : 복식장부 작성 의무
② 전년도 매출이 1억 5,000만 원 미만인 경우 : 간편장부 작성 의무

NO

사업 첫해인가?

※ **주택신축 판매업의 예**
① 사업 첫해의 매출이 1억 5,000만 원 이상인 경우 : 기준경비율을 적용
② 사업 첫해의 매출이 1억 5,000만 원 미만인 경우 : 단순경비율을 적용

NO

사업 두 번째 이상의 해인가?

※ **주택신축 판매업의 예**
① 전년도 매출이 3,600만 원 이상인 경우 : 기준경비율을 적용
② 전년도 매출이 3,600만 원 미만인 경우 : 단순경비율을 적용
☞ 전년도 매출액이 0원인 경우에는 매출이 발생한 연도에 사업을 개시한 것으로 봄.

소득세 신고 방법(결론)

1. 원칙 : 장부(복식장부 또는 간편장부)
2. 예외 : 단순경비율/기준경비율(단, 단순경비율 적용은 사실상 의미가 없음)

2. 소득세 신고 방법 비교 분석

다음 자료를 보고 K씨(간편장부 대상자)는 어떻게 하는 것이 가장 절세하는 신고 방법이 되는지 알아보자.

자료

- 주택신축 판매업(기준경비율 13.6%, 단순경비율 91.0%)
- 매출 10억 원, 매입비 2억 원, 인건비 3억 원, 임차료 1,000만 원, 기타 잡비 1억 9,000만 원
- 종합소득공제액 1,000만 원
- 기타 사항은 무시함.

구분	장부	기준경비율 (13.6%)	단순경비율 (91.0%)
	원칙적인 신고 방법	예외적인 신고 방법	참고용
매출액	10억 원	10억 원	10억 원
-) 비용	7억 원	6억 4,600만 원	9억 원
매입비	2억 원	2억 원	
인건비	3억 원	3억 원	
잡급			
복리후생비			
여비교통비			
접대비			
차량유지비			
지급임차료	1,000만 원	1,000만 원	
세금과공과			
통신비			

구분	장부	기준경비율 (13.6%)	단순경비율 (91.0%)
	원칙적인 신고 방법	예외적인 신고 방법	참고용
소모품비			
이자비용			
기타	1억 9,000만 원		
기준경비율(13.6%[56])		1억 3,600만 원	
단순경비율(91.0%)			9억 원
=) 회계상 이익	3억 원	3억 5,400만 원	1억 원
±) 세무조정			
=) 소득금액	3억 원	3억 5,400만 원	1억 원
-) 종합소득공제	1,000만 원	1,000만 원	1,000만 원
=) 과세표준	2억 9,000만 원	3억 4,400만 원	9,000만 원
×) 세율	38%	40%	35%
-) 누진공제	1,940만 원	2,540만 원	1,490만 원
=) 산출세액	9,080만 원	1억 1,220만 원	1,660만 원
-) 세액공제, 감면			
=) 결정세액	9,080만 원	1억 1,220만 원	1,660만 원
+) 가산세(20%)		2,440만 원	
-) 기납부세액			
=) 차가감납부세액	9,080만 원	1억 3,464만 원	1,660만 원

* 지방소득세가 소득세의 10%만큼 별도로 부과된다.

위 표에서는 장부로 작성하면 대략 세금이 9,000만 원 정도 예상되나 기준경비율에 의한 추계 방식으로 신고하면 1억 3,000만 원 정도

---

56) 복식부기의무자에 해당하는 경우, 이 기준경비율의 1/2만 기타경비로 인정된다.

예상된다. 기준경비율 제도는 매입비, 인건비, 임차료 등 3대 비용은 영수증 등에 의해 입증된 금액만 비용으로 인정하고, 나머지 소소한 비용들은 수입금액×기준경비율(13.6%)만큼만 인정한다. 따라서 주요 비용을 입증하지 못하면 세금이 크게 나오는 제도에 해당한다. 따라서 사례의 경우에는 기준경비율로 신고하는 것이 오히려 손해가 발생하므로 이를 신고 방법에서 제외하는 것이 좋다.

하지만 장부로 신고를 하더라도 적정하게 신고가 되었는지를 알아볼 필요가 있다. 이때에는 단순경비율에 의해 계산한 세금과 비교해보는 것이 좋다. 주택신축 판매업의 경우, 매출의 91% 정도는 비용에 해당하는데, 장부로 이를 입증하는 것과 차이가 나면 세금이 많이 나올 수 있기 때문이다. 앞의 사례의 경우 단순경비율로 계산하면 대략 1,600만 원의 세금이 예상되는데, 실제에서는 이의 5배 이상의 세금이 예상된다. 그대로 신고를 하게 되면 많은 세금을 낼 수밖에 없다. 따라서 조금이라도 절세하고 싶다면 회계 처리가 제대로 되었는지 필요경비가 누락된 것들이 없는지, 그리고 전략적으로 경비를 추가할 수 없는지 등을 검토해야 한다. 여기서 전략적인 경비란, 판매수당을 지급하거나 광고선전비 등을 추가하는 것을 말한다.

> **Tip** **주택신축 판매업(건설업) 단순경비율 적용의 한계**
>
> 단순경비율을 사용하면 장부를 작성하지 않아도 되고, 세금을 저렴하게 사용할 수 있으므로 일석이조(一石二鳥)다. 따라서 사업자들은 이 방식을 선호하게 된다. 하지만 과세관청은 원칙적으로 근거과세와 실질과세를 위해 장부를 통해 신고하도록 하고 있다. 그리고 예외적으로 기준경비율에 의해 세금을 신고할 수 있도록 하고 있다(이 경우 가산세가 있음). 따라서 후자의 제도가 적용되면 장부로 작성하는 것이 더 유리할 수 있다.
>
> 첫째, 세법에서는 사업 첫해의 매출이 복식부기의무수준(부동산 매매업 3억 원, 건설업 1억 5,000만 원, 부동산 임대업 7,500만 원) 이하인 경우에 한해 단순경비율 적용이 가능하도록 하고 있다.

>> 일반적으로 주택신축 판매업의 경우, 사업 첫해에 분양한 주택의 분양가액이 앞의 금액을 넘어가는 경우가 많으므로 단순경비율을 적용하기가 힘들다.

둘째, 다음 사업연도부터는 전년도의 매출액을 가지고 단순경비율 적용 여부를 판단한다. 즉 부동산 매매업은 6,000만 원, 건설업(주택신축 판매업)은 3,600만 원, 부동산 임대업은 2,400만 원 이하로 매출이 발생하면 다음 해의 소득세 신고 시 단순경비율을 적용할 수 있다는 것이다. 따라서 사업 첫해의 주택신축 판매로 3,600만 원 이상의 매출이 발생했다면 단순경비율을 사용할 수 없게 된다.

셋째, 그렇다면 사업 첫해에 분양이 전혀 안 되어 매출이 0원인 경우 다음 해에는 단순경비율을 적용할 수 있을까? 이에 대해서는 다음 사례로 확인해보자.

사례

Q. K씨가 2021년 5월에 주택신축 판매/건설업으로 사업자등록을 한 상태에서 같은 해 11월에 다세대주택 5채를 완공해 2023년 1월에 위 다세대주택을 분양한 경우, 단순경비율로 세금을 신고할 수 있을까? K씨는 주택을 신축해 분양할 때까지 일시적으로 임대했다.

A. K씨의 경우, 2021년 11월에 완공한 다세대주택이 분양되지 않다가 2023년 1월에 해당 다세대주택이 분양된 경우, 소득세법상 사업의 개시일은 2023년 1월이 된다. 따라서 같은 해에 1억 5,000만 원 매출을 초과하면 단순경비율을 적용할 수 없다.

>> **시사점**
주택신축 판매사업자는 사실상 단순경비율을 적용받기는 힘들다는 것을 알 수 있다.

건축물을 신축해 임대하는 경우에는 보유세와 임대소득세, 그리고 이를 처분했을 때 양도세 등이 부과된다. 이때 신축임대주택의 경우 관할 구청 및 관할 세무서에 사업자등록 등을 하면 종부세 합산배제 등을 폭넓게 받을 수 있으므로 미리 확인하는 것이 좋다. 이하에서는 주택과 기타 건물로 나누어 이에 대한 세무상 쟁점을 정리해보자.

1. 신축주택의 임대

1) 건설임대주택에 대한 세제지원

건설임대주택은 건설을 통해 임대주택을 공급하므로 매입임대주택과는 다르게 모든 세목에서 세제지원을 하고 있다. 특히 양도단계에서는 장기보유특별공제를 최대 70%까지 지원하는 등 파격적인 조치가 계속 이어지고 있다.

구분	개인	법인
취득세	• 감면(신축공동주택, 오피스텔) – 전용면적 60~85m² 이하 : 50% – 전용면적 60m² 이하 : 100%	좌동
재산세	• 감면(전용면적 85m² 이하) – (단기) 60~85m² 이하 25%, 60m² 이하 50% – (장기) 60~85m² 이하 50%, 40~60m² 75%, 40m² 이하 100% ※ 다가구주택도 감면 가능	좌동
종부세	• 종부세 합산배제 – 9억 원 이하	좌동
임대소득세/법인세	• 겸김 . (단기) 30%, (장기) 75% 등 ※ 2주택 이상 (단기) 20%, (장기) 50%	좌동

구분	개인	법인
양도세/법인세	• 사업자 본인 거주주택 양도세 비과세 • 양도세율 중과배제 • 장기보유특별공제율 특례적용(70% 가능)	• 법인세 추가세율 적용 배제

>> 건설임대주택의 경우 세제지원의 강도가 세다. 특히 양도 시 양도차익의 70%를 공제해주는 장기보유특별공제가 상당히 효과가 있다. 다만, 이러한 효과를 누리기 위해서는 10년 장기로 임대해야 하고, 임대 기간 중 2년 단위로 5% 이내에서 임대료를 인상하는 등의 의무를 이행해야 한다. 따라서 사전에 등록 여부에 대해 별도로 검토해야 한다.

>> 법인은 위의 70% 같은 제도가 없다. 따라서 건설임대주택사업은 개인으로 하는 것이 유리할 수 있다.

2) 등록절차

건설임대주택으로 인정받기 위해서는 관할 지자체에 등록이 중요하다. 일반적으로 건설임대주택으로 인정받기 위해서는 '소유권보존등기 전'까지 등록해야 한다.

> 청구인은 쟁점주택의 소유권보존등기일 이후에 민특법에 의한 임대사업자로 등록했으므로 쟁점주택을 민특법에 의한 '건설임대주택'으로 보아야 한다는 주장이나, 위 국토해양부 예규에서는 민특법에 의한 '건설임대주택'을 소유권보존등기 '전'까지 임대사업자로 등록할 것을 요건으로 하고 있는 바, 이 요건을 충족하지 못한 쟁점주택은 민특법에 의한 '건설임대주택'에 해당하지 아니한다고 하겠다(조심 2008서1422, 2008.8.18).

2. 신축건물의 임대

신축건물을 임대한 경우에는 부동산 임대업으로 등록하고, 임대료를 받을 때마다 세금계산서를 발행하는 등의 납세 협력 의무를 이행해야 된다.

≫ 신축건물을 임대 후 이를 양도하는 경우, 양도세로 부과되는 것이 원칙이다(법인은 법인세로 부과된다). 참고로 주택임대사업자에 대한 세무상 쟁점 등은 저자의 《주택임대사업자 등록말소주택 절세 가이드북》 등을 참조하기 바란다.

제**8**장

지주공동 사업과
세무상 쟁점

일반공동 사업과
세무상 쟁점

원룸이나 빌라 등을 신축하거나 리모델링해 분양(판매)하는 사업을 공동으로 하는 경우가 있다. 이 경우 다양한 세무상 쟁점들이 파생하는데 이하에서 정리해보자.

1. 일반적인 공동 사업의 형태

공동 사업은 둘 이상의 사업자가 공동의 목표를 위해 자본 등을 공동으로 투입하고, 그에 따른 책임과 이익을 공유하는 사업의 형태를 말한다(민법상 조합에 해당함. 민법 제703조 등 참조).

구분	시행사	비고
공동 사업의 형태	둘 이상의 개인 또는 법인이 공동으로 사업 영위	민법상 조합에 해당함.

위에서 시행사를 공동 사업으로 운영하는 경우 다음과 같은 조합이

가능하다.

- 개인 + 개인
- 개인 + 법인
- 법인 + 법인

2. 공동 사업과 세무상 쟁점

주택신축 판매업 등을 공동으로 진행하는 경우가 종종 있는데, 이에 대한 세무 처리를 원만히 하기 위해서는 먼저 공동 사업에 대한 세무원리를 이해하는 것이 좋다.

1) 공동 사업계약 체결

공동 사업을 영위하기 위해서는 미리 공동 사업계약서를 작성해야 한다.

>> 공동 사업자 해당 여부는 동 사업이 당사자 전원의 공동의 것으로 공동 경영되고 지분 또는 손익의 분배 비율 및 방법이 정해져 있는지 등의 사실에 따라 판단할 사항이고(서면3팀-438, 2005.03.29), 현물출자된 것인지 여부도 동업 약정의 체결 경위와 내용, 당사자의 의사, 공동 사업의 목적과 내용 등에 비추어 사실판단할 사항이다(서울고법 2013누31327, 2014.12.10, 조심 2012서1863, 2012.06.26 외).

2) 사업자등록

공동 사업을 영위하기 위해서는 사업자등록을 별도로 하는 것이 원칙이다. 만일 사업자등록 없이 배당을 받으면 해당 소득은 배당소득으로 분류되어 경비처리 등에서 제약이 있을 수 있음에 유의해야 한다.

1. 2인 이상의 사업자가 공동 사업을 하는 경우 사업자등록 신청은 공동 사업자 중 1인을 대표자로 하여 대표자 명의로 신청해야 하며, 공동 사업자 중 일부의 변경 및 탈퇴, 새로운 공동 사업자 추가의 경우에는 사업자등록을 정정하여야 한다.

2. 개인 단독 사업자가 공동 사업자로, 공동 사업자가 개인 단독 사업자로 변경되는 경우에는 사업자등록을 정정해야 한다.

3) 자료처리법

공동 사업자도 사업자등록번호가 있으므로 이를 기준으로 세금계산서나 계산서를 수령해야 한다.

4) 손익분배

손익분배는 계약서상에 명기된 손익분배비율에 맞추어 분배가 된다.

5) 세금정산

자신이 분배받은 소득에 대해 소득세나 법인세를 부담하게 된다.

3. 적용 사례

개인 2명이 서울 인근 지역에서 빌라를 지어 판매하려고 한다. 총투자 금액은 20억 원 정도이며, 분양수익은 25억 원을 기대하고 있다. 이 경우 공동 사업 형태로 하는 것이 단독 사업 형태보다 얼마나 좋을까? 단, 이 빌라는 모두 국민주택규모 이하에 해당한다.

먼저 단독 사업과 공동 사업의 세금부터 비교해보자.

구분	단독 사업의 경우	공동 사업의 경우
분양수익	25억 원	25억 원
분양원가	20억 원	20억 원
분양이익	5억 원	5억 원
세금(6~45%)	1억 7,460만 원	1억 5,120만 원
계산근거	분양이익×40%−2,540만 원	(분양이익×1/2×38% −1,940만 원)×2

위 표를 분석해보면, 이 사례의 경우 공동 사업이 단독 사업에 비해 세금이 2,000만 원 이상 줄어들었다. 그렇다면 무조건 공동 사업으로 할 것인가?

그건 아니다. 공동 사업으로 할 때는 예기치 못한 세금 문제가 파생하기 때문이다. 일반적으로 공동 사업을 할 때는 미리 다음과 같은 점들을 고려해야 한다.

- 공동 사업의 타당성을 인정받으려면 동업계약서를 꼼꼼히 작성해야 한다. 동업자들의 역할 분담이 정확히 정해져야 사후적으로 문제가 없다.
- 토지 소유자 등이 공동 사업을 위해 현물출자를 하는 경우에는 현물출자한 날 또는 등기 접수일 중 빠른 날에 당해 주택 등이 유상으로 양도된 것으로 보아 양도세를 과세한다(양도세 문제를 검토할 것).
- 공동 사업자가 공동 사업장에 출자하기 위해 차입한 차입금의 지급이자는 공동 사업장의 업무와 관련 없는 경비로 필요경비로 인정되지 않는다.

≫ 차입금이 많은 경우에는 사전에 이에 대해 정교하게 검토해야 한다.

- 공동 사업장 전체에 대해 결산을 진행한 후 지분별로 소득금액을 분배한다.
- 소득을 분배받은 개인들은 별도로 각각 소득세를 정산해야 한다.

Q **K씨는 본인의 소유 부동산을 공동 사업에 출자하기로 했다. 이 경우 양도세를 계산해야 하는데, 양도가액은 어떤 근거로 산정할까?**

현물출자계약서가 있는 경우에는 계약서에 기재된 가액으로 한다. 다만, 현물출자계약서에 표시된 실거래가액이 세법상의 실거래가액으로 인정 또는 확인될 수 없는 경우에는 소득세법 제114조 제7항에 의해 산성한 가액(매매사례가액, 삼성가액, 환산취득가액 또는 기준시가 등에 따라 추계조사해서 결정 또는 경정)으로 한다(서면5팀-902, 2008.04.28).

> **Tip** **공동 사업 출자금 이자비용 처리법**
>
> 공동 사업자가 공동 사업을 위해 차입금을 충당해 출자하면 해당 차입금에 대한 이자는 필요경비로 처리되지 않는다. 실무적으로 부동산 임대사업 등을 할 때 이러한 문제점이 발생하므로 사전에 이에 대한 대비책이 필요하다(저자 문의).

지주공동 사업과
세무상 쟁점

지주공동 사업이란 토지 소유자와 자금력과 기술력을 가진 시공사가 협력해 공동으로 행하는 사업을 말한다. 공동으로 사업을 하기 때문에 사업에 대한 투자 및 책임과 의무, 분양이익 분배 등에 대해서는 사전에 계약을 맺어 진행하는 것이 일반적이다.

1. 신축 사업의 공동수행

지주공동 사업은 토지 소유자와 건설회사가 공동으로 사업을 수행하는 형태를 말한다.

구분	토지 소유자	시공사
사업의 참여 형태	토지를 공동 사업에 현물출자 (양도에 해당해 양도세 과세)	공사용역 및 자금 제공 등

지주공동 사업의 경우 토지 소유자와 건설회사(시공사)가 제3의 건설회사를 만들어 시행할 수도 있고, 토지 소유자나 시공사가 시행사를 겸할 수도 있다.

2. 토지 소유자와 세무상 쟁점

토지 소유자가 개인인 경우를 상정해 이들이 겪게 될 세무상 쟁점들을 미리 정리해보자.

1) 토지 소유자가 단독으로 사업을 시행하는 경우

이는 단독 사업의 형태로 토지 소유자가 자금조달부터 시공, 분양까지 모든 단계를 책임지는 형태를 말한다. 이 경우, 세무상 쟁점을 나열하면 아래와 같다.

- 토지 소유자는 본인의 토지를 바탕으로 건축해서 분양할 수 있다.
- 이때 공사를 도급을 주는 경우에는 해당 금액은 건축원가에 포함된다.
- 사업소득은 분양가액에서 취득원가(토지와 건물)와 일반관리비 등을 공제한 금액으로 산정한다.

2) 시공사가 사업을 시행하는 경우

이는 계약의 내용에 따라 세무상 쟁점이 달라진다.

① 토지를 시공사에게 양도한 경우

이는 토지의 소유권을 유상으로 이전하는 것이므로 토지 소유자에게는 양도세가 부과된다.

> 양도가액 : 실거래가액
> - 취득가액 : 당초 취득가액
> = 양도차익

② 토지를 현물출자하고 향후 이익을 정산하는 경우

이는 형식상 단독 사업에 해당하나 실질상 공동 사업에 해당한다. 따라서 이때 토지 소유자가 현물출자하는 것은 토지의 양도에 해당되어 양도세가 부과된다.

> 양도가액 : 계약상 현물출자 평가액(원칙적으로 시가)
> - 취득가액 : 당초 취득가액
> = 양도차익

3) 토지 소유자와 시공사가 동시에 사업을 시행하는 경우

이는 전형적인 공동 사업의 형태가 된다. 이때 토지 소유자는 공동 사업에 토지를 현물출자하는 것이고, 시공사는 시공을 전담하게 된다. 이때 자금과 분양 등의 책임은 토지 소유자나 시공사가 각각 전담할 수도 있고, 공동으로 할 수도 있다(모두 계약사항). 이러한 공동 사업에서 토지 소유자는 다음과 같은 세무상 쟁점이 발생할 수 있다.

• 토지 소유자가 공동 사업에 토지를 출자한 것은 소득세법상 양도에 해당한다. 따라서 이때 양도세가 부과된다.

양도가액 : 계약상 현물출자 평가액(원칙적으로 시가)
- 취득가액 : 당초 취득가액
= 양도차익

>> 지주공동 사업을 위해서는 원칙적으로 새로운 공동 사업자등록을 해야
하나, 계약에 따라서는 그렇지 않을 수도 있다. 다만, 각자 사업자등록
을 유지하더라도 그 내용이 공동 사업에 해당하면 토지 소유자는 현물
출자에 해당함에 유의해야 한다.

4) 적용 사례

사례를 통해 앞의 내용을 확인해보자.

자료 🔍

• 갑은 2010년 토지를 5억 원에 취득함.
• 갑은 2021년 상기 토지를 개발하기 위해 을과 공동 사업 약정을 체결함. 이때
  을은 시공비용(10억 원)을 부담하고 향후 분양 시(2022년 예상분양가 30억 원)
  분양이익을 각각 50%씩 배분하기로 약정함(2021년 토지의 시가는 10억 원임).
• 갑과 을은 공동 사업을 영위하기 위해 2021년 공동 사업자등록을 함(갑, 을 공
  동대표).

Q1 갑이 현물출자한 토지는 양도세 과세 대상인가?

그렇다. 현물출자는 소득세법 제88조의 규정에 의해 양도로 보기 때
문이다. 여기서 주의할 것은 현물출자하는 자산에 대한 등기가 없더라
도 양도로 본다.[57]

---

57) 재건축이나 재개발사업의 경우 현물출자를 하지만 양도로 보지 않는다. 소득세법에서 환지처분에
    의한 경우에는 양도에서 제외하고 있기 때문이다. 이에 대한 자세한 내용은 저자의 《재건축·재개발
    세무 가이드북》을 참조하기 바란다.

※ **부동산거래관리과-447, 2012.08.23.**

공동 사업을 경영할 것을 약정하는 계약에 따라 소득세법 제94조 제1항의 자산을 해당 공동 사업체에 현물출자하는 경우에는 등기에 관계없이 현물출자한 날 또는 등기 접수일 중 빠른 날에 해당 토지 등이 그 공동 사업체에 유상으로 양도된 것으로 보는 것이며, 귀 질의의 경우 양도에 해당하는지 여부는 사실판단할 사항임.

Q2 사례의 경우 양도세는 얼마나 예상되는가?

토지의 현물출자가액이 10억 원이고 이의 취득가액이 5억 원이라면 양도차익 5억 원에 대해 양도세를 계산해야 한다. 이 토지가 사업용 토지이라면 아래와 같이 양도세가 예상된다.

- 양도차익 : 5억 원
- 장기보유특별공제(20% 가정) : 1억 원
= 과세표준 : 4억 원
× 세율 : 40%(누진공제 2,540만 원)
= 산출세액 : 1억 3,460만 원

Q3 갑의 종합소득세는 얼마나 예상되는가?

분양이익은 30억 원에서 20억 원을 차감하면 10억 원이 된다. 따라서 갑이 배분받은 분양이익 5억 원에 대해 종합소득세는 아래와 같이 계산된다.

- 분양이익 : 5억 원
× 세율 : 40%(누진공제 2,540만 원)
= 산출세액 : 1억 7,460만 원

>> 현물출자가액을 어떻게 정하는 것이 유리한지에 관한 의사결정은 저자 등에게 문의하면 된다.

Q4 만일 갑이 공동 사업에 참여하지 않고 이익을 배당받으면 소득세 정산은 어떻게 하는가?

이 경우에는 소득세법상의 배당소득으로 분류된다(소득세법 제17조 제1항 제8호). 따라서 이를 지급받을 때 25%로 원천징수되며 이자소득을 포함한 금융소득이 2,000만 원을 초과하면 6~45%로 종합과세되는 것이 원칙이다.

≫ 공동 사업 참여자는 분배받은 이익은 배당소득이 아닌 사업소득으로 처리하는 것이 유리하다. 경비처리에서 사업자가 유리하기 때문이다. 따라서 가급적 사업자등록을 내는 것이 유리할 것으로 보인다.

Tip 지주공동 사업자의 업무 프로세스

절차	업무 내용	비고
공동 사업계약 체결		
▼		
공동 사업자등록	토지 소유자와 시공사가 공동 사업자등록	
▼		
현물출자	토지 소유자가 공동 사업에 현물출자	양도에 해당
▼		
부가세 신고	건설용역 등에 대한 부가세 신고	
▼		
결산	공동 사업자 단위로 결산업무 수행	
▼		
소득분배 및 소득세 등 신고	계약서상의 소득분배비율에 따라 소득배분 등	

지주공동 사업계약서

가. 사업개요

1 공사명 : 공동주택 신축공사

2. 공사 현장 :

3. 공사 기간 : 착공일로부터 ____개월

4. 공사도급예정금액 : _____원

5. 공사비단가 : _____원(평당) 부가세 포함(약정 체결일로부터 6개월간 유효)

6. 대지가 : _____원(평당)

7. 공사규모 :

8. 하자보증금율 : 도급금액의 3/100

9. 하자보수 책임 기간 : 준공일로부터 3년

나. 계약사항

제1조(총칙)

도급인(시행자) _____(이하 갑이라 함)와 수급인(시공자) 주식회사 ** 건설(이하 을이라 함)은 서로 협력해 신의에 따라 약정을 성실히 이행한다.

제2조(대지의 조건 및 면적)

갑은 아래 기재한 부동산에 신축건물의 모든 인허가를 완료하고 을은 사업 건축물을 신축한다.

- 아래 -

1. 위치 :

2. 면적 :

제3조(대지가)

1) 갑이 공동 사업에 제공한 대지의 가격은 위치, 용도 등에 구분 없이 평균가로 산정해 평당 일금 _____원정으로 결정한다.

제4조(분양)

1) 갑은 분양에 관한 일체의 업무를 책임지고 수행하되 사업시행 및 분양 대행사를 지정해 시행 및 분양 대행계약을 위임할 수 있으며, 분양에 따른 판촉 홍보비 등은 분양수수료에 포함해 분양수입금에서 갑과 을의 관리 책임하에 지불한다.

제5조(분양수입금의 관리)

1) 분양수입금은 갑과 을의 공동구좌에 적립하고 갑과 을의 합의에 의해 분양수수료 등의 비용을 인출하나 분양이 부진해 대지가를 충당 못할시 대지가는 사업완료 후 _____개월 후에 을이 갑에게 정산한다(만약 이 공동 사업의 건물이 상가나 사무용빌딩 등 비주택건물일 경우에는 사업완료 후 미분양분 건물에서 대물변제 후에 정산할 수 있다.

2) 을의 공사비는 분양수익금에서 선투자비와 분양대행 수수료 및 제경비를 우선하며 공사의 기성고에 따라 지급한다.

3) 대지가, 공사비, 분양수수료, 제세공과금 및 제경비를 공제한 분양잔금은 갑과을 및 분양대행자 등의 3자 균등배분키로 한다.

제8조(설계서의 확정과 설계비 및 기타비용 지출)

1) 갑과 사업시행대행자는 이 계약 약정 후 30일 이내에 계획설계안을 을과 협의해 이 허가를 받도록 처리한다.

2) 상하수도 인입비, 도시가스 인입비, 한전수탁비, 현지측량비, 지질조사비, 보존등기비, 제세공과금, 안전관리비, 산재보험료 등 모든 비용은 공동 사업 지출경비로 정산처리한다. 단, 설계용역비 등 공사 착공 전 발생되는 비용은 갑이 우선 지출하고 정산키로 한다.

제9조(시공)

공동 사업 건축물을 을이 시공하고 공사도급계약은 공사 착공 전 이 계약을 승계하는 것을 원칙으로 해서 별도로 갑과 을이 체결한다.

제10조(미분양조건 및 공사비 지불 보장)

분양실적이 저조해 사업 기간 내에 미분양이 발생할 시에는 미분양 물건에 대해 갑과 을이 인정한 분양가로 계상해 을은 갑의 대지가를 정산하고 잔여금액은 별도 처리한다(비주택인 경우는 지분으로 대지가를 대물변제하고 잔여금액은 별도처리한다).

제11조(세무관계)

갑과 을은 공동 사업에 관한 일체의 세무업무를 대행할 수 있는 세무사와 계약 체결해 갑과 을의 세무책임 구분 등의 업무를 대행할 수 있게 한다.

기타 생략

토지 소유자의 현물출자와
세무상 쟁점

지주공동 사업에서 현물출자라는 개념은 매우 중요하다. 현물출자가 양도에 해당하면 개인에게 양도세(법인은 법인세)가 과세되기 때문이다. 한편 해당 금액은 공동 사업자의 취득가액이 되어 향후 사업소득세(법인세)의 크기에 영향을 주기도 한다. 이하에서는 토지의 현물출자와 관련된 세무상 쟁점을 정리해보자.

1. 현물출자란

현물출자는 공동 사업을 영위할 때 현금 대신 물건 즉 현물을 출자하는 것을 말한다.

1) 현물출자는 양도에 해당

소득세법 제88조의 양도의 정의에 따르면, '양도'라 함은 '자산에 대한 등기 또는 등록에 관계없이 매도·교환·법인에 대한 현물출자 등으로 인하여 그 자산이 사실상 유상으로 이전되는 것을 말한다'라고 규정한다. 여기서 '양도'는 예시적 규정에 해당하므로 '현물출자'에는 법인이 아닌 조합(공동 사업은 민법상 조합에 해당)에의 현물출자도 양도에 해당한다(국심 2001서1644, 2002.01.09). 참고로 환지처분(재건축 등)으로 지목 또는 지번이 변경되는 경우 등은 양도로 보지 않는다.

2) 현물출자의 양도 시기

대법원은 조합에 출자된 자산은 출자자의 개인재산과 구별되는 별개의 조합재산을 이루어 조합원의 합유로 되고 출자자는 그 출자의 대가로 조합원의 지위를 취득하는 것이므로, 조합에 대한 자산의 현물출자는 자산의 유상이전으로서 양도세의 과세원인인 양도에 해당하고, 그 양도시기는 조합에 현물출자를 이행한 때로 판시했다(대법 2000두5852, 2002.04.23). 이에 세법은 등기 여부와 관계없이 현물출자한 날 또는 등기접수일 중 빠른 날에 당해 부동산이 유상으로 양도된 것으로 보아 양도세를 과세한다.

⊞Q⊞ 현물출자일이 불분명하면 어떻게 양도시기를 판정하는가?

공동 사업약정서가 작성되지 않았거나 그 작성일이 객관적으로 확인되지 않음으로써 현물출자일이 불분명한 경우에는 당사자 간에 묵시적 합의가 성립한 날, 또는 사실상 공동 사업이 개시된 날 등을 확인해 관할세무서장이 사실판단을 한다.

3) 현물출자가액은 어떻게 정하는가?

현물출자가액은 계약당사자가 정하면 된다. 다만, 현물출자가액을 정하기 힘든 경우에는 감정을 받아 처리하는 것이 좋을 것으로 보인다.

※ 소득세 집행 기준 39-89-5 [공동 사업에 현물출자한 토지의 취득가액]

① 공동 사업자인 주택신축 판매업자의 총수입금액에 대응하는 필요경비 중 토지가액은 공동 사업에 현물출자한 당시의 가액으로 하는 것으로, 이 경우 공동 사업계약을 체결한 날을 현물출자 시기로 본다.

② 현물출자한 당시의 가액의 계산은 다음을 순차적으로 적용해 계산한 금액에 취득세·등록세 기타 부수비용을 가산한 금액으로 한다.

1. 법인세법 시행령 제89조 제1항에 해당하는 가격

2. 법인세법 시행령 제89조 제2항 제1호의 감정가액(이 경우 소급감정가액은 인정하지 않는다)

3. 상속세 및 증여세법 제61조에 따라 평가한 가액

2. 적용 사례

사례를 통해 앞의 내용을 확인해보자.

자료 ●

50명이 공동으로 상가 건물과 대지 지분을 소유하고 있다. 이번에 이 토지를 재건축하기로 결의하고 조합을 결성하고 50명 공동 사업자등록을 했다. 재건축해서 일부는 지주가 소유하고 일부는 건축비로 충당할 계획이다.

Q1 공동 사업에 대한 현물출자로 간주해 양도세를 납부해야 하는가?

공동소유 중인 건물과 대지지분을 재건축하기로 약정하고 소유한 부동산을 공동 사업에 현물출자한 경우, 양도세 과세 대상에 해당한다.

Q2 이러한 조합원 50명 중에 1년 이내 매입한 지주가 있다. 만약에 양도세를 납부해야 한다면 1년 미만 보유자로서 50% 중과세 세율로 적용해 양도세를 납부해야 하는가?

그렇다. 상가의 보유 기간 1년 미만이면 50%의 세율이 적용된다(주택은 70%다).

>> 현물출자에 대해서는 취득세를 내야 하는가?

원래 현물출자도 지방세법상의 '취득'에 해당하나 행정청은 매매계약(약정) 및 사실상 잔금 지급과 같은 취득행위가 없거나 해당 토지에 대한 등기가 이행되지 않으면 취득세 납세의무가 성립되지 않는다는 식으로 접근하고 있는 것으로 보인다. 따라서 실무 처리 시에는 반드시 전문세무사를 통해 이를 확인하는 것이 좋을 것으로 보인다.

토지 사용권의 출자와
세무상 쟁점

토지 소유자가 토지를 공동 사업에 현물출자하면 먼저 양도세를 내야 하고, 향후 배분받은 이익에 대해서는 사업소득세를 내야 한다. 그런데 토지의 소유권 대신 사용권을 제공하는 경우에는 현물출자가 아니므로 양도세가 과세되지 않는다. 이하에서 이에 대해 알아보자.

1. 토지 사용권이란

토지 소유자가 공동 사업을 위해서는 토지를 조합에 현물출자를 해야 한다. 물론 다른 공동 사업자는 자금이나 기타 노무 등을 출자하게 된다. 이러한 공동 사업의 관계에 따라 토지 소유자가 출자한 토지는 소득세법상 '양도'에 해당되므로 토지 소유자에게 양도세가 부과된다. 그런데 이 대신 토지 사용권만 출자하는 것은 양도세 과세 대상에서 제외된다. 토지 소유권 자체는 토지 소유자에게 그대로 있기 때문이다. 따라서 이때에는 양도세가 과세되지 않는다.

※ **부동산거래관리과-572, 2010.04.19.**

토지 등의 소유권 자체는 출자자에 유보한 채 사용권만을 출자한 경우에는 양도로 보지 않는 것으로서 이에 해당하는지 여부는 사실판단할 사항임.

2. 적용 사례

사례를 통해 앞의 내용을 확인해보자.

자료

K씨는 자신의 형과 2분의 1씩 보유하고 있는 토지를 택지로 개발해 분양하기 위해서 각각 지분을 50%로 하는 동업계약서를 작성한 후 법인사업자가 아닌 개인사업자로서 공동 사업자로 세무서에 사업자등록을 하고자 한다. 사업자등록 후 공동 사업체 명의로 보유 토지를 등기이전한 후 분양하는 것이 아니라, 2분의 1씩 보유하고 있는 현 상태에서 토지를 개발한 후 분양이 되면 각자 보유 지분에서 해당 분양면적을 분양받은 자에게 각각 등기이전해주는 형식이다.

Q1 이 경우 보유 토지를 공동 사업에 현물출자한 것으로 보아 양도세를 과세해야 하는가?

아니다. 이 경우 건축은 공동으로 하나 실제 단독 사업에 불과하다. 따라서 이 경우 양도로 보는 현물출자에 해당하지 않는다.

Q2 공동 사업자로 사업자등록을 했으나 토지를 현물출자하지 않고 토지 사용권의 출자에 해당하는 경우에는 과세 대상이 되지 않는가?

공동 사업체 명의로 보유 토지를 등기이전한 후 분양하는 것이 아닌 경우로, 사용권만을 출자한 경우라면 양도로 보지 않는다.

Q3 각자 소득세 정산은 어떻게 하는가?

각자의 분양가에서 건물취득원가와 토지취득원가 등을 차감해 소득을 계산해 정산한다.

공동지주 사업을 할 때 토지 등의 소유권을 신탁회사에 신탁등기를 하는 경우가 많다. 신탁등기를 해두면 임의로 재산을 처분하는 등의 행위를 미연에 방지할 수 있기 때문이다. 그렇다면 이때 세무상 쟁점은 무엇일까?

1. 신탁법상 신탁등기와 세무상 쟁점

우선 신축 목적으로 행하는 신탁법상 신탁등기는 소득세법상 '양도'가 아니다. 형식적으로 소유권이 이전되었기 때문이다. 하지만 이와 무관하게 공동 사업 경영약정 계약으로 토지 등을 당해 공동 사업에 현물 출자하는 경우에는 등기에 관계없이 '양도'로 본다. 아래 예규를 참조하기 바란다.

※ **사전법령해석재산 2018-203**(2018.12.26)

[제목] 지주공동 사업계약 후 신탁을 원인으로 소유권이전 시 양도세 과세 여부

[질의]

(사실관계)

◦ 2015년 11월 ○○○(이하 'A')와 A가 대표이사로 재직 중인 ◇◇주식회사(이하 'B법인')는 지주공동 사업계약서를 작성함.

　– 해당 계약에 따르면, A는 토지주로, B법인은 사업시행자로 명칭하고, A의 토지를 효율적으로 개발해 A와 B법인의 수익을 극대화하는 것을 목적으로 하고 있으며,

　– 구체적으로 사업은 아파텔과 근린상가 개발을 B법인 주도하에 추진하며, A의 토지대금은 35억 원으로 책정하되, A에게 토지 대금이 지불 완료되면 공동 사업계약이 자동 해지되는 것으로 해서, 토지를 개발분양해 이익이 발생하면 사후 지급하기로 했으나, 공동 사업자등록은 하지 않음.

◦ 2016년 12월 A와 B법인은 신탁회사와 분양형토지신탁 계약을 체결하고, A와 B

법인 소유 토지를 각각 신탁을 원인으로 신탁회사에 소유권이전함.

- 신탁계약에 따르면, A와 B법인은 위탁자로, 신탁회사는 수탁자로 하고, 지주공동 사업계약에 의해 개발하기로 한 A 소유 토지와 인접 지번의 B법인 소유 토지를 신탁 부동산으로 함.

- 신탁 부동산에 건물을 건축하고 토지와 건물을 신탁재산으로 해서 이를 분양하는 데 신탁의 목적이 있음.

(질의내용)

◦ 개인 소유의 토지를 개발해 수익을 창출하기로 법인과 지주공동 사업 계약을 체결하고, 해당 토지와 공동 사업 법인 소유 토지를 각각 신탁회사에 신탁한 경우 개인이 소유한 토지에 대해 양도세가 과세되는지 여부

[회신]

개인(A)이 소유하는 토지에 대해 법인(B)과 지주공동 사업계약을 체결하고, A와 B법인이 해당 A명의 토지와 B법인명의 토지를 신탁회사에 분양형토지신탁계약에 의해 신탁한 경우, 소득세법 제88조 제1호에 따른 '양도'의 해당 여부는 우리 청 기존회신 사례(재산세과-1963, 2008.07.28)를 참고하기 바람.

※ 재산 -1963, 2008.07.28.

거주자가 공동 사업을 경영할 것을 약정하는 계약에 의해 토지 등을 당해 공동 사업에 현물출자하는 경우에는 등기에 관계없이 현물출자한 날 또는 등기 접수일 중 빠른 날에 당해 토지가 유상으로 양도된 것으로 보아 양도세가 과세되는 것으로, 귀 질의의 경우 '양도'에 해당하는지 여부는 동업계약서 등 제반사항을 통해서 판단할 사항이다.

2. 적용 사례

사례를 통해 앞의 내용을 확인해보자.

당사는 오피스텔 신축 분양사업을 하는 시행사다. 이번에 오피스텔을 신축하고자 해당 지역 지주들로부터 토지를 매입했으나 자금이 충분하지 않아 A지주의 토지만 남겨둔 상태다. A지주의 토지를 시행사인 당사에 신탁등기를 하고 향후에 분양대금으로 토지 대금을 지급하거나 혹은 시장 상황이 좋지 않아 미분양이 발생할 경우 완성된 건물과 토지를 교환할 예정이다.

Q1 신탁이란 무엇인가?

개인이 소유하던 토지를 신탁회사에 신탁하는 것은 위탁자와 수탁자 간 신임관계에 기해 해당 자산의 관리, 처분, 개발 등 신탁 목적의 달성을 위해 업무를 위임한 것을 말한다.

Q2 사례의 경우 신탁등기를 하는 시점에서 A지주에게 양도세가 과세되는가?

일반적으로 등기상 신탁을 원인으로 소유권이전의 형식을 취하기는 하나, 토지를 이전받은 신탁회사가 신탁한 토지에 대한 평가가액 등을 반대급부로 지급하는 것이 아니고, 오히려, 관리·개발 등 등 수탁 업무에 대한 수수료를 토지주로부터 지급받는 것은 유상이전을 전제로 한 소득세법상 '양도'의 개념에 부합하지 않는다. 따라서 이 경우 양도로 보는 현물출자에 해당하지 않는다(재산 46014-894, 2000.07.21, 서면5팀-2008.5.20, 재산-1963, 2008.07.28).

Q3 미분양이 발생해 건물로 토지 대금을 A에게 변제한다면 양도시기는?

해당 토지의 대가를 건물로 지급하는 경우의 양도시기는 건물의 소유권이전등기 접수일이 될 것으로 보인다.

제 **9** 장

리모델링 사업과
세무상 쟁점

리모델링 사업과
세무상 쟁점

일반건물이나 단독주택 등을 리모델링하는 사업에 관심을 둔 분들이 많다. 리모델링이 건물의 가치를 높여주는 경우가 많기 때문이다. 그런데 이러한 리모델링에도 다양한 세금이 개입되는데, 이를 등한시하다가 예기치 않은 상황에 봉착하는 경우가 많다. 이하에서는 주로 건물과 단독주택을 리모델링하는 경우에 발생하는 세무상 쟁점을 알아보자.[58]

1. 리모델링에 대한 정의

리모델링이란, 건축법 제2조와 주택법 제2조 등에서 정의하고 있다. 이 중 건축법상의 정의는 다음과 같이 되어 있다.

---

58) 리모델링에 대한 세무 처리는 앞에서 본 신축과 대동소이하다. 따라서 독자들은 앞의 내용을 차근차근 살펴보기 바란다.

> 10. '리모델링'이란 건축물의 노후화를 억제하거나 기능 향상 등을 위하여 대수선
> 하거나 건축물의 일부를 증축 또는 개축하는 행위를 말한다.

여기서 '대수선'이란 건축물의 기둥, 보, 내력벽, 주계단 등의 구조나 외부 형태를 수선·변경하거나 증설하는 것을 말한다. 한편 '증축'과 '개축'은 건축법 제2조 제1항 제8호에서 아래와 같이 정의하고 있다.

> 2. '증축'이란 기존 건축물이 있는 대지에서 건축물의 건축면적, 연면적, 층수 또는
> 높이를 늘리는 것을 말한다.
> 3. '개축'이란 기존 건축물의 전부 또는 일부[내력벽·기둥·보·지붕틀(제16호에 따
> 른 한옥의 경우에는 지붕틀의 범위에서 서까래는 제외한다) 중 셋 이상이 포함되는
> 경우를 말한다]를 해체하고, 그 대지에 종전과 같은 규모의 범위에서 건축물을
> 다시 축조하는 것을 말한다.

2. 리모델링 사업과 세무상 쟁점

건물과 단독주택(또는 상가주택) 등을 매입해 리모델링해서 이를 판매할 때 발생하는 세무상 쟁점을 세목별로 정리해보자. 물론 자세한 내용은 뒤에서 살펴본다.

1) 사업자등록

리모델링 사업을 계속적·반복적으로 하면 이는 사업자에 해당한다. 따라서 사업자등록을 하는 것이 원칙이다. 다만, 이를 일회적으로 양도하는 경우에는 사업자등록이 필요 없다. 이때는 양도세로 내야 한다.

2) 취득세

리모델링과 관련 있는 취득세는 먼저 주택 등을 취득할 때 1~12% 내에서 발생하며, 이후 대수선이나 증축 등에 투입된 원가에 대해서도 별도로 취득세를 내야 한다. 이때 건물면적이 증가하면 증가한 부분은 원시취득으로 보고 2.8%를 적용하고 나머지에 대해서는 중과기준세율 (2%)을 적용한다.

3) 부가세

리모델링과 관련된 부가세는 크게 공사 중과 공사 후 완공된 건축물의 공급 시에 발생한다. 참고로 건물을 매입할 때 발생한 매입부가세는 대부분 환급된다.

① 리모델링 공사 중

건설산업기본법 등에 따라 건설업으로 등록한 시공사가 리모델링 공사용역을 제공 시 그 대상이 국민주택 관련이면 부가세 면세, 그 외는 부가세가 과세된다.

구분	부가세 발생 여부	비고
국민주택 관련 리모델링용역	면세	관련 법에 등록한 사업자가 제공 시에 면세(무면허는 과세)
건물 관련 리모델링용역	과세	세금계산서 발행
주상복합 관련 리모델링용역	면세와 과세로 안분	안분 기준 : 면적 기준

② 리모델링 공사 후 공급 시

공사 후 이를 공급 시 국민주택은 면세, 그 외는 과세되지만 이 경우에도 건물의 공급가액에 대해서만 과세가 된다.

구분	부가세 발생 여부	비고
국민주택의 공급	• 토지 : 면세 • 건물 : 면세	
건물의 공급	• 토지 : 면세 • 건물 : 과세	건물분은 세금계산서 발행
주상복합건물의 공급	면세와 과세로 안분	안분 기준 : 면적 기준

>> 건물의 공급 시 건물의 공급가액과 토지의 공급가액을 어떤 식으로 정하느냐에 따라 공급가액 및 부가세액이 달라진다. 이에 대한 자세한 내용은 제6장 등에서 살펴보았다.

4) 소득세(법인세)

리모델링 사업을 통해 소득이 발생하면 개인은 소득세로, 법인은 법인세로 세금 정산을 해야 한다.

구분	개인	법인
주택	6~45%	10~25%
건물	상동	상동

참고로 주택리모델링 사업의 경우, 해당 업종은 세법상 건설업에 해당되어 중소기업특별세액 감면(5~30%)를 받을 수 있을 것으로 보인다(최종 확인하기 바람).

리모델링과 사업자등록

이제 앞에서 제기된 세무상 쟁점들을 하나씩 살펴보자. 우선 리모델링과 관련된 사업자등록은 어떤 식으로 하는지부터 살펴보자. 참고로 현행 세법에서는 리모델링에 대해서는 별도의 세제가 있는 것이 아니므로 이하의 내용을 저자의 시각에서 정리한 것에 해당한다. 실무 적용 시에는 권위 있는 세무 전문가와 함께 문제를 해결하기 바란다.

1. 면세업과 과세업의 구분

소비자에게 공급하는 재화가 국민주택(다가구주택은 호를 기준)에 해당하면 부가세 면세업, 이를 초과한 주택이나 건물을 공급하면 과세업에 해당한다. 따라서 전자는 면세사업자로, 후자는 일반과세자로 등록하며, 면세업과 과세업을 겸영한 경우에는 일반과세자로 등록한다.

2. 업종의 구분

리모델링도 건설산업기본법상 건설업의 범위에 해당한다. 한편 통계청의 한국산업분류표에서는 리모델링을 통한 판매업을 ⒃주거용 건물 개발 및 공급업으로 분류하고 있다. 따라서 사업자등록을 할 때는 세법에서 별도로 정한 바가 없으면 이에 따른 기준으로 업종을 정해야 하므로 리모델링해 판매하는 사업은 아래와 같이 사업자등록을 해야 할 것으로 보인다.

구분	한국표준산업분류표	사업자등록	세법상 취급
주택리모델링	부동산업 : 주거용 건물 개발 및 공급업	좌동	건설업
건물리모델링	부동산업 : 비주거용 건물 개발 및 공급업	좌동	부동산 매매업

3. 적용 사례

사례를 통해 위의 내용을 확인해보자.

Q1 주택을 매입해 리모델링을 한 후 판매하면 세법상 건설업에 해당할까?

리모델링도 건설기본법상의 건설업에 해당하므로 세법도 이를 건설업으로 보는 것이 타당하다.

Q2 건물을 매입한 후에 리모델링을 통해 이를 공급하는 사업은 세법상 건설업에 해당하는가?

아니다. 이는 부동산 매매업에 해당한다.

Q3 세법상 건설업과 부동산 매매업의 차이는?

전자에 대해서는 중소기업특별세액 감면을 적용하지만, 후자의 경우에는 그렇지 않다. 이 외에도 몇 군데 차이가 있다.

※ 건설업과 부동산 매매업의 세제상 차이

구분	건설업	부동산 매매업
세율	6~45%	좌동(주택, 비사업용 토지는 비교과세)
예정신고	-	매매말일로부터 2개월 내 신고
확정신고	다음 해 5월(성실신고는 6월)	좌동

리모델링과 취득세

리모델링 공사로 인해 건물의 가치가 증가되는 것이 일반적이다. 이에 지방세법은 '대수선' 등도 '취득'에 해당하는 것으로 보아 취득세를 부과하고 있다. 이하에서 리모델링을 하기 위해 건축물을 구입할 때와 공사 완료 후에 내야 하는 취득세에 대해 알아보자.

1. 취득의 개념

지방세법 제6조 제1호에서 '취득'이란 매매, 법인에 대한 현물출자, 건축, 개수 등을 말한다. 여기서 '건축'과 '개수'가 리모델링과 관련이 있는데, 이는 앞에서 본 건축법상의 대수선과 건축 중 증축과 개축을 의미한다.

2. 주택 등의 매입 시의 취득세

리모델링 사업을 위해서는 주택이나 건물 등을 취득해야 한다. 이때 취득세가 발생할 수 있다. 먼저 전체를 요약하면 아래와 같다.

구분	개인	법인
주택	1~12%	12%
건물	4%	4%(과밀억제권역 내 신설법인과 본점 증축 시는 중과세율)

1) 주택매입 시의 취득세

다주택자나 법인이 기준시가 1억 원을 초과한 주택을 취득해 리모델링 사업을 하는 경우, 자칫 취득세 중과세율이 적용될 수 있음에 유의해야 한다.

구분	개인	법인
일반세율	1~3%	좌동
중과세율	8~12%	12%

>> 주택법에 따른 리모델링주택조합이 취득하는 주택에 대해서는 취득세 중과세율을 적용하지 않지만, 그 외의 경우에는 이를 적용배제하는 규정이 마련되어 있지 않다(이 부분은 개선의 여지가 있다). 제3장의 해당 부분을 참조하기 바란다.

2) 건물매입 시의 취득세

일반적으로 건물을 매입한 경우에는 4%의 취득세가 발생한다(농특세 등 포함 시 4.6%). 다만, 수도권 과밀억제권역 내에서 신설된 지 5년이 안된 법인이 이 지역 내의 건물을 매입한 경우에는 8%의 중과세율이 적용될 수 있다. 이에 대한 자세한 내용은 역시 제3장을 참조하기 바란다.

3. 리모델링 공사 완료 후 취득세

리모델링 공사가 완료된 이후에도 공사분에 대한 취득세를 별도로
내야 한다.

1) 대수선 등과 취득세

① 세율

리모델링과 관련된 취득세율은 지방세법 제15조 제2항과 동법 제11
조 제3항에서 정하고 있다.

- 지방세법 제15조 제2항

> ② 다음 각 호의 어느 하나에 해당하는 취득에 대한 취득세는 중과기준세율(2%)
> 을 적용하여 계산한 금액을 그 세액으로 한다. 다만, 취득물건이 제13조 제1항
> 에 해당하는 경우에는 중과기준세율의 100분의 300을, 같은 조 제5항에 해
> 당하는 경우에는 중과기준세율의 100분의 500을 각각 적용한다.
> 1. 개수로 인한 취득(제11조 제3항에 해당하는 경우는 제외한다). 이 경우 과세표
>   준은 제10조의6 제3항에 따른다.

- 지방세법 제11조 제3항

> ③ 제10조의4 및 제10조의6 제3항에 따라 건축(신축과 재축은 제외한다) 또는 개
> 수로 인하여 건축물 면적이 증가할 때에는 그 증가된 부분에 대하여 원시취득
> 으로 보아 제1항 제3호의 세율(2.8%)을 적용한다.

② 과세표준

법인이 아닌 자가 건축물을 건축해 취득하는 경우로서 사실상 취득
가격을 확인할 수 없는 경우의 취득당시가액은 시가표준액으로 한다.

여기서 시가표준액은 거래가격, 수입가격, 신축·건조·제조가격 등을 고려해 정한 기준가격에 종류, 구조, 용도, 경과연수 등 과세 대상별 특성을 고려해 대통령령으로 정하는 기준에 따라 지방자치단체의 장이 결정한 가액으로 한다(지방세법 제4조 참조).

4. 적용 사례

사례를 통해 앞의 내용을 확인해보자.

Q1 주택리모델링 사업에 의해 주택이 개수되거나 면적 등이 늘어날 수 있다. 이에 대해 취득세는 어떤 식으로 과세될까?

구분	취득개념	세율	과세표준
기존면적분	대수선*	• 85㎡ 이하 : 2% • 85㎡ 초과 : 2.2%	기존면적 × 평당공사비
증축면적분	원시취득	• 85㎡ 이하 : 2.96% • 85㎡ 초과 : 3.16%	증축면적 × 평당공사비

* 대수선에 대한 지방교육세는 과세되지 않는다(지방세법 제151조 제1항).

Q2 건물리모델링 사업에 의해 건물이 개수되거나 면적 등이 늘어날 수 있다. 이에 대해 취득세는 어떤 식으로 과세될까?

구분	취득개념	세율	과세표준
기존면적분	대수선	2.2%	기존면적×평당공사비
증축면적분	원시취득	3.16%	증축면적×평당공사비

즉, 건축면적이 증가되지 않으면 실제 공사비를 기준으로 2.2%, 실제 공사비가 확인되지 않으면 표준 공사비를 적용해야 할 것으로 보인다(단, 법인은 장부상의 금액을 기준으로 적용해야 함).

리모델링과 부가세

주택이나 건물을 리모델링할 때 제공받은 공사용역과 공사 후 이를 판매할 때 부가세 처리에 대해 정리해보자. 이러한 부가세 처리는 앞에서 본 신축 판매업과 같은 원리가 적용된다. 아래 내용에 대한 구체적인 내용은 제5장 등을 참조하기 바란다.

1. 리모델링 공사와 부가세

리모델링 공사에 대한 부가세 문제를 주택과 건물로 나누어 살펴보자.

1) 주택리모델링 공사

주택과 관련된 리모델링용역에 대해서는 국민주택과 관련된 것이면 부가세가 면제되며, 이를 초과한 경우에는 부가세가 과세된다. 다가구주택은 각 호를 기준으로 국민주택규모 여부를 판단한다. 참고로 부가세 면제를 받기 위해서는 공사업자가 반드시 관련 법에 의해 등록이 되어야 한다.

① 국민주택 관련 리모델링용역

조세특례법 제106조에 규정하고 있는 부가세가 면세되는 리모델링 용역은 주택법·도시 및 주거환경정비법 및 건축법에 의하여 리모델링 하는 것으로서 다음 각 호의 어느 하나에 해당하는 용역을 말하며, 당 해 리모델링을 하기 전의 주택규모가 제4항 제1호의 규정에 의한 주택 에 해당하는 경우(리모델링 후 당해 주택의 규모가 제4항 제1호의 규정에 의한 규모 를 초과하는 경우로서 리모델링하기 전의 주택규모의 100분의 130을 초과하는 경우를 제 외한다)에 한한다.

1. 건설산업기본법·전기공사업법·소방시설공사업법·정보통신사업 법·주택법·하수도법 및 가축분뇨의 관리 및 이용에 관한 법률에 의하여 등록을 한 자가 공급하는 것

2. 당해 리모델링에 사용되는 설계용역으로서 건축사법에 의하여 등 록을 한 자가 공급하는 것

>> 향후 리모델링 국민주택을 판매하면 소비자로부터 부가세를 징수할 필 요가 없다. 따라서 공사 중에 부담한 매입세액은 발생하지 않는 것이 원 칙이다. 다만, 자재 등은 건설용역이 아니므로 부가세가 발생하는데 이 매입세액은 환급받을 수 없다.

② 국민주택규모 초과 관련 리모델링용역

리모델링 공사를 제공하는 업체에서는 무조건 세금계산서를 발행해 야 한다. 한편 건축주는 이에 대한 부가세를 환급받을 수 있다.

>> 향후 리모델링주택을 판매하면 분양가 중 건물공급가액의 10% 상당액 을 부가세로 징수해서 납부해야 한다. 따라서 공사 중에 부담한 매입세

액은 환급받을 수 있다.

2) 건물리모델링 공사

건물을 공급하면 부가세가 과세되므로 이에 대한 리모델링 공사용역에도 부가세가 발생한다. 물론 건축주 입장에서는 부가세를 환급받을 수 있다.

3) 주상복합건물 관련 리모델링용역

주상복합건물 관련 리모델링용역에 대한 부가세 처리는 아래와 같이 한다.

① 귀속이 확실한 경우

리모델링 공사용역이 국민주택과 그 외 건축물분으로 나눌 수 있다면 그에 따라 부가세를 처리하면 된다. 국민주택 공사는 면세, 기타는 과세로 처리한다.

② 귀속이 불분명한 경우

과세와 면세로 구분이 힘든 경우에는 면적 비율로 안분해서 면세와 과세를 구분한다.

2. 리모델링 공사 후 공급과 부가세

리모델링 공사 후 완성된 주택이나 건물을 공급하면 부가세의 발생 유무를 확인하고 이에 대한 후속처리를 해야 한다.

1) 주택의 공급

국민주택규모(다가구주택은 호당 면적 기준) 이하의 국민주택을 사업자가 공급하면 부가세가 발생하지 않는다. 하지만 국민주택규모를 초과한 주택에 대해서는 건물공급가액의 10%만큼 부가세가 발생한다.

2) 건물의 공급

사업자가 건물을 공급하면 건물공급가액의 10%만큼 부가세가 발생한다.

3) 주상복합건물의 공급

국민주택과 국민주택규모 초과주택, 일반건물 등을 복합적으로 공급한 경우에는 아래와 같이 부가세 처리를 해야 한다.

구분	토지공급가액	건물공급가액
국민주택의 공급	면세	면세
국민주택규모 초과주택의 공급	면세	과세(부가세 10%)
일반건물의 공급	면세	과세(부가세 10%)

>> 국민주택 초과분과 일반건물은 토지와 건물의 공급가액으로 나누어 판매가를 책정해야 한다. 이에 대해서는 제6장에서 살펴보았다.

05

리모델링 사업과
소득세(법인세)

주택이나 건물을 리모델링을 한 후에 이를 사업적으로 판매하는 경우에는 개인은 소득세, 법인은 법인세를 내야 한다. 이하에서는 주택과 건물을 리모델링한 후에 소득세를 신고하는 방법에 대해 알아보자.

1. 리모델링과 소득세

1) 소득의 구분

개인이 주택과 건물을 리모델링한 후 이를 판매하면 사업소득에 해당한다. 이를 요약하면 다음과 같다.

구분	거래 형태	소득 구분
주택 리모델링 후 판매	일시적(비사업적)	양도소득
	계속적(사업적)	사업소득 ☞ 주거용 건물 개발 및 공급업 (세법상 건설업)*
건물 리모델링 후 판매	일시적(비사업적)	양도소득
	계속적(사업적)	사업소득 ☞ 비주거용 건물 개발 및 공급업 (세법상 부동산 매매업)

* 건설업으로 분류되면 중소기업특별세액 감면 등을 받을 수 있다.

2) 과세 방식

건설업과 부동산 매매업에 대한 소득세 과세 방식을 정리하면 아래와 같다.

구분	건설업	부동산 매매업
소득파악	• 원칙 : 장부 • 예외 : 추계	좌동
세율	6~45%	좌동(주택, 비사업용 토지는 비교과세)
예정신고	-	매매말일로부터 2개월 내 신고
확정신고	다음 해 5월(성실신고는 6월)	좌동

2. 적용 사례1(주택)

주택리모델링 사업과 관련된 소득세 등을 사례를 들어 확인해보자. 참고로 소득세나 법인세의 경우 지방소득세가 10% 선에서 추가로 발생하니 실무에서는 이러한 부분까지 고려해야 한다.

- 주택취득 : 10억 원(취득세 포함)
- 공사비 : 3억 원
- 일반관리비 : 3,000만 원
- 면적증가분은 없음.
- 취득 후 1년 이내에 재판매

Q1 리모델링 공사 후에 내야 할 취득세는 얼마나 나올까? 세율은 2.2%를 적용한다.

공사 후에는 대수선에 따른 취득세를 2.2%로 내야 한다. 따라서 이 경우 660만 원(3억 원×2.2%) 정도가 예상된다.

Q2 위의 공사비에 대해서는 부가세가 발생하는가?

등록된 건설사업자가 국민주택과 관련된 리모델링용역을 제공하는 경우, 부가세가 면세된다.

Q3 이 주택을 리모델링한 후 20억 원에 양도하는 경우, 소득세 산출 세액은 얼마나 나오는가?

사업자가 이를 양도하면 사업소득, 비사업자가 양도하면 양도소득으로 소득이 구분된다.

구분	사업소득	양도소득
양도가액	20억 원	20억 원
− 건물취득가액	10억 원	10억 원
− 취득세	660만 원	660만 원
− 공사비	3억 원	3억 원
= 양도차익	6억 9,340만 원	6억 9,340만 원
− 일반관리비	3,000만 원	−

구분	사업소득	양도소득
= 과세표준	6억 6,340만 원	6억 9,340만 원
× 세율	42%	50%
− 누진공제	3,540만 원	0원
= 산출세액	243,228,000원	346,700,000원

>> 주택리모델링 판매업이 건설업에 해당하면 중소기업특별세액 감면을 받을 수 있을 것으로 보인다. 실무 적용 시 확인하기 바란다.

3. 적용 사례2(건물)

건물리모델링 사업과 관련된 소득세를 사례를 들어 확인해보자.

자료 🔍

- 일반건물 취득 : 10억 원(취득세 포함)
- 공사비 : 3억 원
- 일반관리비 : 3,000만 원
- 면적증가분은 없음.
- 취득 후 1년 이내에 재판매

Q1 이 건물을 리모델링한 후 20억 원에 양도하는 경우, 소득세 산출세액은 얼마나 나오는가?

구분	사업소득	양도소득
양도가액	20억 원	20억 원
− 건물취득가액	10억 원	10억 원
− 취득세	660만 원	660만 원
− 공사비	3억 원	3억 원

구분	사업소득	양도소득
= 양도차익	6억 9,340만 원	6억 9,340만 원
– 일반관리비	3,000만 원	–
= 과세표준	6억 6,340만 원	6억 9,340만 원
× 세율	42%	50%
– 누진공제	3,540만 원	0원
= 산출세액	243,228,000원	346,700,000원

건물을 리모델링해서 양도 시 사업소득 또는 양도소득으로 보아 과세될 수 있다. 한편 건물리모델링 판매업은 세법상 부동산 매매업에 해당하므로 중소기업특별세액 감면을 받을 수 없다.

Q2 건물리모델링을 통한 판매업은 세법상 부동산 매매업이 된다. 이 경우, 비교과세가 적용될까?

건물을 바로 매입해 리모델링 후 사업적으로 양도하는 경우 부동산 매매업에 해당하지만, 토지는 계속 사업용으로 사용했으므로 이런 상황에서는 비교과세가 적용되지 않을 것으로 보인다.

비교과세는 건물 부분을 제외하고 토지에 대해서만 적용되는데, 사례의 경우 건물 보유 기간 및 공사 기간이 모두 사업용으로 사용되었기 때문이다.

주택이나 건물을 리모델링한 후에 이를 임대한 경우가 있을 수 있다. 이때 발생하는 세무상 쟁점을 정리하면 아래와 같다.

1. 보유세

리모델링을 진행 중에도 해당 주택이나 건물이 존재하는 것으로 세법을 적용하기 때문에 매년 6월 1일 현재를 기준으로 재산세와 종부세가 부과된다.

2. 임대소득세

주택과 건물을 임대하면 두 가지 세목이 발생한다.

구분	부가세	임대소득세
주택임대료	면세	• 연간 2,000만 원 이하 : 분리과세와 종합과세 중 선택 • 연간 2,000만 원 초과 : 종합과세 ☞ 종합과세란 다른 소득과 합산해서 6~45%로 소득세를 정산하는 방식을 말함.
건물임대료	과세(10%)	종합과세

》 참고로 리모델링 공사비는 일반적으로 기존건물의 자본적 지출로 보나 일부에서는 그렇지 않을 수 있다. 하지만 개축 등의 공사비는 신규자산의 취득으로 보는 차이가 있다. 다음을 참조하기 바란다.

※ 건축법상의 신축 등에 따른 공사비처리와 감가상각 방법

구분	공사비처리	감가상각
신축*	신규자산	신규로 적용
증축	기존자산의 자본적 지출	기존자산의 것을 적용
개축	신규자산	신규로 적용
재축	신규자산	신규로 적용

* 건축법 시행령 제2조

이 영에서 사용하는 용어의 뜻은 다음과 같다.

1. '신축'이란 건축물이 없는 대지(기존 건축물이 철거되거나 멸실된 대지를 포함한다)에 새로 건축물을 축조(築造)하는 것[부속건축물만 있는 대지에 새로 주된 건축물을 축조하는 것을 포함하되, 개축(改築) 또는 재축(再築)하는 것은 제외한다]을 말한다.
2. '증축'이란 기존 건축물이 있는 대지에서 건축물의 건축면적, 연면적, 층수 또는 높이를 늘리는 것을 말한다.
3. '개축'이란 기존 건축물의 전부 또는 일부[내력벽·기둥·보·지붕틀(제16호에 따른 한옥의 경우에는 지붕틀의 범위에서 서까래는 제외한다) 중 셋 이상이 포함되는 경우를 말한다]를 철거하고 그 대지에 종전과 같은 규모의 범위에서 건축물을 다시 축조하는 것을 말한다.
4. '재축'이란 건축물이 천재지변이나 그 밖의 재해(災害)로 멸실된 경우 그 대지에 종전과 같은 규모의 범위에서 다시 축조하는 것을 말한다.

※ **법인22601-634, 1987.03.12.**

법인이 기존건물에 대한 개량·확장·증설 등에 해당하는 자본적 지출액은 기존건물의 내용연수를 적용하여 감가 상각하는 것이나, 귀 질의 내용상의 건물대수선이 건축법 시행령 제2조에서 규정하는 신축, 개축, 재축 등에 해당하는 경우에는 기존 건축물의 가액과 새로이 지출한 금액의 합계액을 신규취득자산으로 보아 해당 내용연수를 적용하여 감가 상각하는 것임.

3. 양도세

임대사업자가 임대한 후에 임대주택이나 임대건물을 양도하면 두 가지의 세목이 발생한다.

구분	부가세	양도소득세
임대주택의 공급	면세(전용면적과 무관)	• 양도세 비과세 : 1세대 1주택 등에 해당 시 • 양도세 과세 : 일반과세 또는 중과세
임대건물의 공급	과세(건물의 공급가액의 10%)	일반과세

부록1

신축 건축물 유형과
세무상 쟁점

단독주택 신축과 세무상 쟁점

부록1에서는 신축 건축물 유형에 따라 사업을 시행하는 건축주(시행사)와 이들이 분양하는 건축물을 취득한 수분양자의 관점에서 주의해야 할 세무상 쟁점들을 다각도로 정리해보자. 이러한 내용은 실무적으로 중요하므로 미리 한 번씩 점검해두는 것이 좋을 것으로 보인다. 먼저 단독주택부터 정리해보자.

1. 건축법상 주택의 분류와 단독주택

1) 건축법상 주택의 분류

건축법 시행령 제3조의5(별표 1)에서는 다음과 같이 주택을 분류하고 있다.

1. 단독주택 　가. 단독주택 　나. 다중주택 　다. 다가구주택 　라. 공관(公館)	2. 공동주택 　가. 아파트 　나. 연립주택 　다. 다세대주택 　라. 기숙사

2) 단독주택의 정의

단독주택은 1세대가 하나의 건축물 안에서 독립된 주거생활을 할 수 있는 구조로 된 주택을 말한다. 이에는 단독주택, 다가구주택, 다중주택이 포함된다.

2. 단독주택의 신축과 세무상 쟁점

타운하우스 형태로 단독주택을 신축해 분양(판매)하는 사업자도 주택 신축 판매업에 해당한다. 이 경우, 공사 중의 부가세와 완공 시 취득세와 관련된 세무상 쟁점을 살펴보자.

1) 단독주택에 대한 건설용역과 부가세

단독주택에 대한 건설용역은 국민주택규모 이하인 경우에만 부가세가 면제된다. 국민주택규모는 아래와 같다.

※ 주택법 제2조

　6. '국민주택규모'란 주거의 용도로만 쓰이는 면적(이하 '주거전용면적'이라 한다)이 1호(戶) 또는 1세대당 85㎡ 이하인 주택(수도권정비계획법 제2조 제1호에 따른 수도권을 제외한 도시 지역이 아닌 읍 또는 면 지역은 1호 또는 1세대당 주거전용면적이 100㎡ 이하인 주택을 말한다)을 말한다. 이 경우 주거전용면적의 산정 방법은 국토교통부령으로 정한다.

> ※ **주택법 시행규칙 제2조**(주거전용면적의 산정 방법)
>
> 주택법 제2조 제6호 후단에 따른 주거전용면적의 산정 방법은 다음 각 호의
> 기준에 따른다.
>
> 1. 단독주택의 경우 : 그 바닥면적에서 지하실(거실로 사용되는 면적은 제외한다),
>   본 건축물과 분리된 창고·차고 및 화장실의 면적을 제외한 면적. 다만, 그
>   주택이 건축법 시행령 별표 1 제1호 다목의 다가구주택에 해당하는 경우
>   그 바닥면적에서 본 건축물의 지상층에 있는 부분으로서 복도, 계단, 현관
>   등 2세대 이상이 공동으로 사용하는 부분의 면적도 제외한다.
> 2. 공동주택의 경우 : 외벽의 내부선을 기준으로 산정한 면적. 다만, 2세대 이
>   상이 공동으로 사용하는 부분으로서 다음 각 목의 어느 하나에 해당하는 공
>   용면적은 제외하며, 이 경우 바닥면적에서 주거전용면적을 제외하고 남는
>   외벽면적은 공용면적에 가산한다.
>   가. 복도, 계단, 현관 등 공동주택의 지상층에 있는 공용면적
>   나. 가목의 공용면적을 제외한 지하층, 관리사무소 등 그 밖의 공용면적

2) 단독주택의 완공과 취득세

단독주택이 완공되어 보존등기를 낼 때 취득세는 과세표준의 2.8%로
부과된다. 이때 전용면적의 크기에 따라 총세율에서 차이가 발생한다.

전용면적 85㎡ 이하	전용면적 85㎡ 초과
2.96%	3.16%

취득세 과세표준은 실제 취득가액을 기준으로 하나 개인사업자의 경
우 실제 취득가액이 불분명하면 시가표준액(표준공사비)을 기준으로 할
수 있다(법인은 장부상의 금액을 기준).

3. 단독주택 취득자와 세무상 쟁점

단독주택의 취득자가 알아두면 좋을 세무상 쟁점을 정리해보자.

1) 취득세

단독주택을 취득하면 주택에 대한 취득세를 1~12% 사이에서 내야 한다. 최근 다주택자가 주택을 추가로 취득하면 취득세 중과세가 적용되고 있음에 유의해야 한다.

>> 일반적으로 단독주택은 주택법이 아닌 건축법에 의해 건축되므로 다른 주택의 취득세와 양도세율 결정 시 주택 수에 포함하지 않는다. 이는 2020년 7·10대책과 관계가 있는 것으로 좀 더 세부적인 정보가 필요한 독자들은 저자의 《재건축·재개발 세무 가이드북》을 참조하기 바란다.

2) 양도세

단독주택을 취득한 후 양도하면 주택에 대한 세제가 적용된다. 이때 한 가지 주의할 점은 단독주택의 부수 토지가 세법에서 정한 기준을 초과하면, 그 부분은 주택이 아닌 비사업용 토지로 본다는 것이다.

구분	주택 부수 토지	나대지
면적	건축정착면적의 일정 비율* 이내	일정 비율 초과
과세 방식	주택으로 보아 비과세 등 적용	비사업용 토지로 보아 과세

* 이는 아래를 말한다.

가. 수도권정비계획법 제2조 제1호에 따른 수도권 내의 토지 중 주거 지역·상업 지역 및 공업 지역 내의 토지 : 3배

나. 수도권 내의 토지 중 녹지 지역 내의 토지 : 5배

다. 수도권 밖의 토지 : 5배

2. 그 밖의 토지 : 10배

>> 만일 주택 부수 토지의 범위를 초과하는 경우에는 양도일을 기준으로 소급해 2년 전에 주택 바닥정착면적을 늘려두면 향후 주택 부수 토지가 늘어나 세금이 줄어든다.

4. 적용 사례

K씨는 경기도 고양시에서 단독주택을 건축하려고 한다. 물음에 답하면?

> **자료** 🔍
>
> • 단독주택 건물정착면적 : 100㎡
> • 건설용지 : 600㎡
> • 주거 지역에 해당함.

Q1 사례에서 세법상 주택 부수 토지로 인정되는 범위는?

경기도 고양시는 수도권이고 해당 지역은 주거 지역이므로 건물정착면적의 3배만 주택의 부수 토지로 인정된다.

Q2 단독주택을 건축할 때 고려해야 할 세무상 쟁점은?

앞에서 본 건물정착면적의 배율을 초과한 부분은 비사업용 토지에 해당되어 양도세 중과세가 적용된다. 따라서 건축 전에 이러한 요소를 감안해야 한다.

Q3 단독주택을 별장으로 활용하면 주택 수에서 제외되는가?

소유자가 이를 상시 주거용이 아님을 입증해야 한다. 하지만 내부구조 등이 주택모양을 하고 있으면 일반적으로 '주택'으로 보는 경향이 높다. 실무적으로 주의해야 한다(문제가 발생할 경우 저자 문의).

다가구주택 신축과
세무상 쟁점

주위에서 흔하게 볼 수 있는 다가구주택의 신축을 중심으로 세무상 쟁점을 살펴보자. 참고로 다가구주택은 많은 호를 공급한다는 관점에서 가급적 세제를 우대하는 방식으로 세법을 적용하고 있다.

1. 다가구주택의 정의

건축법 등에서는 다음의 요건을 모두 갖춘 주택을 단독주택의 하나인 다가구주택으로 본다. 만약 이러한 요건을 충족하지 않으면 공동주택이 된다.

• 주택으로 쓰는 층수(지하층은 제외한다)가 3개 층 이하일 것. 다만, 1층의 전부 또는 일부를 필로티 구조로 해서 주차장으로 사용하고 나머지 부분을 주택(주거 목적으로 한정한다) 외의 용도로 쓰는 경우에는 해당 층을 주택의 층수에서 제외한다.

- 1개 동의 주택으로 쓰이는 바닥면적의 합계가 $660 m^2$ 이하일 것
- 19세대(대지 내 동별 세대수를 합한 세대를 말한다) 이하가 거주할 수 있을 것

2. 다가구주택 신축과 세무상 쟁점

1) 다가구주택에 대한 건설용역과 부가세

다가구주택을 건축할 때는 호당 전용면적이 국민주택규모에 해당하면 부가세 면제를 받을 수 있다. 물론 공사업자는 등록된 사업자에 해당되어야 한다.

2) 다가구주택의 완공과 취득세

다가구주택은 단독주택에 해당하므로 이의 완공 시 2.8%의 세율로 취득세를 내게 된다.

전용면적 85㎡ 이하	전용면적 85㎡ 초과
2.96%	3.16%

3) 건설임대주택으로 등록

다가구주택을 건설해 이를 임대할 경우에는 다양한 세제 혜택이 주어진다. 다만, 건설임대주택으로 혜택을 누리기 위해서는 사용승인 전에 건설임대사업자로 관할 세무서에 등록해야 한다(사업자등록이 늦으면 매입임대주택사업자가 되어 혜택을 받을 수 없다).

3. 다가구주택 취득자와 세무상 쟁점[59]

다가구주택의 취득자가 알아두면 좋을 세무상 쟁점을 정리해보자.

1) 취득세

다가구주택을 취득하면 주택에 대한 취득세를 1~12% 사이에서 내야 한다. 최근 다주택자가 주택을 추가로 취득하면 취득세 중과세가 적용되고 있음에 유의해야 한다.

2) 양도세

다가구주택을 개인이 1세대 1주택으로 양도하면 양도세 비과세를 받을 수 있다(1호에서 거주하면 거주요건이 인정됨). 다만, 이때 다가구주택 형태라도 층수가 4층이 넘어가면 다세대주택으로 변해 주택 수가 많아진다는 위험성이 있다는 점에 주의해야 한다. 따라서 불법증축된 건물이 있다면 원상복구를 통해 이러한 문제를 해결해야 한다.

4. 적용 사례

K씨는 나대지를 보유하고 있는데 이 위에 다가구주택을 건축할까 말까 고민하고 있다. 각 상황에 맞게 답을 하면?

Q1 L씨는 다가구주택을 신축해서 이를 생활형 주택으로 임대하고자 한다. 이 경우 국민주택으로 인정받을 수 있는가?

다가구주택의 경우에는 가구당 전용면적을 기준으로 국민주택인지의 여부를 따진다. 즉 한 가구가 독립해 거주할 수 있도록 구획된 부

---

59) 개인이 신축된 다가구주택이나 오피스텔 등을 보유하거나 양도할 때는 실질 용도를 우선 적용한다. 다만, 용도가 불분명한 경우에는 공부상의 용도를 적용한다.

분을 각각 하나의 주택으로 본다는 것이다. 따라서 한 가구의 면적이 85㎡ 이하라면 국민주택으로 인정받는다.

Q2 다가구주택을 건설하면 부가세가 발생하는가?

건설용역의 경우, 호당 전용면적이 국민주택규모에 해당하면 부가세가 면제된다.

Q3 K씨는 다가구주택을 이용해 원룸임대사업을 하고 있다. 이 원룸을 처분하고자 하는데 처분이익에 대한 세금은 어떻게 정산되는가?

원룸이 단독주택이나 다가구주택으로 인정되면, 하나의 매매단위로 거래되고 1세대 1주택 비과세요건(2년 보유 및 거주, 12억 원 미만)을 충족 시 비과세를 받는다. 다만, 각각 별도로 구분해 양도하는 경우에는 다세대주택으로 보아 주택 수를 계산한다.

Tip 다가구주택과 다세대주택의 구분

구분		다가구주택	다세대주택
세법상 정의		구분등기가 되어 있지 않은 주택	구분등기가 되어 있는 주택
건물구조		건축면적이 660㎡·3층·19가구 이하 주택	동당 건축면적이 660㎡·4층 이하 주택
세법상 취급	보유 시	각 호를 1주택으로 간주	각각 1채로 간주
	임대·양도 시	단독주택으로 간주	각각 1채로 간주

다중주택(대학가 원룸) 신축과
세무상 쟁점

　대학가 근처에 원룸 형태로 많이 신축되는 다중주택은 건축법상 단독주택의 하나에 해당한다. 이러한 다중주택은 외관이 다가구주택과 유사하나 건축법 등에서 이와 달리 정의하고 있다. 이에 따라 세제도 다가구주택과 달리 적용되므로 실무상 매우 주의해야 한다.

1. 다중주택의 정의

건축법 등에서는 다음과 같이 다중주택에 대해 정의하고 있다.

> 나. 다중주택 : 다음의 요건을 모두 갖춘 주택을 말한다.
> 　1) 학생 또는 직장인 등 여러 사람이 장기간 거주할 수 있는 구조로 되어 있는 것
> 　2) 독립된 주거의 형태를 갖추지 않은 것(각 실별로 욕실은 설치할 수 있으나, 취사
> 　　시설은 설치하지 않은 것을 말한다)

3) 1개 동의 주택으로 쓰이는 바닥면적(부설 주차장 면적은 제외한다. 이하 같다)의 합계가 660㎡ 이하이고, 주택으로 쓰는 층수(지하층은 제외한다)가 3개 층 이하일 것. 다만, 1층의 전부 또는 일부를 필로티 구조로 하여 주차장으로 사용하고 나머지 부분을 주택(주거 목적으로 한정한다) 외의 용도로 쓰는 경우에는 해당 층을 주택의 층수에서 제외한다.
4) 적정한 주거환경을 조성하기 위하여 건축조례로 정하는 실별 최소 면적, 창문의 설치 및 크기 등의 기준에 적합할 것

2. 다중주택의 신축과 세무상 쟁점

1) 다중주택에 대한 건설용역과 부가세

다중주택에 대한 건설용역에 대해서는 부가세 면제를 받기가 힘들다. 다가구주택은 호별 전용면적을 기준으로 하지만, 다중주택에 대해서는 정해진 바가 없기 때문이다. 따라서 각 호가 국민주택규모에 해당하더라도 공사비 지급 시 세금계산서를 수취해야 한다. 주의하기 바란다.

Q 다중주택으로 건축허가 및 사용승인을 받았다. 이후 각 방에 취사도구 등을 설치하는 식으로 용도변경을 했다. 이 경우 다가구주택으로 주장해 공사비에 대한 부가세 면제를 주장할 수 있을까?

아니다. 다음 예규를 참조하기 바란다.

※ **부가, 서면-2018-법령해석부가-2593[법령해석과-152], 2019.01.23.**

주택신축 판매업을 영위하는 사업자가 다중주택(단독주택)으로 건축허가를 받아 신축한 건물을 용도변경의 허가를 받지 아니하고 원룸(공동주택) 형태로 개조하는 경우로서 해당 다중주택의 전체 주거전용면적이 85㎡를 초과하는 경우 조세특례법 제106조 제1항 제4호의 국민주택에 해당하지 아니함.[60]

---

60) 사용승인 후 건물구조를 불법 변경한 경우 관련 법률 및 세법상 다양한 쟁점이 발생할 수 있음에 유의해야 한다.

2) 다중주택의 완공과 취득세

다중주택도 단독주택에 해당하므로 이의 완공 시 2.8%의 세율로 취득세를 내게 된다.

3. 다중주택 취득자와 세무상 쟁점

1) 취득세

다중주택을 취득하면 주택에 대한 취득세를 1~12% 사이에서 내야 한다. 최근 다주택자가 주택을 추가로 취득하면 취득세 중과세가 적용되고 있음에 유의해야 한다.

2) 임대소득세

다중주택을 임대하면 임대료 등에 대해서는 소득세를 부담해야 한다.

3) 양도세

다중주택을 양도하면 양도세가 발생하는데 이때 해당 주택이 1세대 1주택에 해당하면 비과세를 받을 수 있다.

4. 적용 사례

K씨는 서울의 한 대학가 근처에서 다중주택을 건축하려고 한다. 물음에 답하면?

자료 🔍

- 건축허가 : 다중주택
- 건축 호수 : 10호

Q1 다중주택과 다가구주택은 차이가 나는가?

다중주택은 각 호에 취사시설을 설치할 수가 없지만, 다가구주택은 그렇지 않다. 이러한 점에서 차이가 발생하고 있다.

Q2 다중주택을 신축할 경우 부가세가 면제될까?

다중주택은 단독주택에는 해당하나 다가구주택과는 구별이 된다. 현행 세법은 신축할 때 다가구주택만 각 호별 면적이 국민주택규모 이하이면 공급이 이에 대한 건설용역에 대해 부가세를 면제하고 있다. 다중주택은 여기에서 제외가 되므로 부가세가 발생한다.

Q3 다중주택을 양도하면 비과세가 가능한가?

해당 주택은 단독주택에 해당하므로 1세대 1주택 비과세가 가능하다. 물론 2년 이상 보유 및 거주 등의 요건을 갖추어야 한다.

도시형 생활주택 신축과 세무상 쟁점

　도시형 생활주택은 공동주택 중 주로 서민과 1~2인 가구를 위해 주택법에서 별도로 정의된 주택(공동주택)을 말한다. 일반적으로 다세대주택(전용면적 85㎡ 이하)과 원룸형(12~30㎡), 기숙사형(7~20㎡)으로 나뉜다. 이하에서는 도시형 생활주택의 신축과 관련된 세무상 쟁점을 살펴보고자 한다.

1. 도시형 생활주택의 정의

　'도시형 생활주택'은 건축법이 아닌 주택법에서 정하고 있다. 구체적으로 300세대 미만의 국민주택규모에 해당하는 주택으로서 대통령령으로 정하는 주택을 말한다. 다음 내용을 보면 도시형 생활주택은 모두 공동주택에서 별도로 분류되고 있다.

　》》 도시형 생활주택은 주택법상의 공동주택 중에서 정의한 것을 말한다.

2. 도시형 생활주택의 신축과 세무상 쟁점

1) 도시형 생활주택에 대한 건설용역과 부가세

도시형 생활주택은 국민주택규모로 건축이 된다. 따라서 이와 관련된 건설용역에 대해서는 부가세가 발생하지 않는다.

2) 도시형 생활주택의 완공과 취득세

도시형 생활주택을 완공할 때는 공동주택의 취득으로 과세표준의 2.8%가 부과된다.

3) 도시형 생활주택의 분양과 소득세 등

도시형 생활주택을 분양하는 사업은 건설업(주택신축 판매업)에 해당한다. 따라서 분양소득에 대해 개인사업자이면 6~45%, 법인이면 10~25%만 부담하면 된다. 참고로 건설업에 해당하므로 중소기업특별세액 감면 등을 받을 수 있다.

3. 도시형 생활주택 취득자와 세무상 쟁점

1) 취득세

도시형 생활주택도 주택에 해당하므로 이를 분양받은 사람의 입장에서는 주택 수에 따라 1~12%까지 취득세를 부담해야 한다.

Q **도시형생활주택을 임대하기 위해 이를 취득하면 취득세 등을 감면받을 수 있는가?**

민간임대주택법에 의해 등록한 임대사업자가 임대할 목적으로 건축주로부터 최초로 분양(기존주택을 승계하는 경우는 제외)받는 전용면적 60㎡ 이하인 공동주택(도시형 생활주택인 아파트·연립주택·다세대주택을 말함)에 대해서는 취득세를 면제받을 수 있다. 참고로 2020년 8월 18일 이후부터 아파트는 10년 이상 장기로의 임대등록이 되지 않지만, 도시형 생활주택형 아파트는 등록이 가능하다.

2) 임대소득세

도시형 생활주택을 임대하면 임대료 등에 대해서는 소득세 등을 부담해야 한다.

3) 양도세

도시형 생활주택을 양도하면 양도세가 발생하는데, 이때 해당 주택이 1세대 1주택에 해당하면 비과세를 받을 수 있다.

상가주택(주상복합) 신축과 세무상 쟁점

상가주택은 상가와 주택이 결합된 건축물을 말한다. 하나의 부동산에서 주거용과 상업용 건물이 결합되어 관련 세금이 상당히 복잡해질 수 있다. 이러한 상가주택을 건축 및 운영할 때 알아야 하는 세금 문제를 정리해보자.

1. 상가주택의 신축과 세무상 쟁점

1) 상가주택에 대한 건설용역과 부가세

상가주택을 건축함에 있어 이에 대한 건설용역을 제공할 때 부가세가 발생하는지의 여부 등은 매우 중요한 이슈가 된다.

① 시공사

시공사가 제공하는 건설용역은 다음과 같이 부가세 과세 여부가 달라진다.

첫째, 상가나 국민주택 초과주택과 관련된 건설용역은 부가세가 발생하므로 세금계산서를 발행한다.

둘째, 국민주택과 관련된 건설용역은 부가세가 면세되므로 계산서를 발행해야 한다.

셋째, 상가(과세)와 다가구주택(면세)의 건설용역을 공급하는 경우로서 세금계산서나 계산서는 어떤 식으로 발행해야 하는가?

이에 대해서는 아래의 예규를 참조하기 바란다.

> ※ **부가-1237, 2008.07.07.**
> 과세되는 상가 건설용역과 면세되는 다가구주택의 건설용역의 대가가 구분되는 경우에 당해 상가 건설용역에 대한 부가가치세 과세표준은 구분된 상가 건설용역에 대한 구분된 대가인 것이나, 당해 상가에 대한 건설용역대가와 당해 다가구주택에 대한 건설용역대가의 구분이 불분명한 경우에는 당해 건설용역을 공급받는 자의 면세예정면적과 과세예정면적의 총예정면적의 비율에 따라 계산하는 것임.

② 시행사

부가세 과세분과 면세분의 귀속이 확실한 경우에는 세무상 쟁점이 없지만, 과세와 면세에 공통으로 발생한 경우에는 세법에서 정한 기준에 따라 안분계산해야 한다(제6장 참조).

2) 상가주택의 완공과 취득세

상가주택을 완공하면 상가와 주택 구분 없이 과세표준의 2.8%가 취득세율이 된다.

2. 상가 취득자와 세무상 쟁점

1) 취득세

신축된 상가주택을 취득한 경우, 취득세를 내야 한다. 이때 상가 부분은 4%, 주택 부분은 1~12%가 과세된다.

2) 임대소득세

상가주택을 임대한 경우에는 상가는 일반 부동산 임대, 주택은 주택임대로 사업자등록을 하게 된다.

3) 양도세

상가주택을 양도할 때는 아래와 같은 점에 주의해야 한다.

- 상가에 대해서는 부가세가 과세되며, 주택에 대해서는 부가세가 과세되지 않는다.
- 상가와 주택의 연면적은 취득세, 부가세, 양도세 과세 판단에 많은 영향을 미친다. 연면적 판단 시 지하실, 옥탑방, 부속건물, 계단 등은 용도별로 구분해야 한다.
- 상가주택을 양도 시에는 주택의 면적이 상가보다 더 크면 전체를 주택으로 보고 세제를 적용하나, 고가겸용주택은 면적과 무관하게 주택과 상가로 구분해 세제를 적용한다.

3. 적용 사례

다음의 상가주택을 거래하려고 한다. 각 상황별로 답을 하면?

- 매매예상가액 : 8억 원
- 주택의 연면적 > 상가의 연면적
- 상가의 기준시가 : 3억 원(상가 건물 5,000만 원, 상가 부수 토지 2억 5,000만 원)
- 주택의 기준시가 : 2억 원
- 매도인은 일반과세자에 해당함.

위의 상황에 대해 답을 찾아보면 다음과 같다.

Q1 매수인 K씨는 취득세를 얼마나 부담해야 하는가?

상가주택을 취득하는 경우에는 상가와 주택에 대한 가격을 안분해야
한다. 취득세율이 다르기 때문이다. 전체 취득가액이 8억 원이고 상가
와 주택의 기준시가가 3억 원과 2억 원이므로 아래와 같이 상가와 주
택의 양도가액을 계산할 수 있다.

- 상가의 취득가액 = 8억 원 × (3억 원/5억 원) = 4억 8,000만 원
- 주택의 취득가액 = 8억 원 - 4억 8,000만 원 = 3억 2,000만 원

이를 기준으로 취득세를 계산하면 다음과 같다. 단, 주택의 취득세율
은 1%를 적용한다.

구분	취득가액	취득세율	취득세
상가	4억 8,000만 원	4%	1,920만 원
주택	3억 2,000만 원	1%	320만 원
계	8억 원	-	2,240만 원

Q2 상가에 대해 부가세가 얼마나 발생하는가?

부가세를 계산하기 위해서는 위에서 계산된 상가의 공급가액을 상가 건물분과 토지분으로 나누어야 한다. 상가 건물분에 대해서만 부가세가 과세되기 때문이다. 상가 건물의 기준시가는 5,000만 원, 토지의 기준시가는 2억 5,000만 원을 기준으로 상가 건물분의 공급가액을 계산하면 다음과 같다.

- 상가 건물 공급가액 = 4억 8,000만 원 × (5,000만 원/3억 원)
  = 8,000만 원

사례의 경우 매도인은 일반과세자에 해당하므로 이 금액의 10%가 부가세가 된다. 매수인 K씨는 이 부가세를 환급받을 수 있다. 참고로 이러한 부가세 없이 거래하려면 포괄양수도계약을 맺어 진행하면 된다.

- 상가양도에 따른 부가세 = 8,000만 원 × 10% = 800만 원

Q3 주택과 상가 모두를 임대하려고 한다. 사업자등록은 어떻게 해야 할까?

주택과 상가를 동시에 임대하는 경우 다음과 같은 식으로 등록하도록 하자.

- 주택임대 : 주택임대업으로 사업자등록를 해야 한다.
- 상가임대 : 일반과세자 또는 간이과세자 중 하나를 선택해 등록하는 것이 원칙이다.

Q4 상가양도에 따른 양도세는 어떻게 계산하는가?

사례의 경우 매도인의 보유주택 수에 따라 과세 방식이 달라진다.

① 1세대 1주택자에 해당하는 경우

주택의 연면적 > 상가의 연면적이므로 전체가 주택에 해당한다. 따라서 이 경우에는 전체 양도차익에 대해 비과세가 가능하다. 다만, 2022년 이후 양도분부터는 고가겸용주택에 한해 상가 부분에 대해서는 면적과 무관하게 무조건 양도세가 과세되고 있다.

② 1세대 2주택 이상자에 해당하는 경우

이 경우 상가주택에 대해 비과세가 적용되는 경우에는 앞과 같은 연면적을 기준으로 과세물건을 구분하므로 전액 비과세가 가능하다. 하지만 과세가 되는 경우에는 상가와 주택으로 구분한 후 상가와 주택에 맞는 세법을 적용한다(결국 둘을 합산해서 과세를 하게 된다).

전원주택(타운하우스)·농어촌주택 신축과 세무상 쟁점

한적한 농촌이나 어촌 등에서 사는 것을 꿈꾸는 사람들이 많다. 그렇다면 이런 수요에 맞추어 주택을 공급하려는 사업자의 세금 문제에는 어떤 것들이 있을까? 그리고 수요자 입장에서는 어떤 세금 문제를 고려해야 할까? 이하에서 전원주택 등과 관련된 세금 문제를 살펴보고 절세 방법을 찾아보자.

1. 전원주택과 농어촌주택(별장 포함)의 구분

전원주택은 농경지나 녹지 등이 있어 시골의 정취를 느낄 수 있게 교외에 지은 주택을 말한다. 한마디로 전원생활을 즐기기 위한 주택을 말한다. 이에 반해 농어촌주택이란, 세법에서 조세 혜택을 부여하기 위해 정의한 것을 말한다. 여기서 조세 혜택이란, 주로 양도세 계산 시 세금을 약하게 처리해주는 것을 말한다. 예를 들어, 일반주택과 소득세법상 농어촌주택을 보유한 상태에서 일반주택을 양도하면 비과세를 받을 수 있다. 1세대 2주택인 상태에서 주택 1채를 양도하면 비과세를 적용하지 않는 것이 원칙이나 세법에서 정한 농어촌주택에 해당하는 경우에는 특별히 비과세 규정을 적용하고 있는 것이다. 결국 전원주택을 포함해 2채를 보유하고 있다면 전원주택이 세법상의 농어촌주택에 해당하는지 판단할 필요가 있다. 한편 전원주택이 지방세법상 별장에 해당되거나 또는 고급주택에 해당될 수도 있다. 이에 해당되면 취득세나 재산세가 중과세되는 불이익이 있다.

2. 전원주택의 건축과 세무상 쟁점

전원주택을 분양하는 사업자의 세무상 쟁점을 정리해보자.

1) 전원주택의 건설용역과 부가세

전원주택이 세법상 국민주택에 해당하면 공급 시 부가세가 면제된다. 이에 따라 공사 중에 부담한 매입세액은 공제를 받을 수 없다.

2) 전원주택의 완공과 취득세

전원주택을 완공하면 앞에서 본 것처럼 2.8%의 취득세를 부담한다.

3. 전원주택 취득자와 세무상 쟁점

1) 취득세

전원주택을 취득하면 1~12%의 세율로 취득세가 부과된다.

2) 보유세

전원주택이 별장에 해당하면 재산세가 중과세된다. 그리고 종부세는 부과되지 않는다. 그런데 전원주택이 고급주택에 해당하면 재산세는 일반주택에 대한 세율로 과세되는 한편 종부세과세도 가능하다. 이를 정리하면 다음과 같다.

구분	재산세	종부세
별장	과세함(4%).	과세 제외
고급주택	과세함(일반세율).	과세함.

3) 양도세

전원주택을 별장용이나 주말용으로 사용하면 이는 주택이 아닌 것이다. 이러한 상황에서 일반주택이 한 채 더 있다면 상시거주용 주택에 대해서는 비과세를 받을 수 있다. 물론 이렇게 비과세를 받으려면 전원주택이 별장용 등으로 사용되었음을 입증해야 한다. 만일 상시 주거용으로 사용하면 1세대 2주택이 된다.

4. 적용 사례

Q1 K씨는 휴양용으로 사용할 수 있는 별장을 분양하고자 한다. 분양할 때 소비자로부터 부가세를 받아야 하는가?

이런 물음에 답하기 위해서는 먼저 공급되는 건축물이 세법상에서 규정되어 있는 국민주택에 해당되는지를 보아야 한다. 따라서 K씨가 분양하고자 하는 별장이 국민주택에 해당하지 않으면 부가세를 징수해야 한다. 이 경우 공사 중에 부담한 부가세는 환급받을 수 있다.

Q2 J씨는 주택법에서 정의한 국민주택규모로 건설했다. 그리고 이를 분양하고자 한다. 그런데 소비자인 P씨는 이를 휴양용으로 사용하려고 한다.

이런 상황에서는 J씨의 입장이 중요하다. 왜냐하면 J씨는 사업자의 지위로 관련 법에서 세금계산서나 계산서를 교부해야 하기 때문이다. 따라서 J씨는 주택법을 충족한 국민주택을 공급하기 때문에 부가세를 상대방으로부터 거둘 수 없다.

Q3 **별장 외 다른 주택을 양도할 때 별장은 주택 수에서 제외되는가?**

사실판단을 통해 상시 주거용이 아님을 입증해야 한다. 명확하게 입증을 못 하면 주택에 해당됨에 유의해야 한다(저자 문의).

오피스텔 신축과
세무상 쟁점

오피스텔은 건축법상 업무용시설 또는 근린생활시설 등으로 분류된다. 따라서 오피스텔의 세금 체계는 앞에서 본 수익형 부동산과 같다. 그런데 최근에는 오피스텔에서 주거하는 등 실질이 주택으로 사용되는 경우가 많다. 이렇게 되면 세법은 이를 주택으로 보아 과세할 수밖에 없다.

1. 오피스텔에 대한 정의

구분	건축법	주택법
정의	14. 업무시설 나. 일반업무시설 : 다음 요건을 갖춘 업무시설을 말한다. 가) 오피스텔(업무를 주로 하며, 분양하거나 임대하는 구획 중 일부 구획에서 숙식할 수 있도록 한 건축물로서 국토교통부장관이 고시하는 기준에 적합한 것을 말한다)	좌의 오피스텔을 준주택으로 분류

2. 오피스텔 신축과 세무상 쟁점

오피스텔에 대한 세제는 완공 전까지는 건축법의 내용을 적용하며, 완공 이후에는 '실질용도'에 따라 관련 내용을 적용하는 것이 원칙이다.

1) 건축부지 매입과 취득세

오피스텔 건축부지를 매입할 때 개인은 4%의 취득세율을 부담한다. 하지만 수도권 과밀억제권역에서 설립된 지 5년이 안 된 법인이 이 지역에서 부동산을 취득하면, 취득세 중과세(8%)가 적용될 수 있으므로 주의해야 한다(주택신축 판매업은 취득세 중과세를 적용하지 않음).

2) 오피스텔에 대한 건설용역과 부가세

오피스텔에 대한 건설용역을 제공하면 이에 대해서는 무조건 세금계산서를 교부해야 한다. 오피스텔은 건축할 때는 원칙적으로 건축법상 업무시설에 해당하기 때문이다.

한편 일반건물의 건축과 관련해서 발생한 부가세는 전액 환급을 받을 수 있다. 만일 주택과 함께 복합적으로 건설하는 경우에는 과세분인 상가에 대해서만 환급받을 수 있다. 참고로 시행사가 토지 소유자가 되는 경우에는 시공사나 기타 협력업체는 세금계산서 교부 정도만 신경을 써도 문제가 없다.

3) 오피스텔 완공과 취득세

오피스텔을 완공하면 과세표준의 2.8%로 취득세가 부과된다.

4) 오피스텔 분양과 부가세

오피스텔을 분양할 때는 전용면적과 무관하게 건물공급가액의 10% 상당액을 매출부가세로 해야 한다. 앞에서 보았듯이 오피스텔은 업무시설에 해당하기 때문이다.

구분	매출부가세 발생	비고
전용면적 85㎡ 이하	10%	건물분만 해당
전용면적 85㎡ 초과	10%	건물분만 해당

➤➤ 오피스텔 분양의 경우 분양계약에 의해 세금계산서를 교부한다. 단, 토지공급분에 대해서는 계산서를 교부한다. 물론 계산서는 교부하지 않아도 문제가 없다. 이렇게 교부한 세금계산서상의 매출세액은 부가세신고를 통해 관할 세무서에 납부해야 한다.

5) 오피스텔 분양과 소득세

오피스텔이 분양 완료되면 개인은 오피스텔이 분양 완료될 때마다 2개월 이내에 매매차익 예정신고를 해야 한다. 이에 반해 법인은 다음해 3월 중에 법인세 신고를 하면 된다.

구분	개인	법인
매매차익 예정신고	2개월 이내에 해야 함.	예정신고의무 없음.
예정신고 누락 시 불이익	무신고 가산세 등	없음.

3. 오피스텔 취득자와 세무상 쟁점

1) 취득세

오피스텔을 취득한 경우에는 주거용으로 사용하는 것과 관계없이 분양가액의 4%(농특세 등 포함 시 4.6%)의 취득세율이 적용된다.

➤➤ 주거용 오피스텔은 다른 주택의 취득세 및 양도세 비과세와 중과세에 영향을 준다. 최근 세법이 개정되어 주거용 오피스텔을 주택 수에 포함하고 있기 때문이다(주택분양권, 입주권도 주택 수에 포함되고 있음).

2) 보유세

오피스텔 취득자가 등기 후 이를 주거용으로 사용하면 세법은 이를 주택으로 보아 재산세와 종부세를 과세하는 것이 원칙이다.

3) 임대소득세

오피스텔을 주거용이나 업무용으로 임대해 임대료가 발생하면 전자는 주택임대소득으로 후자는 일반임대소득으로 과세된다. 이 둘 소득에 대한 과세체계는 다르다.

구분	주거용	업무용
임대소득 부가세 발생 여부	부가세 면세	부가세 과세
임대소득 과세 방식	2,000만 원 이하는 분리과세 원칙(초과 시는 종합과세)	무조건 종합과세

4) 양도세

오피스텔을 양도하거나 오피스텔 외 다른 주택을 양도할 때에는 오피스텔의 용도에 주의해야 한다. 소득세법은 이를 주거용으로 사용하면 주택, 업무용으로 사용하면 일반건물로 취급하기 때문이다.

Tip 업무용·주거용 오피스텔과 세무상 쟁점

1. 오피스텔을 업무용으로 사용하는 경우

오피스텔이 업무용으로 사용되면 주택과는 별개의 물건이 되므로 주택과세 제도에 어떠한 영향도 주지 않는다.

Q1 J씨는 현재 업무용 오피스텔 2채와 거주용 주택 1채가 있다. 거주용 주택을 팔면 비과세를 받을 수 있는가?

받을 수 있다. 오피스텔을 비주거용으로 사용하고 있으므로 주택에 해당되지 않는다(임차인이 계약과는 달리 주택으로 사용하면 주택에 해당함에 유의).

2. 오피스텔을 주거용으로 사용하는 경우

오피스텔을 주거용으로 사용하는 경우 문제점들이 다양하게 발생한다.

Q1 주거용 오피스텔을 양도하면 이는 주택으로 신고해야 할까, 아니면 일반건축물로 신고해야 할까?

주거용 오피스텔은 주택에 해당하므로 당연히 주거용이면 주택으로 신고해야 한다. 다만, 실무적으로는 비주거용으로 볼 가능성도 있다. 실제 거주 여부를 일일이 확인하는 것이 힘들기 때문이다. 다만, 당해 오피스텔에 임차인의 주민등록이 되어 있다면 전산조회에 의해 주거용으로 취급될 수 있다.

Q2 주거용 오피스텔을 1채 가지고 있는 경우 양도세 비과세를 받을 수 있는가?

받을 수 있다. 다만 공부상의 용도는 주거용이 아니므로 본인이 비과세를 입증할 수 있는 서류를 구비해서 비과세로 신고할 수 있다. 단, 이때는 당초에 부가세를 환급받았다면 주택으로 사용한 만큼 부가세 추징 문제가 발생할 수 있다.

Q3 주거용 오피스텔이 있는 상태에서 주택을 양도하면 과세 방식이 달라지는가?

그럴 수 있다. 예를 들어 1주거용 오피스텔과 1주택이 있는 경우에는 원칙적으로 1주택에 대해서 비과세를 받을 수 없다. 이런 상황에서는 오피스텔을 먼저 처분하거나 비주거용으로 만든 후에 1세대 1주택 비과세를 받도록 한다.

3. 공실 중인 오피스텔이 주거용인지, 아닌지의 판단

공실 중인 오피스텔이 주거용인지에 대한 판단은 매우 신중해야 한다. 실무에서는 '건축물의 내부구조, 형태, 사실상의 용도 등'을 종합해 사실판단을 하고 있기 때문이다. 이때 오피스텔의 내부구조나 형태가 주거용으로 해당되면 주택으로 볼 가능성이 크다. 단, 분양 이후부터 공실이 이어진 상태라면 용도가 불분명하므로 공부상의 용도인 업무용시설로 보는 것이 합리적이다.

※ (서면4팀-285, 2005.2.23).[61]

'공실'로 보유하는 오피스텔의 경우 내부시설 및 구조 등을 주거용으로 사용할 수 있도록 변경하지 않고, 당초 건축법상의 업무용으로 사용승인된 형태를 유지하고 있는 경우에는 주택으로 볼 수 '없는' 것이며, 이에 대해서는 관련 사실을 종합해서 판단할 사항이다.

---

61) 공실 중에 있는 오피스텔이 주택인지, 아닌지에 대한 판단은 저자 등을 통해 확인하기 바란다.

펜션 신축과
세무상 쟁점

펜션은 통상적으로 관광객의 숙박, 취사 등이 가능한 편의시설을 갖추어 상시 주거용이 아닌 숙박시설로 이용되는 건축물을 말한다. 펜션 사업은 사업자등록이 난 경우뿐만 아니라, 사업자등록이 없다 하더라도 사실상 영업용으로 이용하는 경우를 포함하고 있다. 펜션사업과 관련된 세무상 쟁점을 살펴보자.

1. 펜션에 대한 정의

건축법에서는 펜션을 숙박시설로 분류하고 있다.

> 15. 숙박시설
>   가. 일반숙박시설 및 생활숙박시설(공중위생관리법 제3조 제1항 전단에 따라 숙박업 신고를 해야 하는 시설로서 국토교통부장관이 정하여 고시하는 요건을 갖춘 시설을 말한다)
>   나. 관광숙박시설(관광호텔, 수상관광호텔, 한국전통호텔, 가족호텔, 호스텔, 소형호텔, 의료관광호텔 및 휴양 콘도미니엄)

2. 펜션 신축과 세무상 쟁점

1) 펜션에 대한 건설용역과 부가세

펜션은 숙박시설에 해당하므로 원칙적으로 이에 대한 건설용역은 부가세가 면제되지 않는다. 만일 다가구주택을 신축하는 경우라면 부가세 면제가 될 수 있다.

2) 펜션 완공과 취득세

펜션건축이 완공되면 과세표준의 2.8%로 취득세는 내는 것이 원칙이다.

3) 펜션 분양과 세금

분양의 경우에는 펜션의 각 호의 전용면적이 $85\,m^2$ 이하인 경우에도 이는 부가세가 면제되는 국민주택에 해당하지 아니하므로 향후 분양 시 부가세를 소비자로부터 징수해야 한다. 한편 분양이익에 대해서는 소득세 등을 내야 한다.

3. 펜션 취득자와 세무상 쟁점

1) 취득세

펜션을 취득하면 취득가액의 4.6%(다가구주택의 경우에는 1~12%)로 취득세를 내는 것이 원칙이다.

2) 부가세

펜션을 취득하면서 부담한 부가세는 일반과세자로 사업자등록을 하면 이를 환급받을 수 있다.

3) 임대소득세

펜션을 신축해 임대하는 사업은 모두 부가세가 과세되는 사업에 해당한다. 따라서 토지 매입이 완료된 이후 단계에 발생한 부가세는 모두 환급받을 수 있다. 한편 펜션을 임대하는 경우에는 본격적으로 임대소득세가 발생할 것이다. 그렇다면 어떻게 세무 처리를 해야 할까?

일단 펜션의 임대소득에 대해서는 부가세를 내야 한다. 만일 일반과세자라면 숙박객으로부터 받는 금액의 10%에서 매입한 부가세를 차감한 금액을 6개월 단위로 신고 및 납부를 해야 한다. 펜션임대사업은 부동산 임대사업에 해당하므로 상가를 임대하는 사업자와 동일하게 부가세를 내야 한다. 이 외 임대소득에 대해서는 종합소득세를 내야 한다.

4) 양도세

펜션을 임대 중에 이를 양도하면 양도세가 부과된다. 따라서 양도차익이 발생하면 장기보유특별공제와 기본공제를 차감한 과세표준에 양도세 세율을 적용해 세금을 계산하게 된다. 참고로 펜션의 일부를 '상시 주거용'으로 사용하면 상가겸용주택으로 보아 세제가 적용됨에 유의해야 한다.

4. 적용 사례

사례를 들어 앞의 내용을 확인해보자.

- 다가구주택 신축(각 호별 국민주택규모 이하)
- 이를 펜션으로 활용할 계획임.

Q1 위 주택을 건설할 때 건설용역에 대해 부가세가 과세되는가?

건축을 할 때 해당 주택은 건축법상 다가구주택에 해당하면 각 호별로 면적을 따져 부가세 면제 여부를 따져야 한다. 사례의 경우 각 호별로 국민주택규모 이하에 해당하므로 부가세 면제를 받을 수 있다.

Q2 위 주택이 완공되면 취득세율은?

원시취득에 해당하므로 과세표준의 2.8%로 취득세가 부과된다.

Q3 위 주택을 펜션으로 운영하면 소득세법상 주택에 해당하는가?

신축 후에 이를 임대하거나 양도하는 경우에는 '실질용도'에 따라 상시 주거용인지, 아닌지의 여부를 판단해야 한다. 사례의 경우 해당 주택을 펜션으로 운영한 사실이 입증되면, 이를 소득세법상 주택에서 제외하는 것이 원칙이다.

Tip 펜션도 주택일 수 있다

양도세 계산에 있어서 펜션은 상시 주거에 공하는 것이 아닌 여가 선용으로 보유하면 주택으로 보지 않는다. 그러나 명칭만 펜션일 뿐 실질적으로는 농어촌 등지에 소재하는 일반주택과 다름이 없이 상시 주거용으로 사용된다면 이는 주택에 해당한다.

고시원 신축과
세무상 쟁점

 고시원은 원래 시험공부를 위해 건축되는 근생에 해당하지만, 사실상 주거용으로도 사용되는 경우가 많아 이에 대한 세무 처리에 주의해야 한다. 이하에서는 고시원의 건축 및 운영과 관련된 세무상 쟁점을 정리해보자.

1. 고시원의 분류

 건축법상 고시원은 제2종 근린생활시설로 분류된다.

> 4. 제2종 근린생활시설
> 거. 다중생활시설(다중이용업소의 안전관리에 관한 특별법에 따른 다중이용업 중 고시원업의 시설로서 국토교통부장관이 고시하는 기준과 그 기준에 위배되지 않는 범위에서 적정한 주거환경을 조성하기 위하여 건축조례로 정하는 실별 최소 면적, 창문의 설치 및 크기 등의 기준에 적합한 것을 말한다. 이하 같다)로서 같은 건축물에 해당 용도로 쓰는 바닥면적의 합계가 500㎡ 미만인 것

2. 고시원 신축과 세무상 쟁점

1) 고시원에 대한 건설용역 부가세

앞서 정의된 고시원의 건설용역은 부가세가 과세된다. 따라서 이에 대해서는 세금계산서를 교부해야 하며, 건축주는 전액 환급을 받을 수 있다.

2) 고시원 완공과 취득세

고시원이 완공되면 과세표준의 2.8% 상당액을 취득세로 내야 한다.

3) 고시원 분양과 세금

① 부가세

고시원을 분양하면 건물공급가액의 10% 상당액을 매출부가세로 징수해야 한다.

② 소득세 등

고시원을 분양하면 부동산 매매업에 해당하므로 분양소득에 대해 소득세나 법인세를 내야 한다. 이때 분양소득에 대해서는 매매차익 예정신고를 해야 한다.

3. 고시원 취득자와 세무상 쟁점

1) 취득세

고시원을 취득한 경우에는 일반적으로 4%의 취득세율이 적용된다 (주택이 아닌 일반건물에 대한 취득세율이 적용된다).

2) 보유세

고시원을 보유하는 중에는 일반적으로 일반건물에 대한 재산세를 내야 한다.

3) 부가세

고시원을 임대할 때에는 실제 용도가 중요하다. 이에 따라 적용되는 부가세 면제 여부가 결정되기 때문이다.

① 고시원을 근생으로 사용하는 경우

2종 근린생활시설에 해당하는 고시원을 상시 주거용이 아닌 사실상 숙박 또는 숙식을 제공하는 형태로 사용하게 하는 경우에는 부가세가 과세된다(부가-1339, 2010.10.8).

※ 서면3팀-265, 2005.02.23.
1. '학원의 설립·운영 및 과외교습에 관한 법률' 규정에 의하여 등록한 독서실은 부가세가 면제되는 도서관에 포함되는 것이나,
2. 고시준비생에게 독립된 방을 제공하거나 독립된 방과 음식을 함께 제공하는 형태의 고시원은 부가세가 면제되는 도서관에 포함되지 아니하여 부가세가 과세되는 사업에 해당하는 것임.

② 고시원을 주택으로 사용하는 경우

고시원을 상시 주거용으로 사용하면 부가세가 면제된다. 건축물의 용도가 부가세 면제 대상인 국민주택에 해당하는지 여부는 건축허가에서 정한 용도나 공부상의 용도를 기준으로 할 것이 아니라 당해 건축물의 실제 용도를 기준으로 판단하여야 한다(대법원2010두9037, 2010.9.9 참조).

4) 양도세

① 고시원을 근생으로 사용한 경우

공부상 제2종 근린생활시설인 고시원으로 등재되어 있는 건물이 주택에 해당하는지 여부는 사실판단 사항이다(재산 2013-562, 2014.1.17). 한편 주방 및 욕실이 없고 고시원 형태로 숙박만 가능하여 사실상 주택으로 보기 어렵다(조심 2013서4007, 2014.2.3).

② 고시원을 주택으로 사용하는 경우

법령에서 정한 고시원의 요건을 갖추고 있지 않은 점, 호실별로 독립된 주거가 가능한 구조를 갖춘 점, 쟁점 건물의 세입자들이 전입신고를 하고 확정신고를 받아 거주하고 있었던 점 등에 비추어 볼 때, 쟁점건물은 공동주택에 해당한다(조심 2021중2315, 2021.8.27). 주의하기 바란다.

※ **국심 2000서1105, 2000.9.28.**

사회통념상 고시생들은 장기거주를 목적으로 하기보다는 고시를 준비할 목적으로 고시 합격 때까지 또는 희망하는 일정 기간 동안 '일시적'·'단기적'으로 고시원에 입주하여 고시원을 고시공부 장소로 이용했다고 보아야 할 것이고, 고시생들이 제공받는 방을 침실로도 이용했다고 하여 고시생들이 장기 주거를 목적으로 고시원에 입주했다고 보기는 어렵다.

※ **조심 2019서3835, 2020.5.21.**

쟁점오피스텔이 위치한 '신림동' 고시촌의 경우 경험칙상 수험생이나 취업준비생이 다수 거주하고 있고, 그들이 개인적 필요에 의해 주민등록을 이전해놓는 것 또한 이례적이라고 할 수는 없으므로 특별한 사정이 없는 한 쟁점오피스텔이 주거 목적으로 사용되었다고 단정하기도 어려운 점 등에 비추어 처분청이 쟁점오피스텔을 주택으로 보고 청구인이 신고한 장기보유특별공제 및 기본세율 적용을 부인한 이 건 과세처분은 잘못이 있는 것으로 판단된다.

부록2

국세청 건설업과 부동산 공급업 업종 코드

주택이나 건물의 신축 또는 리모델링을 통해 이를 판매하는 사업은 대부분 이는 건설업과 부동산 공급업에 속하게 된다. 물론 전자에 대해서 세법이 우대하므로 될 수 있으면 건설업 중의 하나의 업종으로 사업자등록을 하는 것이 유리하다. 다음은 국세청에서 세원 관리를 위해 마련한 업종 코드를 말하며, 사업자등록 및 단순경비율 등을 적용할 때 필요한 내용에 해당한다. 다른 업종들은 국세청 홈택스에서 조회할 수 있다. 참고로 단순경비율 등은 매년 변동될 수 있다.

1. 건설업

1) 개요

가. 계약 또는 자기계정에 의해 지반조성을 위한 발파·시굴·굴착·정지 등의 지반공사, 건설용지에 각종 건물 및 구축물을 신축 및 설치, 증축·재축·개축·수리 및 보수·해체 등을 수행하는 산업 활동으로서 임시 건물, 조립식 건물 및 구축물을 설치하는 활동이 포함된다. 이러한 건설 활동은 도급·자영건설업자, 종합 또는 전문건설업자에 의해서 수행된다. 직접 건설 활동을 수행하지 않더라도 건설공사에 대한 총괄적인 책임을 지면서 건설공사 분야별로 도급 또는 하도급을 주어 전체적으로 건설공사를 관리하는 경우에도 건설 활동으로 본다.

나. 소득세법 시행령 제143조 제4항에 따른 '주거용 건물 개발 및 공급업(구입한 주거용 건물을 재판매하는 경우는 제외)'은 건설업으로 분류한다.

다. 비주거용 부동산을 건설해서 판매하는 경우에는 소득세법 시행령 제122조에 따라 부동산 매매업으로 분류한다.

라. 주택신축 판매업의 토지 보유 기간은 토지취득일로부터 해당 주택의 사용승인서(사용검사필증) 교부일까지로 계산한다. 다만, 사용승인서(사용검사필증) 교부일 이전에 분양 등이 완료된 경우에는 '소득세법 시행령' 제162조 제1항 각 호에 따른다.

2) 타 산업과의 관계

가. 조립식 건물 구성부분품, 구조물 및 건물장치용 기계장비 등의 제조 또는 판매를 주로 하는 사업체에서 직접 이들을 조립·설치하는 경우에는 그 주된 활동에 따라 제조 또는 판매업으로 분류하나, 설치만을 전문적으로 수행하는 특정의 부서를 독립된 사업체로 분리·파악할 수 있을 경우에는 이를 건설업으로 분류한다.

나. 건축설계, 감리, 기획, 조사, 측량, 및 기타 건축공학 관련 서비스를 제공하는 경우는 '74 건축 기술, 엔지니어링 및 기타 과학기술 서비스업'에 분류되나, 건축 활동을 직접 수행하는 사업체가 건설할 건축물을 직접 설계하는 경우에는 그 주된 활동에 따라 건설업에 분류한다.

다. 건축물 이외의 부동산(토지, 광업권 등)을 직접 개발해서 판매 또는 임대하거나 직접 건설 활동을 수행하지 않으면서 전체 건설공사를 건설업자에게 일괄도급해서 건물을 건설하게 한 후, 이를 분양·판매하는 경우는 '부동산 임대 및 공급업'에 해당된다.

3) 건설업 업종 코드(사업자등록 시 코드)

코드번호	세분류	세세분류	단순 경비율	기준 경비율
451101	주거용 건물 건설업	아파트 건설업	91.6	10.5

451101
• 주거용 아파트를 건설하는 산업활동을 말한다.

〈예시〉
• 아파트 건설   • 주상 복합 아파트 건설
〈제외〉
* 주거용 건물을 건설해 분양(판매)(→451105)

	세분류	세세분류	단순 경비율	기준 경비율
451102	주거용 건물 건설업	주거용 건물 건설업	91.0	13.6

451102
• 주거용 건물을 신축해 판매(토지 보유 5년 미만)
　– 직접 건설 활동을 수행하지 않고 전체 건물 건설공사를 일괄도급해 주거용 건물을 건설하고 이를 판매(건축 시행사)

	세분류	세세분류	단순 경비율	기준 경비율
451103	주거용 건물 건설업	주거용 건물 건설업	87.6	10.4

451103
• 주거용 건물을 신축해 판매(토지 보유 5년 이상)
　– 직접 건설 활동을 수행하지 않고 전체 건물 건설공사를 일괄도급해 주거용 건물을 건설하고 이를 판매(건축 시행사)

	세분류	세세분류	단순 경비율	기준 경비율
451104	비주거용 건물 건설업	기타 비주거용 건물 건설업	91.2	11.8

451104
• 비거주용 건물을 건설하는 산업활동(건축 시공사)
　* 비거주용건물 건설용역만 해당됨(건설후 판매→부동산 매매업)
　* 직접 건설 활동을 수행하지 않더라도 건설공사에 대한 총괄적 책임을 지면서 하도급을 주어 전체적으로 건설공사를 관리하는 경우 포함
• 각종 유형의 창고, 주차시설, 운송 터미널, 실내 경기장 등 기타 용도의 비주거용 건물을 건설하는 산업활동을 말한다.

〈예시〉
• 일반 창고, 냉동 및 냉장 창고, 특정용 창고 건물 건설
• 여객 및 화물 터미널 건설   • 주유소 건물 건설
• 차고시설 건설   • 박물관 및 유사 건물 건설
• 동물원용 건물 건설   • 운수 관련 건물 건설
• 화학물 및 저유소 건물 건설   • 공항 건물 건설
• 실내 경기장 건설

코드번호	세분류	세세분류	단순경비율	기준경비율
451105	주거용 건물 건설업	단독주택 건설업	91.6	13.1
		아파트 건설업		
		기타 공동주택 건설업		

• 주거용 건물을 건설해서 분양(판매)
  – 직접 건설 활동을 수행하지 않더라도 건설공사에 대한 총괄적 책임을 지면서 하도급을 주어 전체적으로 건설공사를 관리하는 경우 포함

451106	주거용 건물 건설업	단독주택 건설업	91.6	10.2

• 주거용 단독주택 및 다가구주택 등을 건설하는 산업활동을 말한다.

〈예시〉
• 단독주택 및 다중주택 건설   • 다가구주택(3층 이하, 660㎡ 이하) 건설
〈제외〉
• 직접 건설한 주거용 건물을 임대하는 경우(701101~701104)
*주거용 건물을 건설해 분양(판매)(→451105)

451107	주거용 건물 건설업	기타 공동주택 건설업	91.6	11.3

• 다세대주택, 연립주택 등 아파트 이외의 공동주택을 건설하는 산업활동을 말한다.

〈예시〉
• 연립주택(4층 이하, 660㎡ 초과) 건설   • 다세대주택(4층 이하, 660㎡ 이하) 건설
〈제외〉
*주거용 건물을 건설해서 분양(판매)(→451105)

451108	비주거용 건물 건설업	사무·상업용 및 공공기관용 건물 건설업	91.2	11.3

• 비거주용 건물을 건설하는 산업활동(건축 시공사)
  * 비거주용건물 건설용역만 해당됨(건설 후 판매→부동산 매매업)
  * 직접 건설 활동을 수행하지 않더라도 건설공사에 대한 총괄적 책임을 지면서 하도급을 주어 전체적으로 건설공사를 관리하는 경우 포함
• 사무, 상업용 및 공공기관용 건물을 건설하는 산업활동을 말한다.

〈예시〉
• 교육·연구시설 및 의료시설용 건물 건설 • 상점 및 쇼핑센터 건설
• 호텔, 기숙사, 군인 막사 등 숙박시설, 각종 오락 및 상업시설용 건물 건설
• 경찰서 및 소방서 건설   • 오피스텔 건설
〈제외〉
• 일반 창고 건설(451104)   • 특정용 창고(격납고 등) 건설(451104)
• 옥외 수영장 및 관련 탈의실 건설(451200)

2. 부동산업(부동산 공급업)

1) 개요

직접 건설, 개발하거나 구입한 각종 부동산(묘지 제외)을 임대, 분양 등으로 운영하는 산업활동, 수수료 또는 계약에 의해 타인의 부동산 시설을 유지, 관리하는 산업활동, 부동산 구매, 판매 과정에서 중개, 대리, 자문, 감정 평가 업무 등을 수행하는 산업활동을 말한다.

가. '주거용 건물 개발 및 공급업(구입한 주거용 건물을 재판매하는 경우는 제외)'은 소득세법 시행령 제143조 제4항에 따라 건설업으로 분류한다.

나. 부동산 매매업(건물신축 판매업)의 토지 보유 기간은 토지취득일로부터 해당 건축물의 사용승인서(사용검사필증) 교부일까지로 계산한다. 다만, 사용승인서(사용검사필증) 교부일 이전에 분양 등이 완료된 경우에는 소득세법 시행령 제162조에 따른다.

다. 부가세법 시행규칙 제2조 제2항에 따라 부동산의 매매(비주거용 및 기타 건축물을 자영 건설해 분양·판매하는 경우를 포함하고, 주거용 건축물을 건설해 분양·판매하는 경우는 제외) 또는 그 중개를 사업 목적으로 나타내어 부동산을 판매하거나, 사업상의 목적으로 부가세법에 따른 1과세 기간 중에 1회 이상 부동산을 취득하고 2회 이상 판매하는 사업은 부동산 매매업으로 분류한다.

2) 타 산업과의 관계

직접 건설 활동을 수행하지 않더라도 건설공사에 대한 총괄적인 책임을 지면서 건설공사 분야별로 하도급을 주어 전체적으로 건설공사를 관리하는 경우 '종합 건설업'으로 분류한다.

3) 부동산 공급업 업종 코드(사업자등록 시 코드)

703011	부동산 개발 및 공급업	주거용 건물 개발 및 공급업	82.1	9.3

703011
- 직접 건설 활동을 수행하지 않고 전체 건물 건설공사를 일괄도급해 주거용 건물을 건설하고, 이를 분양·판매하는 산업활동을 말한다. 구입한 주거용 건물을 재판매하는 경우도 포함한다. (토지 보유 5년 미만)

〈제외〉
*토지 보유 5년 이상(→703012)

	부동산 개발 및 공급업	주거용 건물 개발 및 공급업	70.0	11.2

703012
- 주거용 건물 매매업(토지 보유 5년 이상)
  - 구입한 주거용 건물 재판매

〈제외〉
* 토지 보유 5년 미만(→703011)

	부동산 개발 및 공급업	비주거용 건물 개발 및 공급업	82.1	12.9

703014
- 직접 건설 활동을 수행하지 않고 전체 건물 건설공사를 일괄도급해 비주거용 건물을 건설하고, 이를 분양·판매하는 산업활동을 말한다. 구입한 비주거용 건물을 재판매하는 경우도 포함한다. (토지 보유 5년 미만)

〈제외〉
* 토지 보유 5년 이상(→703016)
* 토지 보유 5년 미만(도급건설판매)(→703021)
* 토지 보유 5년 이상(도급건설판매)(→703022)
* 토지 보유 5년 미만(건축 시행사)(→703023)
* 토지 보유 5년 이상(건축 시행사)(→703024)

	부동산 개발 및 공급업	기타 부동산 개발 및 공급업	82.1	9.6

703015
- 택지, 농지 및 농장, 공업용지 등 각종 용도의 토지 및 기타 부동산을 위탁 또는 자영 개발해 분양·판매하는 산업활동을 말한다. 구입한 토지를 재판매하는 경우도 포함한다(토지 보유 5년 미만).

〈예시〉
- 농지 개발 분양·판매 • 용지 개발 분양·판매
- 토지 개발 분양·판매 • 광산용지 개발 판매
〈제외〉
- 묘지 분양(701700)
*토지 매매(토지 보유 5년 이상)(→703017)

	부동산 개발 및 공급업	비주거용 건물 개발 및 공급업	70.0	11.0

703016

• 비주거용 건물 매매업(토지 보유 5년 이상)
 - 구입한 비주거용 건물을 재판매

〈예시〉
• 상가 개발 공급(분양)   • 휴양시설 개발 공급(분양)

	부동산 개발 및 공급업	기타 부동산 개발 및 공급업	70.0	11.0

703017

• 각종 용도의 토지 매매업(토지 보유 5년 이상)
 * 각종 용도의 토지 및 기타 부동산을 위탁 또는 자영 개발해 분양, 재판매,
   구입한 토지를 재판매하는 경우도 포함
• 간척지개발농지분양판매, 관광농지 개발분양, 광업권 매매, 농장개발분양

	부동산 개발 및 공급업	비주거용 건물 개발 및 공급업	85.6	15.2

703021

• 비주거용 건물을 건설해 판매(토지 보유 5년 미만)
 - 직접 건설 활동을 수행하지 않고 건설공사 분야별로 도급을 주어 전체적으로
   건설공사를 관리하는 경우 포함

	부동산 개발 및 공급업	비주거용 건물 개발 및 공급업	83.1	17.9

703022

• 비주거용 건물을 건설해 판매(토지 보유 5년 이상)
 - 직접 건설 활동을 수행하지 않고 건설공사 분야별로 도급을 주어 전체적으로
   건설공사를 관리하는 경우 포함

	부동산 개발 및 공급업	비주거용 건물 개발 및 공급업	85.7	10.2

703023

• 비주거용 부동산을 신축해 판매(토지 보유 5년 미만)
 - 직접 건설을 수행하지 않고 전체 건물공사를 일괄도급해서 건물을 건설하고
   이를 분양, 판매(건축 시행사)

	부동산 개발 및 공급업	비주거용 건물 개발 및 공급업	85.6	21.2

703024

• 비주거용 부동산을 신축해 판매(토지 보유 5년 이상)
 - 직접 건설을 수행하지 않고 전체 건물공사를 일괄도급해 건물을 건설하고
   이를 분양, 판매(건축 시행사)

신방수 세무사의
신축·리모델링 건축주 세무 가이드북

초판 1쇄 2023년 1월 2일

지은이 신방수
펴낸이 최경선   **펴낸곳** 매경출판㈜
기획제작 ㈜두드림미디어
책임편집 최윤경, 배성분   **디자인** 노경녀 nkn3383@naver.com
마케팅 김성현, 한동우, 장하라

매경출판㈜
등록 2003년 4월 24일(No. 2-3759)
주소 (04557) 서울특별시 중구 충무로 2(필동 1가) 매일경제 별관 2층 매경출판㈜
홈페이지 www.mkbook.co.kr
전화 02)333-3577
이메일 dodreamedia@naver.com(원고 투고 및 출판 관련 문의)
인쇄·제본 ㈜M-print 031)8071-0961
ISBN 979-11-6484-499-9 (03320)

같이 읽으면 좋은 책들

시장을 이기는
정책은 없다

전세가를 알면
부동산 투자
가 보인다

부동산
거래와
판 례

스타들의
부동산
재테크

지분 경매로
토지 개발업자 되기

부동산 재테크
역세권이
답이다

세무조사
대비의 모든 것

주택 연출가
무조건 따라하기

리츠
얼리어답터

신의 한 수
금맥
경매

주택
아파트
세무 가이드북
실전편

권리분석
완전정복으로
10년 안에
10억 벌기

대한민국을
움직이는
땅 투자 법칙 100

땅투자
10단계 절대불변의 법칙

돈의 보감
평범한 샐러리맨, 투잡 경매로
5년에 10억 벌다

나는 갭 투자로
300채 집주인이
되었다

토지
세무
가이드북
실전편

新 상가
투자
보물
찾기

상가
세무
가이드북
실전편

NPL
가격 산정의 비밀

가치 있는 콘텐츠와 사람
꿈꾸던 미래와 현재를 잇는 통로

Tel. 02-333-3577
E-mail. dodreamedia@naver.com
https://cafe.naver.com/dodreamedia